哲海探骊

维特根斯坦《逻辑哲学论》研究

国家出版基金项目

香江哲学丛书

丛书主编 黄 勇 王庆节

张锦青 著

牛 尧 译

Pathfinder in Philosophy

A Study of Wittgenstein's Tractatus Logico-Philosophicus

中国出版集团

东方出版中心

图书在版编目（CIP）数据

哲海探骊：维特根斯坦《逻辑哲学论》研究 / 张锦
青著; 牛尧译. —上海：东方出版中心,2020.12（2021.8重印）
（香江哲学丛书）
ISBN 978-7-5473-1737-2

Ⅰ. ①哲⋯ Ⅱ. ①张⋯ ②牛⋯ Ⅲ. ①维特根斯坦（
Wittgenstein, Ludwig 1889—1951）–哲学思想–研究
Ⅳ. ①B561.59

中国版本图书馆CIP数据核字（2020）第250168号

哲海探骊：维特根斯坦《逻辑哲学论》研究

著　者　张锦青
译　者　牛　尧
责任编辑　肖春茂　刘　旭
装帧设计　周伟伟

出版发行　东方出版中心
地　　址　上海市仙霞路345号
邮政编码　200336
电　　话　021– 62417400
印 刷 者　山东韵杰文化科技有限公司

开　　本　890mm×1240mm　1/32
印　　张　11.375
字　　数　210千字
版　　次　2020年12月第1版
印　　次　2021年8月第2次印刷
定　　价　65.00元

总　序

　　《香江哲学丛书》主要集录中国香港学者的作品,兼及部分在香港接受博士阶段哲学教育而目前不在香港从事哲学教学和研究的学者的作品,同时也集录与香港邻近并在文化上与香港接近的澳门若干大学哲学学者的著作。

　　相对于内地的城市来说,香港及澳门哲学群体较小。在由香港政府直接资助的八所大学中,实际上只有香港中文大学、香港大学、香港浸会大学和岭南大学有独立的哲学系;香港科技大学的哲学学科是其人文社会科学学院中人文学部的一个部分,而香港城市大学的哲学学科则在政治学和行政管理系;另外两所大学——香港理工大学和香港教育大学,虽然也有一些从事哲学教学和研究的学者,但大多在通识教育中心等。而且即使是这几个独立的哲学系,跟国内一些著名大学的哲学院系动辄六七十、七八十个教员相比,规模也普遍较小。香港中文大学的哲学系在全港规模最大,教授职称(包括正教授、副教授和助理教授)的职员也只有十四人,即使加上几位全职的高级讲师,也不到二十人。岭南大学是另一个有十位以上哲学教授的大学,其他几所大学的哲学教授的数量都是个位数。相应地,研究生的规模也不大。还是以规模最大的香港中文大学为例，硕士和博士项目每年招生加起来就是十个人左右，其他学校则要少很多。

当然这并不表示哲学在香港不发达。即使就规模来说，虽然跟内地的大学无法比，但香港各高校的哲学系在国际上看则并不小。即使是在（至少是某种意义上）当今哲学最繁荣的美国，除了少数几个天主教大学外（因其要求全校的每个学生修两门哲学课，因此需要较多的教师教哲学），几乎没有一个大学的哲学系，包括哈佛、耶鲁、普林斯顿、哥伦比亚等常青藤联盟名校成员，也包括各种哲学排名榜上几乎每年都位列全世界前三名的匹兹堡大学、纽约大学和罗格斯大学，有超过二十位教授、每年招收研究生超过十位的，这说明一个地区哲学的繁荣与否和从事哲学研究与教学的人数多寡没有直接的关系。事实上，在上述一些大学及其系科的世界排名中，香港各大学哲学系的排名也都不低。在最近三年的 QS 世界大学学科排名中，香港中文大学哲学系都名列亚洲第一（世界范围内，2017 年排 30 名，2018 年排 34 名，2019 年排 28 名）。当然，这样的排名具有很大程度的主观性、随意性和多变性，不应过于重视，但至少从一个侧面也反映出某些实际状况，因而也不应完全忽略。

香港哲学的一个显著特点，同其所在的城市一样，即国际化程度比较高。在香港各大学任教的哲学教授大多具有美国和欧洲各大学的博士学位；在哲学教授中有相当大一部分是非华人，其中香港大学和岭南大学哲学系的非华人教授人数甚至超过了华人教授，而在华人教授中既有香港本地的，也有来自内地的；另外，世界各地著名的哲学教授也经常来访，特别是担任一些历史悠久且享誉甚高的讲席，如香港中文大学哲学系每个学期或至少每年为期一个月的唐君毅系列讲座，新亚书院一年一度的钱穆讲座、余英时讲座和新亚儒学讲座；在教学语言上，除香港中文大学的教授可以自由选择英文、普通话和粤语外,其他大学除特殊情况外一律用英文授课,这为来自世界各地的学生在香港就读,包括就读哲学提供了方便。但更能体现这种国际化的是香港哲学教授的研究课题与世界哲学界直接接轨。

香港哲学研究的哲学传统主要包括中国哲学、分析哲学和欧陆哲学,其中香港中文大学在这三个领域的研究较为均衡,香港大学和岭南大学以分析哲学为强,香港浸会大学侧重宗教哲学和应用伦理学,而香港科技大学和香港城市大学虽然哲学项目较小,但突出中国哲学,即使很多学者的研究是跨传统的。以中国哲学为例,钱穆、唐君毅和牟宗三等缔造的新亚儒学传统将中国哲学与世界哲学,特别是西方哲学传统连接了起来,并得到劳思光和刘述先先生的继承和发展。今日的香港应该是世界上(能)用英语从事中国哲学研究的学者最多的一个地区,这些学者中包含那些主要从事分析哲学和欧陆哲学研究的,但也兼带研究中国哲学的学者。这就决定了香港的中国哲学研究大多具有比较哲学的特质:一方面从西方哲学的角度对中国哲学提出挑战,从而促进中国哲学的发展;而另一方面,则从中国哲学的角度对西方哲学提出问题,从而为西方哲学的发展作出贡献。相应地,香港学者对于分析哲学和欧陆哲学的研究,较之西方学者在这些领域的研究也有其特点和长处,因为他们在讨论西方哲学问题时有西方学者所没有的中国哲学传统可资利用。当然也有相当大一部分学者完全是在西方哲学传统中研究西方哲学的,但即使在这样的研究方式上,香港哲学界的学者,通过他们在顶级哲学刊物发表的论文和在著名出版社出版的著作,可以与西方世界研究同样问题的学者直接对话、平等讨论。

香港哲学发达的另一个方面体现在其学院化与普及化的结合。很多大学的一些著名的系列哲学讲座,如香港中文大学新亚书院每年举办的钱穆讲座、余英时讲座、新亚儒学讲座都各自安排其中的一次讲座为公众讲座，在香港中央图书馆举行。香港一些大学的哲学教授每年还举办有一定主题的系列公众哲学讲座。在这些场合，往往都是座无虚席，到问答阶段，大家都争相提问或者发表意见。另外，还有一些大学开办自费的哲学硕士课程班，每年都有大量学生报名，这些都说明：香港浓厚的哲学氛围有很强的社会基础。

　　由于香港哲学家的大多数著作都以英文和一些欧洲语言出版，少量以中文出版的著作大多是在台湾和香港出版的，内地学者对香港哲学家的了解较少，本丛书就是要弥补这个缺陷。我们希望每年出版三到五本香港学者的哲学著作，细水长流，经过一定的时间，形成相当大的规模，为促进香港和内地哲学界的对话和交流作出贡献。

王庆节　黄勇

2019 年 2 月

致　谢

　　我早年在香港中文大学学习数学和哲学，1988 年取得哲学硕士学位，之后赴英国苏塞克斯大学（University of Sussex）攻读哲学，主要研究领域是维特根斯坦哲学。1989 至 1992 年间，完成了有关《逻辑哲学论》的博士论文。除了语言哲学、知识论、逻辑哲学、科学哲学、中国哲学、中西比较哲学、宗教哲学等领域外，我的哲学研究心力都放在维特根斯坦哲学上。在过去的二十多年，我写了不少有关《逻辑哲学论》的学术论文。一直以来，我都希望有机会把这些论文放在我对《逻辑哲学论》的整体性诠释的框架之中，使得每一篇论文都可以找到它在框架中的位置。这些论文因而可以视为对我的诠释的主要论题、理论、论证和证明的表述、厘清和说明。

　　在这儿，我要感谢东方出版中心，特别是刘佩英女士，以及《香江哲学丛书》的主编黄勇和王庆节两位教授给予的这次机会，让我可以把前面提及的论文（除了一篇原本用中文写作的之外）翻译为中文出版。更重要的是，我有机会写一篇详尽的导论，把我对《逻辑哲学论》整体性诠释的主要论题和理论，以及它的论证结构呈现出来。

　　本书除了导论和第六章之外，其余十篇文章，都是牛尧先生从英语翻译成中文。他能够把一些艰深的维特根斯坦哲学的概念和论题，用

优美的中文严谨而清楚地表达出来。若本身没有深厚的哲学背景和对
维特根斯坦哲学的良好把握和理解，是没有可能做出如此出色的翻译
的。我亦借此机会感谢武汉大学哲学学院的苏德超教授，是他推荐牛
尧先生担任本书翻译工作的。

东方出版中心特约编辑刘旭先生，是本书得以成功出版的灵魂人
物。他的编辑工作，专业而又细心。本出版计划的构思、策划、翻译、修
订等协调工作，他都做得一丝不苟。刘先生本身亦有深厚的哲学素养，
这亦是本书的出版计划得以顺利完成的主要因素。

本书的部分内容已经发表过。在这儿，我要向原来的出版机构表
示感谢。

本书第一章的英文篇名为《The Disenchantment of Nonsense：
Understanding Wittgenstein's *Tractatus*》，原本刊登于 *Philosophical
Investigations*（Oxford：Blackwell 2008：31/3，pp.197 – 226）。

第二章的英文篇名为《Showing，Analysis and the Truth-
Functionality of Logical Necessity in Wittgenstein's *Tractatus*》，原本刊
登于 *Synthese*（Dordrecht：Kluwer 2004：139/1，pp.81 – 105）。

第三章的英文篇名为《Logical Atomism》，原本刊登于 Hans-
Johann Glock and John Hyman（eds.），*A Companion to Wittgenstein*
（Oxford：Blackwell-Wiley 2017，pp.127 – 140）。

第四章的英文篇名为《A Major Difference between *the Tractatus*
and Russell's Philosophy》，原本刊登于 Jaakko Hintikka and Klaus
Puhl（eds.），*The British Tradition in 20th Century Philosophy —
Papers of the 17th International Wittgenstein Symposium*（Kirchberg
am Wechsel：1994，pp.113 – 121）。

第五章的英文篇名为《The Tractarian Operation N and Expressive

Completeness》,原本刊登于 *Synthese*(Dordrecht：Kluwer 2000：123/2，pp.241 - 255)。

第六章内容原本刊登于《哲学研究》(增刊)(北京：中国社会科学院哲学所,2009 年 12 月,pp.171 - 182)。

第七章的英文篇名为《The Proofs of the Grundgedanke in Wittgenstein's *Tractatus*》,原本刊登于 *Synthese*(Dordrecht：Kluwer 1999：120/3，pp.395 - 410)。

第八章的英文篇名为《Variable Names and Constant Names in Wittgenstein's *Tractatus*》,原本刊登于 *Philosophical Investigations*(Oxford：Blackwell 2005：28/1，pp.14 - 42)。

第九章的英文篇名为《The Unity of Language and Logic in Wittgenstein's *Tractatus*》,原本刊登于 *Philosophical Investigations*(Oxford：Blackwell 2006：29/1，pp.22 - 50)。

第十章的英文篇名为《Language as a Geometry in Wittgenstein's *Tractatus*》,原本刊登于 W. Löffler and P. Weingartner（eds.）, *Knowledge and Belief. Papers of the 26th International Wittgenstein Symposium*（Austria：Austrian Ludwig Wittgenstein Society 2003：pp.91 - 93)。

第十一章的英文篇名为《Ineffability and Nonsense in the *Tractatus*》,原本刊登于 Hans-Johann Glock and John Hyman（eds.）, *A Companion to Wittgenstein*（Oxford：Blackwell-Wiley 2017，pp.195 - 208)。

张锦青

2020 年 4 月 29 日

于香港新界大埔滘

目　录

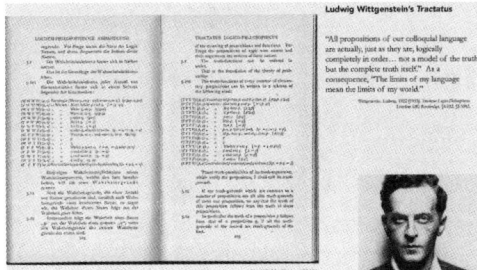

Ludwig Wittgenstein's *Tractatus*

"All propositions of our colloquial language are actually, just as they are, logically completely in order... nor a model of the truth but the complete truth itself." As a consequence, "The limits of my language mean the limits of my world."

Truth Table. *Tractatus* §5.101.

导　论

《逻辑哲学论》的目的
与理论结构

一、引言

路德维希·维特根斯坦(Ludwig Wittgenstein,1889—1951)是 20 世纪最重要的哲学家之一。他虽然使用德语写作,哲学探究活动却主要在英国进行。他在世的时候,只出版了一部哲学专著(即本书所探研的《逻辑哲学论》①)、一部德语字典、一篇论文和一篇书评。但是,他留下了两万多页的遗稿——包括他逝世后出版的巨著《哲学研究》②的手稿,当中绝大部分构成了挪威卑尔根大学(University of Bergen)版《遗稿》③。除了在 20 世纪 30 和 40 年代的笔记手稿中出现的大量有关数学哲学和心灵哲学的思想之外,维特根斯坦哲学的最主要思想都可以

---

① Wittgenstein, Ludwig, *Tractatus Logico-Philosophicus*, trans., D. F. Pears & B. F. McGuinness (London: RKP 1961).

② Wittgenstein, Ludwig, *Philosophical Investigations*, 3rd edn. Tran. G. E. M. Anscombe (Oxford: Blackwell 2001).

③ 牛津大学出版社于 2000 年出版了卑尔根版《遗稿》的光盘:Wittgenstein, Ludwig, *Wittgenstein's Nachlass: the Bergen Electronic Edition* (Oxford: OUP 2000).

在《逻辑哲学论》《哲学研究》《论确实》①等著作中找到。其中，我们可以方便地把《逻辑哲学论》和《哲学研究》分别视为前期和后期维特根斯坦哲学的代表作。

本书旨在对前期维特根斯坦在《逻辑哲学论》中的思想作出诠释和说明。在这篇导论里，我会说明这个诠释所确定的《逻辑哲学论》的目的和理论架构。而本书其他篇幅收录的文章便是对这诠释的主要论题和理论的厘清和说明，并且借着展示中间的步骤来阐释相关的论证和证明。

二、有效的诠释性研读指引

要对《逻辑哲学论》提出一个可以接受的合理诠释，我们先要有一个有效的研读指引。我认为，这个研读指引可借《逻辑哲学论》和《哲学研究》的一个共同点，以及一个相关的差异点来建立。该共同点是它们的，亦是贯穿维特根斯坦前后期哲学的一个"共同主题"（common theme）。它们企图实现共同主题的计划的不同之处，则决定了相关的差异点。

维特根斯坦前后期哲学的主要目的在于处理哲学言说（包括问题、难题、声称、命题等），并借着替语言划界限，来呈示这些哲学言说是无含义的（nonsensical），正如他在《逻辑哲学论》的前言和（条目）TLP 4.003② 所说：

① Wittgenstein, Ludwig, *On Certainty*, eds., G. E. M. Anscombe and G. H. von Wright, trans., D. Paul and G. E. M. Anscombe, (Oxford: Blackwell 1969).

② 参见 Wittgenstein, Ludwig, *Tractatus Logico-Philosophicus*, p.19。除了前言外，以下对《逻辑哲学论》的引用，均以 TLP（《逻辑哲学论》的英文缩写）加具体小节（x.xxx）表示，不再列明页码。

　　本书处理哲学难题，并且呈示，提出这些难题的理由是，我们的语言的逻辑被误解了……

　　因此，本书旨在替思想，或不是思想，而是思想的表达，划出界限……

　　所以，只有在语言之中才可划界限。在界限之外的东西只能是无含义的。①

　　大多数在哲学著作中找到的命题和问题都不是假的，而是无含义的(nonsensical)。结果是，我们不可能对这类问题提供任何答案，只能够提出它是无含义的。大多数哲学家提出的命题和问题都是源于我们未能理解我们的语言的逻辑。②

　　他在《哲学研究》的第 119 节(之后用此写法：PI 119)(亦可参看 PI 109 和 133)，如此论及处理哲学言说的活动：

　　哲学的结果是揭露了一个或另一个纯粹的无含义和碰撞，并且这些碰撞是理解通过冲向语言的界限而获得的。这些碰撞让我们看见该发现的价值。③

　　维特根斯坦前后期哲学要处理的哲学言说的例子，包括《逻辑哲学论》谈及的独我论者的主张"我是我的世界"④"世界是我的世界"⑤等，TLP 6.44 - 6.45 中声称的"世界(作为一整体)存在""我视世

---

① TLP：第 3 页。
② TLP 4.003.
③ PI 119.
④ TLP 5.63.
⑤ TLP 5.631 和 5.641。

界为被界限的整体"等。另外，亦包括《哲学研究》论及的"理解是心灵过程"①"私有语言是可能的"②等等。

由上面的引文可知，根据维特根斯坦前后期的哲学主张，哲学是处理哲学言说的思想活动。哲学言说都是因为误解我们的语言而产生的，因而都是无含义的。我们不能回答或评论任何哲学言说，只能借着指出有关的误解，来呈示它们并无含义。这些便构成了下面这个贯穿维特根斯坦前后期哲学的"共同主题"：

哲学是运用适当的方法来指出，因误解语言而产生的哲学言说是无含义的（nonsensical），从而消解哲学言说。

然而，维特根斯坦前后期哲学对产生哲学言说的误解之性质有很不同的看法。根据他的前期哲学（参看，例如，TLP 3.327 - 3.328，4.003，4.1272），有关的误解是对我们语言的逻辑（the logic of our language）的误解。更准确地说，那是误解语言逻辑的用（use，employment），包括误用语言逻辑的情况。他在这一时期持守的逻辑观念，是指弗雷格（Gottlob Frege，1848—1925）和罗素（Bertrand Russell，1872—1970）的演算式数理逻辑。换言之，人们有可能因误解语言逻辑的用而产生无含义的哲学言说，却又不自知；而有关的用是"演算逻辑支配之用"（calculus-logic-governed use），亦是一种"规则支配之用"（rule-governed use）。另一方面，根据后期维特根斯坦哲学（参看，例如，PI 23，43，122，133），我们的语言并没有一般性的逻辑。有关的误解可以归类为对字词在语言局部段落中的用的误解，亦即误解了字词在语言局部段落中的"规则支配之用"。由于当中的规则是一般的（包括但不仅仅包括演算逻辑的规则），所以有关的用及对其可能的误解是多种多样的。可以说，人们有可能误解字词

---

① 参看 PI 154。

② 参看 PI 243。

在语言局部段落中的用而产生哲学言说,而有关的用是一般的"规则支配之用"。总之,由于维特根斯坦前后期哲学对共同主题所涉及的"误解"有不同的看法,所以便分别用不同的方法去实现共同主题。方法上的不同之处,便构成了维特根斯坦前后期哲学的一个相关差异点。

由于对共同主题中涉及的"误解"有不同看法,所以《逻辑哲学论》和《哲学研究》分别运用不同方法来实现共同主题,并由此带出《逻辑哲学论》和《哲学研究》的不同研读指引,从而建立相关的诠释。对于《逻辑哲学论》,它的研读指引就是:

寻找维特根斯坦如何借掌握呈示在"演算逻辑支配之用"的语言逻辑,亦即掌握替语言划界限的可能性,来建立适当方法去实现共同主题。

至于《哲学研究》,则应先寻求说明维特根斯坦如何反省《逻辑哲学论》企图实现共同主题计划之失败,从而找出他如何借着掌握语言的"规则支配之用"来建立适当方法去实现共同主题,以此为研读指引。由于本书旨在诠释和说明维特根斯坦在《逻辑哲学论》中的思想,因此,《哲学研究》的研读指引在这儿便派不上用场。

在开展如何研读和诠释《逻辑哲学论》之前,应先指出,对于《逻辑哲学论》,有一种诠释认为,除了借着掌握语言的"演算逻辑支配之用"来建立适当方法去指出哲学言说是无含义的,从而消解哲学言说(即实现共同主题)之外,尚有更重要的目的,就是要借着指出哲学言说是无含义的,来转移受哲学言说困扰者之视线于有含义的(significant)日常语句或者欠缺含义(senseless)的逻辑命题所呈示(show)的不可言说的东西(the unsayable)。G. E. M.安斯康姆(Anscombe,1919—2001)、彼得·哈克(Peter Hacker)、H. O.芒斯(H. O. Mounce)等便是这种诠释的著名持守者。我是接受这种诠释及替其辩护的。

但是，有另一种诠释却认为，根本没有这一更重要的目的。消解哲学言说、自无含义之中解放说出无含义哲学言说者，就是《逻辑哲学论》的唯一目的。这种诠释的持守者认为，《逻辑哲学论》的解读者真的要严肃对待 TLP 6.54：

> 我的命题以如下的方式成为一种阐明：任何理解我的人，最终都会发现它们是无含义的，当他使用了这些命题——作为阶梯——来攀登并超越它们之后。（可以说，他必须在攀登完后扔掉梯子。）
>
> 他必须超越这些命题，然后他就能以正确的方式看待世界。

他们指出，维特根斯坦是在认真地表示，《逻辑哲学论》中的所有语句——除了极少数作为"框架"或者阅读指南而发挥作用的语句以外——都是无含义的。那些表面上讨论呈示与说（showing and saying）的语句也不是例外，它们都是无含义的。这种诠释的一个很流行的称呼是"坚决式阅读"（resolute reading）。科拉·黛蒙德（Cora Diamond）和詹姆斯·科南特（James Conant）最早提出坚决式阅读，亦是它的最重要的持守者。

三、赫兹与维特根斯坦的图像论

究竟维特根斯坦在《逻辑哲学论》中如何借掌握呈示在"演算逻辑支配之用"的语言逻辑（包括替语言划界限的可能性）来建立适当方法去实现共同主题（即指出因误解语言的用而产生的哲学言说是无含义的，从而消解哲学言说）？维特根斯坦的策略是找出并且理论化语言的逻辑。有关的理论就是著名的语言图像论。

在19世纪和20世纪之交,包括路德维希·玻尔兹曼(Ludwig Boltzmann,1844—1906)和海因里希·赫兹(Heinrich Hertz,1857—1894)在内的不少著名物理学家,均持守不同版本的物理学理论语言(theoretical language for physics)的图像论(Bild Theorie;Picture Theory)。赫兹在1899年出版的名著《力学原理》①里,提出了一个力学(理论)语言图像论。他的图像论视力学理论语言(theoretical language for mechanics)为代表性的(representational),而力学理论语言的代表性单元,就是物理世界里事态的图像或其组成符号。在《逻辑哲学论》里,维特根斯坦改良了赫兹的力学语言图像论,还在某特定意义下,把它推广至适用于说明一般的语言——我们的语言。这推广的成果,就是《逻辑哲学论》的语言图像论。

赫兹的力学语言图像论有以下一个重点:

> ……我们替自己形成外在对象的内在图像或符号,并且我们给予它们形式,使得在思想中的图像的必然结果一定是被描绘东西的本质的必然结果的图像。为了满足这要求,自然与我们的思想之间,必定有某种形式上的一致性。经验教导我们,这条件是能被满足的。因此,事实上存在这形式上的一致性。②

引文中的要求亦可陈构如下:

事物的图像或符号之间的必然内在关系,亦是事物之间的必然内在关系的图像或符号。

满足此一要求的理论语言必定有以下性质:

---

① Hertz, Heinrich, *Principles of Mechanics* (New York:Dover 2003/1899).
② Hertz, 1899/2007, p.1;强调为笔者所加。

满足有关要求的理论语言的图像完备地描述（completely describe）它们描绘的对象，或者，等价言之，它的所有图像共同构成了力学物理世界的完备描述（complete description）。

《逻辑哲学论》的推广计划的核心正在于寻求刻画语言与世界共享的形式上的一致性，亦即它们共有的"逻辑形式"、有含义（significant）语词组合或结构的最一般可能性。这共有的逻辑形式就是语言逻辑之所在。正如维特根斯坦在 TLP 4 - 4.016 里清楚指出的，语言作为世界的图像、命题作为事态的图像之所以可能，是因为语言与世界必定共有同一个逻辑形式。

四、语言的逻辑分析

现在，让我们转而初步考察《逻辑哲学论》的推广计划。要建立一个一般的语言图像论，重点是要找出语言与世界的共有逻辑形式的表达（expression）。由于日常语言的表面特征和结构遮盖了它的真正逻辑（即语言与世界共有的逻辑形式），所以我们需要一个方法把语言的逻辑"发掘"出来。对于维特根斯坦来说，这"发掘"即逻辑分析。他在某些关键之处所采取的，是一套基于一个摹状词理论而建立的逻辑分析方法；该理论与罗素的摹状词理论很相似，但不一样。

维特根斯坦考虑了语言的非指涉性和指涉性符号。他所谓"我们的语言"中的非指涉性符号只有一阶量化理论的逻辑常项（包括否定、合取、分取、质料条件句、存在量化词运算的符号），并且排除同一性记号于逻辑常项之外。在 TLP 5.5 - 5.503 里，真值函项运算 N 作为（----- T）(ξ, …）而被引入，其中右边括号里的内容代表一个无序的命题集体，而左边括号里的横线则表示，在今天常见的真值表表达式的最后一列中,除了最后一个以外全部都是"F"。① 在 TLP 5.501 中引入了带括号的表达式"$(\bar{\xi})$"之后,它在 TLP 5.502 被写作"$N(\bar{\xi})$"。于是,"$N(\bar{\xi})$"等价于"命题变项 ξ 所有取值的否定"。②

在 TLP 5.501 中,维特根斯坦强调,对"$(\bar{\xi})$"中无序的诸项的指明,仅仅依赖于对命题变项"ξ"的取值的规定。例如,如果"ξ"有两个值 p 和 q,那么"$N(\bar{\xi})$"或者"$N(\overline{p, q})$"就等价于"$\sim p.\sim q$"。③ 又例如,给出一个命题变项"fx"或者一个函项 fx,"对 x 的所有取值而言,它的取值都是要加以描述的命题"。如果"ξ"的取值就是函项 fx 对 x 的所有取值的所有取值,那么 $N(\bar{\xi})=\sim(\exists x).fx$。④

维特根斯坦在 TLP 5 - 5.156 和 5.5 - 5.5571 中企图证明,我们可仅用 N 来定义所有一阶量化理论的逻辑运算。换言之,N 是有关的符号系统的唯一基本运算(the fundamental operation);亦即,我们有可能建立以 N 为唯一基本运算的充足符号系统(adequate symbolism)。逻辑哲学论式(充足符号)系统便是一个消除了谓词的多类理论(没有同一性),并将 N 作为其中唯一的基本运算。

维特根斯坦在 TLP 4.0312 里提出了著名的"基本思想":

> 我的基本思想是:"逻辑常项"并非表征性的,没有任何东西能够表征事实的逻辑。

这是对"逻辑常项是非指涉性符号"这一看法的清楚表述。而且,

① 参见 TLP 4.442 和 5.5。
② TLP 5.502.
③ TLP 5.51.
④ 参见 TLP 5.52。记号"="在此读作"等价于"(is equivalent to)。在本书中,该记号也用作同一性的记号。可根据不同的语境来判断其使用方式。

《逻辑哲学论》的内容清楚显示，维特根斯坦视逻辑常项为所有的非指涉性符号。再者，他曾尝试去证明基本思想，而且在 TLP 5.4 诸小节里提出了两个证明，其中较为完善的一个是使用了"有可能建立以 N 为唯一基本运算的充足符号系统"这一结果。

维特根斯坦所谓"我们的语言"中的指涉性符号，包括指涉复合体（complexes）和指涉简单对象（simple objects）的符号，而后者即"简单名称（simple names）"或"名称"。他认为，指涉复合体的符号可完全被简单名称取代，换言之，我们有可能建立只以名称为指涉性符号的充足符号系统。现在，让我们来考察他如何运用他的摹状词理论来对包含指涉复合体符号的命题（语句）进行逻辑分析，从而展示指涉复合体符号被名称取代的可能性。他在 TLP 2.0201 及 3.24 对分析过程的其中一个步骤有以下的说明：

> 每一个关于复合体的陈述，都可以被拆解为一个关于其构成部分的陈述，以及完备地描述了该复合体的诸命题。[1]
> 关于某个复合体的某个命题，与关于该复合体之构成部分的命题之间有一种内在关系。
> 一个复合体只能由其描述给出，该描述要么是对的，要么是错的。如果某个复合体不存在的话，一个提到了该复合体的命题就不是无含义的，而是假的。[2]

要注意的是，这儿的语句"关于该复合体之构成部分的命题"是该复合体的一个描述。而包含指涉某个复合体符号的命题，与关于该复

---

[1] TLP 2.0201.
[2] TLP 3.24.

合体之构成部分的命题之间的内在关系,可以通过逻辑分析来表征。有关的逻辑分析方法,是通过定义来对记号进行切分(dissection)的。现让我对此作进一步的说明。

首先,把一个可以通过定义来进一步切分的记号称作"非初始记号"(non-primitive sign)。TLP 3.24 所考虑的问题之一,是如何切分一种特殊类型的非初始记号——指涉复合体的命题元素符号。现在,让我从《哲学研究》第 60 节(PI 60)那儿借用"扫帚在角落里"这样一个命题为例来说明。设"a"为扫帚的符号,"f -"为"-在角落里"的简写。命题"扫帚在角落里"可以表达为"fa"。由于扫帚是复合的,在《逻辑哲学论》里,它是一个复合体。而维特根斯坦亦会把"-在角落里"所标记的属性视作一个复合体,尽管这听上去可能有些奇怪。这样一来,命题"fa"就是关于 f 和 a 这些复合体的。

根据 TLP 3.24:"一个复合体只能由其描述给出,该描述要么是对的,要么是错的。"例如,该把扫帚由"扫帚柄被固定于扫帚头之中"这样一个描述所给出。设"b"和"c"分别作为标记了扫帚柄和扫帚头的命题元素,并且"- R --"是"-被固定于--(之中)"的简写。"扫帚柄被固定于扫帚头之中"这描述便可用"bRc"来表达。当"bRc"为真,该扫帚存在;当它为假,该扫帚不存在。扫帚柄被固定于扫帚头中——也就是"bRc"所描述的东西——属于该扫帚的内部复合性(internal complexity)。假定扫帚柄和扫帚头都在角落里,如果扫帚柄被固定于扫帚头之中,那么命题"fa"为真。如果没有(即该复合体不存在),该命题就为假,因为提到了某复合体的命题并非无含义,而是单纯为假。

这样一来,为了完全理解"fa"的含义,我们就必须知道该扫帚的相关内部复合性。因此,这种内部复合性予含义是有贡献的,即计入(counts towards)"fa"的含义中。根据 TLP 2.0201:"每一个关于复合体的陈述，都可以被拆解为一个关于其构成部分的陈述，以及完备地描述了该复合体的诸命题。""扫帚在角落里"可以被拆解为"扫帚柄在角落里，扫帚头在角落里，并且扫帚柄被固定于扫帚头之中"；也就是说，"fa"可以被拆解为"fb.fc.bRc"。要注意的是，根据《逻辑哲学论》，"fa"和"fb.fc.bRc"不仅是逻辑等价，更是含义上相等的。总而言之，命题记号"fb.fc.bRc"是对命题"fa"作出逻辑分析的一个阶段性成果，而这可以用命题记号"fa≡fb.fc.bRc"来呈现。特别地，命题"bRc"是对复合体 a 的一个描述，因为它的语言结构呈示了复合体 a 的部分内在结构。

非指涉性符号（合取运算）"."是非初始记号，我们可以用唯一的基本运算 N 来定义它。据此，用定义来取代命题"fb.fc.bRc"中所有的非初始运算（对这例子而言，其实只有合取运算），可以得到命题"fa"的命题记号（或命题表达）"$N(N(\overline{fb}), N(\overline{fc}), N(\overline{bRc}))$"。这亦可视作对命题"fa"的进一步逻辑分析，亦是其中一个步骤。再者，当中基本运算 N 的记号"$N(\overline{\xi})$"可称为"初始记号"（a primitive sign）。

通过逻辑分析把命题"fb.fc.bRc"中所有非初始运算以（初始）基本运算 N 取代而得到命题表达"$N(N(\overline{fb}), N(\overline{fc}), N(\overline{bRc}))$"后，让我们先考虑以下情况。若对象 b，R 和 c 的其中一个（例如，b）是复合体，则以下都成立：

（一）命题记号"bRc"不是对复合体 a 的一个完备的（complete）描述，因为复合体 a 拥有复合体 b 的内在结构（内部复合性），但符号"b"及其记号均不能描述复合体 b。

（二）命题（或命题表达）"$N(N(\overline{fb}), N(\overline{fc}), N(\overline{bRc}))$"（或"fb.fc.bRc"）不是对其欲描绘的可能事态的完备描述，因为（一）。

（三）对命题"$N(N(\overline{fb}), N(\overline{fc}), N(\overline{bRc}))$"（即"fa"）的逻辑分析程序可以继续下去。

让我们考虑另一个情况。由以上可知，若对命题"N(N($\overline{fb}$)，N($\overline{fc}$)，N($\overline{bRc}$))"的逻辑分析程序不可能继续下去(即要停止于某处)，则以下都成立：

(甲)命题(或命题表达)"N(N($\overline{fb}$)，N($\overline{fc}$)，N($\overline{bRc}$))"是对其欲描绘的可能事态的完备描述，因为其所欲描绘的可能事态，已经没有任何内在结构不是已经被它描述了。

(乙)记号"f"，"b"，"R"，"c"和"N"不可再用定义来进一步切分；它们都是初始记号。

(丙)可以说，命题"fa≡N(N($\overline{fb}$)，N($\overline{fc}$)，N($\overline{bRc}$))"呈现了对命题"fa"的完备逻辑分析(a complete logical analysis)。

(丁)非初始记号"a"在命题"fa"的完备分析后命题记号"N(N($\overline{fb}$)，N($\overline{fc}$)，N($\overline{bRc}$))"中消失了。它的指涉功能被初始记号"b"，"R"和"c"分担了。初始符号"b"，"R"和"c"因而是指涉的，亦即 TLP 3.20 - 3.203 所指的"名称"(name)，它们的指涉对象便是 TLP 2.02 和 3.203 所指的"对象"(object)或"简单对象"(simple object)。(当然扫帚柄、扫帚头等不会是简单对象。但是，维特根斯坦从未举出简单对象的例子。所以，我在这儿假设扫帚柄、扫帚头等为简单对象，只是为了方便说明而已。)

(戊)由于例子设定了，"f"是指涉的初始符号，所以它亦是一个名称。因为"fb"，"fc"和"bRc"都是名称的直接组合(immediate combinations)，根据 TLP 4.22 - 4.221，它们都是"基本命题"(elementary propositions)。命题"fa"的完备分析后命题记号"N(N($\overline{fb}$)，N($\overline{fc}$)，N($\overline{bRc}$))"便是通过应用(初始)基本运算 N 而获得的一个基本命题逻辑组合(logical combination of elementary propositions)。

维特根斯坦在 TLP 3.25 声称，"一个命题有且只有一个完备分析"。换言之,他认为,任何命题的逻辑分析程序都不可能无休止地继续下去,一定要在某一阶段停止。他在 TLP 2.02 - 2.023 和 3.2 - 3.251 中,提出了一个对 TLP 3.25 的声称的证明。根据笔者的诠释,他的证明可陈构为以下对确论证:

(前提一)如果有必然存在的简单对象,或者等价地说,世界有实体,那么"一个命题有且只有一个完备分析"。

(前提二)世界有实体。

(结论)"一个命题有且只有一个完备分析"。

在 TLP 2.02 - 2.023 中出现的、被学者称为"实体论证"的著名论证,实际上是一个次级论证,其目的是要论证(前提二):

> 如果世界没有实体,那么一个命题是否有含义(sense)将取决于另一个命题是否为真。
>
> 在这种情况下,我们不能勾勒(sketch)出世界的任何图像(为真或为假)。①

显然,以下是"实体论证"的最重要前提:我们能够勾勒出世界的任何图像。我们可以如此陈构它:

我们可以构造出能完备地描述任何可能事态的图像。

给定"图像"概念的基本内涵,从这论题可以导出所谓"呈示之教条"(the doctrine of showing)。基于 TLP 2.1414,3.3 及其诸小节,4.022 和 4.1212 中的论点,对应命题情况的"呈示之教条"有以下的陈构:

---

① TLP 2.0211 - 2.0212.

命题必然可以拥有呈示其含义的命题记号。

其实，这与"实体论证"的最重要前提是等价的。

此外，实体论证的确立亦决定了，在 TLP1－2.063 中的形上学和存有论。这些亦是维特根斯坦推广赫兹的力学语言图像论至他的（一般的）语言图像论的后果。

五、语言图像论

让我们再回到 TLP 3.25 中的声称："一个命题有且只有一个完备分析。"以上对这声称及其证明的讨论，其实亦说明了维特根斯坦持守TLP 5 中的声称"（一个）命题是基本命题的真值函项"的理据。它可称为"分析性论题"（The analyticity thesis），并且亦有以下陈构：

命题是基本命题的真值函项逻辑组合（truth-functional combination of elementary propositions）。

对于一个以 N 为唯一初始基本运算的符号系统，我们也可以如此陈构"分析性论题"：

命题是连续地运用基本运算 N 在基本命题的结果。

前文已经指出，名称（例如，"f""b""R"和"c"）是指涉的，而根据"基本思想"，逻辑运算，包括基本运算 N，并不指涉任何东西。因此，对于任意一个命题，总能找到一个基本命题的（连续运用 N 后的）逻辑组合形式的命题记号。但是，只有那些构成名称（constituent names）指涉简单对象。因此，语言与世界的图像描绘关系，只能由基本命题与可能事态，或等价地由基本命题中的名称与简单对象建立起来。所以，要确立一般的语言图像论，关键仅在于建立基本命题图像论。

《逻辑哲学论》的"基本命题图像论"，可以在 TLP 2.1－2.225 里找得到。严格来说，TLP 2.1－2.225 中出现的是"基本图像（的）图像论"。让我们集中研究以下条目（TLP 2.15－2.1515）：

> 图像形式就是东西跟图像的构成元素以同一途径来彼此关联起来的可能性。
>
> 这就是图像如何与实在相联系的；它伸展到实在。
>
> 图像就像一把放在实在上的尺子。
>
> 只有分度线的末端才接触到所要测量的对象。
>
> 因此，这样来看的话，一幅图像也包括了使其成为图像的描绘关系。
>
> 描绘关系由图像的成分和事物之间的相互关联所构成。
>
> 这种相互关联是图像成分的触角，图像通过它们触及实在。

此处，一幅图像被视作以某种方式放在实在上的"尺子"，以至于"只有分度线的末端才接触到所要测量的对象"。这里关于"尺子"和"分度线"的谈论是为了强调这样一个事实，即一幅图像的形式（作为一把尺子）呈现出以下的限制：只有那些与一幅图像的构成元素共享同一（逻辑）形式的对象，才可以与该元素相互关联。

这限制保证了相关联的诸对象能够产生一个与该图像拥有相同形式的事态，它实际上是诸对象与诸元素之相互关联要满足的唯一限制，或者是建立一个描绘关系要满足的唯一限制。这限制亦保证了三样东西。第一，基本图像亦符合赫兹的力学语言图像论的要求，而这要求可陈构如下：事物的图像或图像元素相互之间的必然内在关系亦是事物相互之间的必然内在关系的图像或图像元素。第二，图像与图像所描绘的真实共享某形式上的一致性，即同一"逻辑形式"。第三，图像是它描绘对象的完备描述。

以上是一般的"基本图像的图像论"。维特根斯坦在 TLP 4.01 里声称,"命题是真实的图像"。首先,这声称可立即应用在基本命题上。每一个基本命题都是图像,因为它符合基本图像的图像论限制,即只有那些与基本命题的构成(简单)名称享有同一形式的对象,才可以被这些名称指涉。这保证了基本命题及其描绘的可能事态(即含义;参看 TLP 2.221,4.022 和 4.031)共享同一逻辑形式。这亦保证了基本命题是其含义的完备描述。

要注意的是,TLP 4 - 4.53(即整个第 4 节)的主要目的是要把 TLP 2.1 - 2.225 中的基本图像的图像论,加上分析性论题和基本思想,进而建立一般命题的图像论,即一般的"语言图像论"。

具体来说,根据分析性论题,对于任意一个命题,总能找到一个基本命题的真值函项逻辑组合形式的命题记号。根据基本思想,真值函项逻辑运符记号并不指涉任何东西。因此,每一个命题都是一般的图像,并且它与真实的图像描绘关系是由它的构成基本命题与真实的图像描绘关系所决定的。再者,分析性论题亦表征了语言与真实共享的形式上的一致性或逻辑形式,即维特根斯坦所说的"(最)普遍命题形式"[(the most) general propositional form](参看 TLP 4.5,4.53,5.47 - 5.472 和 6 - 6.01)。在《逻辑哲学论》里,我们至少可以找到四个呈示普遍命题形式的表达(expressions):

(1) 普遍命题形式是:Es verhält sich so und so。①

(2) 普遍命题形式是一个变项。②

---

① TLP 4.5.

② TLP 4.53.

（3）普遍命题形式是$[\bar{p}, \bar{\xi}, N(\bar{\xi})]$。①

（4）普遍命题形式由完备描述"$[\bar{\eta}, \bar{\xi}, N(\bar{\xi})]$"给出；或者简单地说，普遍命题形式就是$[\bar{\eta}, \bar{\xi}, N(\bar{\xi})]$。②

要注意的是，（3）里面的$[\bar{p}, \bar{\xi}, N(\bar{\xi})]$是分析性论题的完备表达，但依然不是普遍命题形式的完备表达。在这四个当中，只有$[\bar{\eta}, \bar{\xi}, N(\bar{\xi})]$才是普遍命题形式的完备表达。

让我在此先说明"$[\bar{p}, \bar{\xi}, N(\bar{\xi})]$是分析性论题的完备表达"的意思。$[\bar{p}, \bar{\xi}, N(\bar{\xi})]$是一个非线性命题形式序列的一般项（general term）。该序列的第一项是基本命题的整体，第二项是应用$N(\bar{\xi})$在第一项的一个选取（selection）的结果，第三项是应用$N(\bar{\xi})$在之前各项（即第一项和所有的第二项）的一个选取（selection）的结果，如此类推。由于$[\bar{p}, \bar{\xi}, N(\bar{\xi})]$是普遍命题形式，因此，每一个命题都是连续地运用$N(\bar{\xi})$在基本命题的结果。这即表示，$[\bar{p}, \bar{\xi}, N(\bar{\xi})]$是分析性论题的完备表达。

根据分析性论题，每一个命题都是基本命题的真值函项逻辑组合。基于在 TLP 2.223－2.225 和 4.2 中的观点，基本命题都是适然地真或假的。由这些出发可以证明，命题只可能是基本命题的真值函项重言组合，真值函项矛盾组合或两者皆非（即既非重言又非矛盾）的真值函项逻辑组合。或者等价而言，命题只可能是必然真的真值函项重言句，必然假的真值函项矛盾句或适然地真或假的语句。

这儿带出了两个推论结果。第一，所有必然真（或必然假）句都是真值函项重言句（矛盾句），这便得出了形式逻辑的统一性（the unity of

---

① TLP 6.

② TLP 5.47－5.472 以及 6－6.01。

formal logic)。第二，由于真值函项重言句和矛盾句均不能描述任何具体事态，因此，正如维特根斯坦在 TLP4.46 - 4.4661 所指出，它们既不是图像，亦不是有含义的语句（命题）。它们是组合解体（disintegration）的极限情况（limiting cases），因而是欠缺含义（senseless；lack sense）的语句。

六、普遍命题形式、语言逻辑和几何

虽然$[\bar{p}, \bar{\xi}, N(\bar{\xi})]$是分析性论题的完备表达，但它依然不是普遍命题形式的完备表达。理由是，它不能完备地呈示基本命题的形式或结构。① 其实，(4)中的$[\bar{\eta}, \bar{\xi}, N(\bar{\xi})]$才是普遍命题形式的完备表达。（当然，它亦是分析性论题的完备表达。）作为普遍命题形式的完备表达，$[\bar{\eta}, \bar{\xi}, N(\bar{\xi})]$亦是语言逻辑的完备表达。让我对此稍作说明。

要证明$[\bar{\eta}, \bar{\xi}, N(\bar{\xi})]$是普遍命题形式的完备表达，便要证明它完备地呈示基本命题和非基本命题的最具体形式。让我们先考虑基本命题的情况。于此，我们立即遇到一个难题，就是：若基本命题是名称的直接组合，那它们怎么可能是真值函项？我认为，答案就在 TLP 5.47 里：

> ……一个基本命题其实包含了所有逻辑运算。因为"fa"所说的东西与"(∃x).fx.x＝a"相同。在具有复合性的无论什么地方，自变项和函项都在场，而我们就已经有了所有逻辑常项……

让我采用命题"fa"的另一个命题记号"(∃φ, x).φx.φ＝f.x＝a"来说明有关的论点。此处的重点是，虽然基本命题可表达为如"fa"的名

---

① 根据 TLP 2.033，形式是结构的可能性。

称直接组合，但其实已经包含了基本运算 $N(\bar{\xi})$ 及其连续运作构成的运算。换言之，$N(\bar{\xi})$ 内禀于(intrinsic to)每一个基本命题。

命题记号"$(\exists\phi，x).\phi x.\phi=f.x=a$"并不是基本命题记号，但它的构成记号"$\phi x$"却在其中呈示了基本命题"$fa$"的一个纯粹逻辑形式。这个纯粹逻辑形式 ϕx 便是命题"fa"及其所描述的可能事态(即其含义)所共享的逻辑形式，亦是赫兹所谓的"形式上的一致性"。这可能是由于直接建立基本命题"fa"与可能事态 fa 的图像关系并不是常项名称"f"与简单对象 f、常项名称"a"和 a 的指涉关系，而是 TLP 3.314 和 4.1272 所提及的变项名称(variable names)与相关的简单对象的指涉关系。所谓"变项名称"其实是约束变项(bound variables)。例如，"$(\exists\phi，x).\phi x.\phi=f.x=a$"中的 ϕ 和 x 便是变项名称，它们指涉不确定但分享共同逻辑形式的简单对象。

每一个基本命题，都有一个对应的完全普遍化命题(fully generalized proposition)。例如，对于基本命题"fa"，便有对应的完全普遍化命题"$(\exists\phi，x).\phi x$"。要注意的是，因为被描述的真实不能享有常项名称记号，所以常项名称(如"f"和"a")不能内禀于命题(即"fa")与所描述的真实所共享的形式上一致性。常项名称记号是属于语言方面的记号装置。虽然完全普遍化命题"$(\exists\phi，x).\phi x$"是跟基本命题"fa"不同的命题，但它除了呈示自己与其所描述的真实所共享的逻辑形式外，亦呈示基本命题"fa"与其所描述的真实所共享的逻辑形式，因为此处所涉及的是同一个逻辑形式。换言之，完全普遍化命题记号"$(\exists\phi，x).\phi x$"完备地呈示了它自己和基本命题"fa"共享的普遍命题形式。

我们可运用基本运算 $N(\bar{\xi})$ 来对完全普遍化命题"$(\exists\phi，x).\phi x$"作出以下的陈构：$NN(\overline{\phi x})$。完全普遍化命题记号"$NN(\overline{\phi x})$"完备地呈示了它自己和基本命题"fa"共享的普遍命题形式。设 η 为最一般基本事态逻辑形式变元,完全普遍化命题"NN($\bar{\eta}$)"便完备地呈示了任意基本命题形式。

由于完全普遍化命题"NN($\bar{\eta}$)"完备地呈示了普遍基本命题形式,而"NN($\bar{\eta}$)"是序列[$\bar{\eta}$, $\bar{\xi}$, N($\bar{\xi}$)]的其中一项,因此,[$\bar{\eta}$, $\bar{\xi}$, N($\bar{\xi}$)]便是普遍基本命题形式的完备表达。前文已提及,[$\bar{p}$, $\bar{\xi}$, N($\bar{\xi}$)]是任意命题的非完备表达。然而,现在已经证明了,[$\bar{\eta}$, $\bar{\xi}$, N($\bar{\xi}$)]完备地呈示了普遍基本命题形式,亦即[$\bar{p}$, $\bar{\xi}$, N($\bar{\xi}$)]中$\bar{p}$的分子的具体命题形式。所以,[$\bar{\eta}$, $\bar{\xi}$, N($\bar{\xi}$)]是最普遍命题形式(不论是基本命题的,还是非基本命题的)的完备表达。由于任何一个逻辑运算均是连续运用唯一基本运算 N($\bar{\xi}$)后的结果,因此,[$\bar{\eta}$, $\bar{\xi}$, N($\bar{\xi}$)]亦是维特根斯坦在 TLP 5.47 中所提及的"唯一的逻辑常项",并且我亦说明了当中的"唯一的逻辑常项是普遍命题形式"这一个论题。这是逻辑与语言统一性的证明,而逻辑与语言的统一亦保证了在语言之中划界限的可能性。

[$\bar{\eta}$, $\bar{\xi}$, N($\bar{\xi}$)]作为最普遍命题形式,呈示逻辑语法规则。语言的逻辑语法规则决定可以有含义的语词(名称和基本逻辑常项 N)组合,因而亦构成了语言与真实之间的图像关系的普遍规则(the general rule of depiction)。维特根斯坦在 TLP 3.1 - 3.13 中,把可感知的命题记号视为可能情形(situation)的投影(projection),并且谈及投影方法。显然,他是把语言与真实之间的图像关系的普遍法则看作一个投影几何系统的普遍法则。其实,我们可以证明,借语言图像论来建立的符号系统本身就是一种几何。

数学家菲利克斯·克莱恩(Felix Klein,1849—1925)在 1872 年提出了后来被称为"埃尔朗根纲领"(Das Erlanger Programm)①的方案。

---

① Klein, Felix, "Vergleichende Betrachtungen über neuere geometrische Forschungen (Das Erlanger Programm)", in F. Klein, *Gesammelte Mathematische Abhandlungen*, *Erster Band* (Berlin: Julius Springer 1921), pp.460 - 497.

根据埃尔朗根纲领，几何学是研究变换群下不变项的学问。事实上，$[\bar{\eta}, \bar{\xi}, N(\bar{\xi})]$ 正好决定了一个变换群，因而亦决定一个几何。换言之，$[\bar{\eta}, \bar{\xi}, N(\bar{\xi})]$ 呈示了有关几何的普遍规则。

至此，《逻辑哲学论》中借改良，进而推广赫兹的力学语言图像论而建立一般的语言图像论的计划便完成了。

七、唯一正确的哲学方法和呈示那不可言说的

根据《逻辑哲学论》的语言图像论，若一个名称记号组合有可能符号化为（有含义的）命题，则它的每一个构成名称记号都有可能指涉某对象。换言之，以下成立：

若有一个构成名称记号是不可能指涉任何东西（即不可能赋予意谓），则该组合并不可能符号化为命题，亦即无含义（nonsensical）。

其实，这是一个含义测试（significance test），或者更确切地说，是一个无含义测试（nonsensicality test）。这亦是 TLP 6.53 里提及的"唯一严格含义上正确的哲学方法"的最重要部分：

> 哲学的正确方法其实是这样的：除了能够被说出的东西以外什么也不说，即，只说出自然科学的诸命题，而它们与哲学没有半点关系；然后，无论何时，当别人想要说出一些形而上学的东西时，就向他表明，他没能为其命题中的某些记号赋予意谓……这是唯一严格含义上的正确方法。

维特根斯坦在《逻辑哲学论》有展示如何运用"唯一严格含义上正确的哲学方法"来消解哲学声称。例如，我们可以把维特根斯坦在

TLP 5.6 - 5.641 中有关独我论的讨论视为在展示如何运用"唯一严格含义上正确的哲学方法"来消解独我论的哲学声称的例子。我们亦可以用同样的进路来阅读他在 TLP 6.43 - 6.45 中有关世界作为一个整体的哲学声称的讨论。

再者,维特根斯坦并不认为,《逻辑哲学论》的目的止于消解哲学言说。其实,它有更重要的目的,就是要借着指出哲学言说是无含义的,来转移受哲学言说困扰者之视线于有含义的日常语句或者欠缺含义的逻辑命题所呈示的不可言说的东西。让我对此稍作说明。请先看以下条目:

> 我的命题以如下的方式成为一种阐明:任何理解我的人,最终都会发现它们是没有含义的,当他使用了这些命题——作为阶梯——来攀登并超越它们之后(可以说,他必须在攀登完后扔掉梯子)。
> 他必须超越这些命题,然后他才能以正确的方式看待世界。
> (TLP 6.54)

维特根斯坦认为,《逻辑哲学论》的大部分语句都在企图说出不可说的东西。例如,企图说出实在的形而上学以及语言和逻辑之本质。理解作者的人,应该能够认识到它们都不能通过"唯一严格含义上正确的哲学方法"里的含义测试,因此,它们都是无含义的。作为无含义的语句,它们不能说出、呈示或者传达任何东西。然而,这些无含义的语句所试图说出的东西,却可以被说出其他东西的有含义语句(命题)或者欠缺含义的逻辑命题所呈示。对这些无含义的语句进行 TLP 6.54 中的所谓"阐明",同时将我们的注意力导向有含义的语句(或者欠缺含义的逻辑命题)，而这些语句呈示出它们(即那些无含义语句)所试图说出的东西。它们之所以能够做到这一点，是因为它们的构成记号是日常语言中的熟悉词汇，并且它们的无含义是违反了这些熟悉记号的逻辑语法的结果(因而通过不了有关的含义测试)。通过认识到它们的无含义，我们可以被引导看出：那些有含义的语句(命题)——在其中相同的记号起到了符号化作用——呈示出它们(即那些无含义语句)所试图说出的东西。因此，这些语句就像梯级，人们可以利用它们来超越自己，从而掌握那些有含义的语句(或者欠缺含义的逻辑命题)所呈示的东西。一旦达到这目标，就可以把那些作为梯级的语句，连带整个梯子丢掉。

传统的哲学言说，就像《逻辑哲学论》的大多数语句，不仅不能通过该含义测试(因而无含义)，它们更是同样使用了常见的日常语言中的熟悉词汇。在运用"唯一严格含义上正确的哲学方法"来辨认出它们并无含义的过程中，我们可以被引导向某些有含义的语句(或者欠缺含义的逻辑命题)及其所呈示的不可言说的东西——当初那些吸引人们说出无含义的哲学言说的不可言说的东西、不可言说的神秘。

八、章节简介

以上介绍了我对《逻辑哲学论》的整体性诠释的基本内容和理论架构。本书其他篇幅收录的文章便是对这诠释的主要理论及论题的厘清和说明，并且借着展示中间的步骤来阐释相关的论证和证明。

本书的第一章《对无含义的祛魅：理解〈逻辑哲学论〉》批评了以黛蒙德和科南特为代表的坚决式阅读，并且借此带出我对《逻辑哲学论》的目的和基本论证结构的诠释。根据我的诠释，《逻辑哲学论》的目的是令读者明白作者(即维特根斯坦)的用心,从而被说服去运用"唯一正确的哲学方法"来辨认出哲学言说并无含义。在该过程中,我们可以被引导向某些有含义的语句(或者欠缺含义的逻辑命题)及其所呈示的不可言说的东西——包括当初那些吸引人们说出无含义的哲学言说的不可言说的东西、不可言说的神秘。

第二章《〈逻辑哲学论〉中逻辑必然性的呈示、分析和真值函项性》采用了以下方式来陈构作为讨论重点的"呈示之教条":

命题必然可以拥有呈示其含义的命题记号。

这一章的目的就是要说明,维特根斯坦在《逻辑哲学论》中如何从语言图像论的基本论题"呈示之教条",推出分析性论题(即命题是基本命题的真值函项逻辑组合)和逻辑命题的真值函项性(即所有真逻辑命题都是真值函项重言的),而后者更呈示了逻辑的统一。要注意的是,虽然我并没有在本章明言之,但自"呈示之教条"推出分析性论题,是运用了与罗素版本不同的摹状词理论。

第三章《逻辑原子主义》旨在说明"实体论证"在《逻辑哲学论》支持命题的完备逻辑分析可能性的论证中的地位,并且给出了我对"实体论证"的诠释。在这一章,我是使用上一章的"呈示之教条"(即命题必然可以拥有呈示其含义的命题记号)来理解"实体论证"的最重要前提(即我们能够勾勒出世界的任何图像)或其等价陈构"我们可以构造能完备地描述任何可能事态的图像"。本章因而可视作上一章的持续说明和补充。本章亦批评了伊恩·普卢普斯(Ian Proops)、迈克尔·莫里斯(Michael Morris)和何塞·扎拉巴多(José Zalabardo)对"实体论证"的诠释。

第四章《〈逻辑哲学论〉与罗素哲学的一个主要区别》首先考察罗素为解决"罗素悖论"而提出的"类型论",并特别指出,罗素的处理建基于

"逻辑语法依赖于语言和世界之间的表征关系"这一个论题。接着，主要论证维特根斯坦在《逻辑哲学论》中正好坚持该论题的否定。这样，便找到了《逻辑哲学论》与罗素哲学的一个主要区别。本章还借此批评了戴维·皮尔斯(David Pears)对《逻辑哲学论》中语言哲学的诠释。

在这儿，我希望指出在文章里没有明言的论点。罗素认为解决罗素悖论的类型论建基于"逻辑语法依赖于语言和世界之间的表征关系"这论题，而后者其实蕴含以下论题：

语言必定有不能语法化的字词符号的语义内容(semantic content)。

根据这论题，运用罗素的摹状词理论来对命题作出逻辑分析不一定会带来对命题含义的完备描述。这亦说明了为什么《逻辑哲学论》的摹状词理论跟罗素的版本并不一样。

第五章《〈逻辑哲学论〉中的运算 N 以及表达的完备性》旨在说明维特根斯坦在 TLP 5.5—5.503 引进的真值函项运算 N 或 N($\bar{\xi}$)，并且论证在满足某一条件下，N 是表达完备的。具体而言，我会先说明，除了同一性记号可排除于逻辑哲学论式(符号)系统之外，所有一阶量化理论的运算(包括全称量词和存在量词)都可以只用真值函项运算 N 来定义。于是，若 N 是表达完备的，则逻辑哲学论式系统便是一个消除了谓词的多类理论(没有同一性)，并将 N 作为其中唯一的基本运算。我继而会借考察罗伯特·福格林(Robert Fogelin, 1932—2016)、皮特·吉奇(Peter Geach, 1916—2013)和休·米勒三世(Hugh Miller III)有关 N 的表达完备性的争论，来证明以下论题：若逻辑哲学论式系统作为一个量化理论，拥有有限值域，则 N 便是表达完备的。

第六章《〈逻辑哲学论〉中的算子 N》是上一章的补充。第五章只证明了若逻辑哲学论式系统只拥有有限值域，则 N 便是表达完备的。第六章则具体地演示(demonstrate)了如何只用 N 来产生所有不同种类的一个量化理论(包括多类理论)的命题句式。

第七章《对〈逻辑哲学论〉中"基本思想"的证明》旨在诠释在《逻辑哲学论》中出现的两个支持 TLP 4.0312 中的"基本思想"(即"'逻辑常项'并非表征性的,没有任何东西能够表征事实的逻辑"或"逻辑常项是非指涉性符号")的证明。根据我的诠释,其中一个证明是很优雅的,但不幸的是,该证明是不可接受的,因为它包含了一个无效推理。另一个较为完善的证明则使用了"有可能建立以 N 为唯一基本运算的充足符号系统"这一论题,以及逻辑常项的特征:它们的记号就像标点或者一对括号那样——没有人会认为它们指称了什么东西。

第八章《〈逻辑哲学论〉中的变项名称和常项名称》考察了一个诠释上的难题,从而证明维特根斯坦在《逻辑哲学论》中接受常项名称(constant names)和变项名称(variable names)的分判,继而论证命题与真实之间的图像关系是由变项命名(variable-naming)建立的。

对某些著名的评论家而言,TLP 5.526 中"我们可以通过完全普遍化的命题来完备地描述世界,即,不需要预先地将任何名称与一个特定对象相互关联"的声称与 TLP 4.0312 中"命题的可能性建立在这条原则之上:对象拥有记号作为其表征"的主张有抵触。这就是该诠释上的难题。这一章企图证明,维特根斯坦接受有变项名称,并且认为,命题与真实之间的图像关系是由变项名称与其不确定但分享共同逻辑形式的指涉对象之间的图像关系所构成,因此,前述的并不是真正的抵触。再者,只由变项名称(或加上基本运算 N)构成的完全普遍化命题自然可以完备地描述世界。

我在本章亦会批评石黑英子(Hide Ishiguro)、布莱恩·麦吉尼斯(Brain McGuinness,1927—2019)和彼得·温奇(Peter Winch,1926—1997)为解决该诠释上的难题而提出的反实在论诠释,并且论证,更为合理的诠释是，《逻辑哲学论》在语言和真实之间的图像关系问题上持有一种实在论立场。

第九章《〈逻辑哲学论〉中语言与逻辑的统一性》由诠释 TLP 5.47中"一个基本命题其实包含了所有逻辑运算"出发，从而说明《逻辑哲学论》支持逻辑与语言统一性的证明。该证明的核心是 TLP 5.47 中"唯一的逻辑常项是普遍命题形式"这一论题。由基本思想、唯一基本运算 N 的存在和分析性论题，可以推出 NN 内禀于任何基本命题。要注意的是，对于一个基本命题形式的变元，如 ϕx，命题"$NN(\overline{\phi x})$"与"$(\exists \phi, x).\phi x$"是等价的。根据语言图像论，命名就是如此的一回事：从那些由该名称之形式所整理出来的对象中任意地挑出一个，并以之作为该名称的含义。由此可知，命名涉及了存在量词的运用，亦即涉及了 NN。这亦说明了何以 NN 内禀于任何基本命题。后者亦可如此表述：$NN(\overline{\eta})$ 是普遍基本命题形式，而 $[\overline{\eta}, \overline{\xi}, N(\overline{\xi})]$ 则是普遍基本命题形式的完备表达。再加上分析性论题，可以见到，$[\overline{\eta}, \overline{\xi}, N(\overline{\xi})]$ 是普遍命题（不论是否基本命题）形式的完备表达。但是，它就是维特根斯坦在 TLP 5.47 中所提及的"唯一的逻辑常项"。这说明了在 TLP 5.47 中出现的"唯一的逻辑常项是普遍命题形式"这一论题。这是逻辑与语言统一性的证明，而逻辑与语言的统一亦保证了在语言之中划界限的可能性。

第十章《〈逻辑哲学论〉中作为一种几何学的语言》旨在论证，借语言图像论来建立的符号系统本身就是克莱恩的"埃尔朗根纲领"所界定的几何（即几何学是研究变换群下不变项的学问），因为我们可以找到逻辑哲学论式符号系统的相关变换群。

第十一章《〈逻辑哲学论〉中的不可言说性和无含义》是本书的最后一章，它与第一章有相互呼应之效。这一章把我的诠释所属的"正统解读"与"坚决式阅读"相对照而论。由于坚决式阅读视其对正统解读的批评为优点，因此，本章直接针对它的四个主要批评，替正统解读作出辩护。这些辩护亦构成了对坚决式阅读的严厉批评，从而带出正统解读的若干重点。事实上，正统解读亦认为，维特根斯坦视《逻辑哲学论》的绝大多数语句为无含义的，并且作为无含义的言说，这些语句不能说出、呈示或者传达任何东西。但是，根据坚决式阅读，他认为，哲学活动的目的只在于通过指出哲学言说的无含义，继而从有含义的幻觉（illusions of sense）中解放那些说出无含义（nonsense）的人，这是不正确的。

事实上，维特根斯坦认为，《逻辑哲学论》中的那些无含义的阐明性语句和传统的哲学言说所试图说出的东西，可以被说出其他东西的有含义（significant）语句（命题）或者缺含义（senseless, sinnlos）的逻辑命题所呈示。这些无含义的阐明性语句进行阐明的方式，或者指出传统哲学言说的无含义的方式，将我们的注意力导向有含义的（significant）语句（或者缺含义的逻辑命题），而这些有含义的语句呈示出它们（即那些无含义语句）所试图说出（但却不能说出）的东西。

自从黛蒙德和科南特在20世纪80年代末提出坚决式阅读后，在这20年间，坚决式阅读出现了"强"版本（"雅各布宾派"）和"弱"版本（"吉伦特派"）。替正统解读辩护而构成的对坚决式阅读的批评，适用弱版本和强版本。此外，亦有对两个版本的不同批评：弱版本不够坚决，而强版本则没能解释后期维特根斯坦对《逻辑哲学论》的批评。

第一章

对无含义的祛魅：理解
《逻辑哲学论》

在《逻辑哲学论》出版将近八十年后，评论家们仍然未对怎样理解此书达成共识。这看上去可能有些奇怪，因为维特根斯坦非常明确地说①，他要为语言划出界限，从而为思想划出界限；因此，哲学话语（philosophical utterances，即哲学困难、哲学问题和哲学命题等）可被视作是无含义的（nonsensical），并使得我们正确地看待世界，以及满足于沉默地回避那些不可说的东西。但是，他在 TLP 6.54 中说道："（我的）诸命题以如下的方式成为一种阐明：任何理解我的人，最终都会发现它们是无含义的。"②这就给他的著作赋予了一种自我虚无化（self-annihilating）的特征。困难在于将此书理解为一个融贯的整体，并看出它和什么有关。在本章中，我首先要反对一种对《逻辑哲学论》的著名诠释，即坚决式阅读（resolute reading），然后提出一种正确理解《逻辑哲学论》的方式。

① 例如，在该书的前言以及 TLP 4.003、6.522、6.53 - 6.54 和 7 这样的条目中。
② 本章中采用了 Pears 和 McGuinness 的英文翻译。在有特殊说明的地方，则采用了 Odgen 的英文翻译。

一、坚决式理解和它的两个基本特征

坚决式阅读①被说成是理解《逻辑哲学论》的正确方式，这种方式严肃地对待 TLP 6.54 中关于无含义的宣言。它由科拉·黛蒙德首先提出，并为詹姆斯·科南特以及许多其他的学者所支持并阐发。② 其纲领性本质允许相当多的变体。③ 在这些变体中，黛蒙德和科南特的版本影响最大，并且它们之间非常相近，可以被视作一个统一的诠释。因此，我将黛蒙德-科南特的版本当作坚决式阅读的主要代表。

坚决式阅读时常被用来与黛蒙德和科南特称作"标准诠释"的理解形成对照，而且其正确之处恰恰就是标准诠释有错误的地方。尚不清楚他们将哪些诠释看作是标准的。无论如何，G. E. M.安斯康姆和彼得·哈克肯定被看作标准诠释的两个主要代表性支持者，因为他们的观点在相关的语境中受到了批评。④ 按照黛蒙德和科南特的观点，标准诠释认为，TLP 6.54 中提到的无含义句子（nonsensical sentences）⑤能够

① 坚决式阅读也被 Marie Colin（1999）以及 *The New Wittgenstein* 的编著者们（Crary and Read 2000：1）在该书的导言中称作"治疗式理解"（the therapeutic reading），被 Peter Hacker（2000）称作"后现代诠释"（the post-modernist interpretation），等等。当下比较流行的名称似乎是"坚决式阅读"，参见 Sullivan（2002：43）。我在此处采用了当下的称呼。同样参见 Conant and Diamond（2004：87，footnote 1）。
② 参见 Diamond（2001，1997，1991b），Conant（2001，2000，1989），Goldfarb（1997）以及 Ricketts（1996）。在 Crary and Read（2000）中收录的论文的作者们，除了 Hacker 以外，都是坚决式阅读的支持者。
③ 参见 Conant and Diamond（2004：47-48）以及 Conant（2007：47，footnote 108）。
④ 例如，Hacker 的观点在 Diamond（2005，1991b）以及 Conant（2000，2001，2002）中受到了相当大篇幅的批评。Howard Mounce 也被 Read 和 Deans（2003）视作标准诠释的主要代表性支持者之一。
⑤《逻辑哲学论》中的德语词汇"Satz"的意思，可以是命题或者句子。在所有关于 a nonsensical Satz 的讨论中，我都使用了"句子"（sentence）这一翻译。

呈示不可说的洞见（或者"真理"），而且其中提到的承认（recognition）是通过如下方式达成的：通过运用意义理论（theory of meaning），来明确那些由《逻辑哲学论》所提倡的含义之条件（conditions of sense）。[1] 在哈克的版本中，产生无含义的原因是以违反逻辑语法的方式来使用记号，而逻辑哲学论式意义理论的作用就是发现这些违反之处，因而也就是发现这些无含义。[2]

　　根据黛蒙德和科南特的观点，有两个基本特征使得一种阅读成为"坚决式"的，而这两个特征断然拒斥了标准诠释的立场。第一个基本特征是，无含义既不能呈示也不能说出任何东西。第二个基本特征是，《逻辑哲学论》既没有提倡任何明确了含义（sense）之条件的意义（meaning）理论[3]，也不认为存在着以违反逻辑语法的方式来使用记号、因而必定产生无含义这样一回事。[4] 在不同版本的坚决式阅读之间可能存在重大差异，但是它们都拥有上述两个基本特征这一事实，决定了它们都属于坚决式阅读。[5]

---

① 参见 Conant（2007：44）。

② 参见 Conant（2002：393－394；2001：39）。

③ 参见 Conant 和 Diamond（2004：47－48）。

④ Conant 认为，谈论对逻辑语法之违反的唯一方式，是"范畴的混淆——允许用同一个记号的不同出现来符号化那些属于不同逻辑范畴的东西的结果"。（Conant 2001：44，46）这种方式可能会，也可能不会产生无含义。

⑤ 在最近的一篇论文中，Conant（2007：42－47）用一种稍微不同的方式刻画了坚决式阅读。他认为，坚决式阅读拒绝了下列想法：维特根斯坦号召他的读者们去把握一种《逻辑哲学论》所提倡的、关于有意义性的理论（a theory of meaningfulness，即一个明确了在什么条件下句子有含义或无含义的理论）。然后他强调了这个观点的三个推论：第一，坚决式阅读拒绝承诺任何不可说的理论或者教条；第二，拒绝了这样一个观点——存在着逻辑上不同种类的无含义；第三，坚决式阅读认为，《逻辑哲学论》的作者所采用的逻辑标号形式，必定是某种用于阐明的工具，而对它们的使用并不要求对任何哲学论题作出承诺。除了第三个推论以外（这个推论是新的），这种刻画坚决式阅读的方式与（Conant and Diamond 2004）中的刻画方式并无不同。（可能需要指出的是，新的刻画方式会产生一个问题：我们不清楚后面三个推论是如何从第一个观点那里得出的。）

　　坚决式阅读应该被视作一个纲领。[①] 从两个基本特征中，该纲领得出的结论是：任何将《逻辑哲学论》视作试图呈示不可说的洞见的建议——比如标准诠释——都是不可接受的。于是，黛蒙德和科南特通过不同种类的无含义之间的逻辑区别来刻画标准诠释，就是很自然的了。对于科南特而言，该区别存在于下列两者之间：单纯的无含义（mere nonsense），或者说那些"单纯让人无法理解"的东西；实质的无含义（substantial nonsense），或者说那些"由可理解的成分通过不合法的方式组成——表达了一个逻辑上不融贯的思想"[②][③]的东西。譬如实质性无含义的实例包括"无含义的逻辑上的确定形式"[④]。要认为违反逻辑语法而产生的无含义可以呈示那些不可说的洞见——正如哈克实际上所认为的那样，就是要采纳实质性的无含义。《逻辑哲学论》的目标，就是要将人们从实质性无含义的

---

① 坚决式阅读允许各种各样的变体。Read 和 Deans(2003：251)将它们分为"强版本"和"弱版本"，划分依据是它们在框架之本性上的观点差异。尽管承认有不同版本的坚决主义，但是 Conant（2007：131，footnote 101）不同意 Read 和 Deans 的观点。他认为，二者给出的某些标准没有划分出不同版本的坚决式阅读，而是想要将读者划分到"温和的"以及"狂热的"维特根斯坦单一论（温和的或者狂热的维特根斯坦单一论，指的是关于前期和后期维特根斯坦之间关系的不同观点）。他关于不同版本坚决主义之间如何存在重大不同的观点参见 Conant（2007：47－66），尤其是他如何认为坚决主义者可以通过不同顺序的辩证步骤，以及不同的发现顺序来看待梯子的梯级（Conant 2007：53）——其中的梯子被他确定为一个句子的清单（Conant 2007：50－51）。

② Conant 2000：176.

③ 或者，将单纯的无含义定义为"一个由记号组成的字符串，其中无法察觉到任何符号，因而字符串没有可区分的逻辑语法"，而将实质性的无含义定义为"一个由可以用于符号化的记号所构成的命题，但是该命题的语法在逻辑上有缺陷，该缺陷由其符号的逻辑范畴之间的冲突所导致"（Conant 2000：191）。对 Diamond 而言，该区别存在于单纯是无含义的句子，以及"算是无含义，却设法指向那些无法通过明白的文字所说出的东西"的句子之间，或者，该区别存在于单纯是无含义的句子，以及"是无含义，但其意义会是［那些不可说的东西］的句子（之间），假如它们本可以算作有含义的话"。（Diamond 2001：150）

④ Conant 2007：44.

桎梏中解放出来。① 黛蒙德对标准诠释的著名批评正是"逃避"
（chickening out）。②

　　作为一种对《逻辑哲学论》进行正确解读的提案，坚决式阅读需要
明确：应该怎样解读《逻辑哲学论》，以及这本书究竟是关于什么的。
所以，除了两个基本特征之外，黛蒙德-科南特版本的解读还有另外两
个主要的观念。一个观念是，《逻辑哲学论》中的所有句子——除了那
些作为"框架"来指示如何解读这本书的句子以外——都是无含义的。
框架包括前言；仅仅聚焦于该书的"整体含义"（whole sense）和"目
标"；还有 TLP 6.54－7（根据不同的坚决主义观点，还可能包括更多
的、不同的乃至于任何条目③）。非框架的句子都是无含义的，因而既
不能呈示，也不能说出任何东西。④ 于是，黛蒙德和科南特似乎认为，
《逻辑哲学论》并没有试着帮助人们看出任何不可说的洞见。这就导
向了另一个主要的观念：《逻辑哲学论》的目标仅仅是将说出无含义
的人从无含义中解放出来，而做到这一点的方法是将非框架句子用作
阐明（elucidations）。非框架的句子——它们应该是无含义的——仍
然可以进行阐明，正如 TLP 6.54 所说的那样。所以我们可以在使
用并抛弃它们之后，正确地看待世界。它们阐明的方式（与呈示有

① 例如，"我心目中的那种对维特根斯坦的解读，也许可以这样表述：维特根斯坦
　　试图呈示形而上学家的表达都是无含义的，方式是揭示出这些表达在逻辑上
　　（或者概念上）的缺陷，而这些缺陷可以追溯到对有意义谈论之条件（the
　　conditions of meaningful discourse)的明确违反……这些违反之处的来源是，对
　　'逻辑语法之诸原则'的违反"。(Conant 2001：13)同样参见 Conant（2001：14）。
② 参见 Diamond（1991a：181）。
③ 见 Conant（2000：216－217）中的尾注 102。Read 和 Deans 认为《逻辑哲学
　　论》有不同的层次，而且根据他们称作"强版本"的坚决主义，框架还包括结尾
　　中的内容，是对朝向形而上学的冲动的另一种表达，因此也要被超越。
　　(2003：249－251)
④ 见 Diamond(1991b：181，184）。

所不同）是，先引导读者将无含义视作有含义（senses），然后将他们从无含义那里解放出来。[①] 在这样一种辩证过程（dialectical process）中，诸句子（包括那些表面上可理解但在事实上无含义的"区分"和"论题"，比如，各种表面上是一种意义理论的东西，以及呈示和说出之间的区分）都是"梯级"，在使用过后就应该抛弃。[②]

二、论坚决式理解的第一个基本特征

我将要论证，第一个基本特征并没有刻画出一种坚决式阅读。这种想法建立在对标准诠释的一个严重误解之上，至少是对安斯康姆和哈克观点的误解。标准诠释并不认为无含义可以呈示什么东西，它们也没有采纳实质性无含义这样一个概念。为了看出这一点，首先要考察一下，黛蒙德将维特根斯坦解读为**没有逃避**到底是什么意思。然后，为什么她会认为标准诠释将维特根斯坦解读为逃避了。

> 将维特根斯坦解读为没有逃避，就是说他并未真的持有下列观点：实在的一些特征是无法言喻的（cannot be put into words），而是呈示它们自身。他的观点是：谈论可能有用，某些时候甚至是实质性的，但是我们最终要将其放弃，并且要诚实地将其视作真正的无含义——明显的无含义，我们不能最终认为这些无含义符合某个不可说的真理。[③]

---

① 见 Diamond（2001：160）。
② 参见 Diamond（2001：160）。
③ Diamond 1991a：181.

而真正地抛弃掉梯子①是这样的：

> 我们……已经放弃了这种尝试：将实在中的某些东西——一
> 个句子所说的东西属实的可能性——表征为不可说，但是可以**被
> 该句子呈示出来。**②

此处，"通过无含义这种方式"就意味着：根据逃避式诠释，呈示或
者"指向"（gesture at）了一个不可说真理的东西，就是**相关的无含义句
子本身**。科南特所说的"不可说式诠释"——据称这一点由标准诠释所
共享——也是在逃避。不可说式诠释认为，维特根斯坦力图通过无含
义来呈示出不可说的真理③④，或者"这里所说的句子被揭示为无含义，
却能够传达某些确定的东西"⑤。安斯康姆和哈克是否认为，同样无含
义的逻辑哲学论式句子呈示出了一个不可说的真理？

让我们考察一下黛蒙德对安斯康姆的下列论述的批评，这个段落
是关于《逻辑哲学论》对不可说但可被呈示的东西的观点：

> 我们是否可以在那些如果能被说出就会为真，以及如果能被
> 说出就会为假的东西之间，划出一条区分？不可能像这样谈及"被

---

① 参见 Diamond（1999b：181-182）。Diamond（1999b：194）还说："所谓逃避，就
是假装扔掉梯子，实际上却稳当地站在上面——或者尽可能稳当地站在上面。"
② Diamond 1991a：184.文中加粗由本书作者添加。
③ Conant 2000：199.
④ Conant 说："我并没有在《逻辑哲学论》使用这个词的意义上（正如我们将要看到
的，《逻辑哲学论》对这个词的使用并不适用于无含义）……来使用'呈示'一词，
我（对这个词的使用）指的是：**通过无含义这种方式来'暗示'或者'指向'不可说
真理的活动**（正如不可说式诠释的支持者那样）。"（Conant 2000：199，footnote
11；加粗由本书作者添加）
⑤ Conant 2007：44.

呈示"的东西之间的矛盾……而"'某物'**不是**某物的名称"却试图说出某些"颇为正确"的东西……我们必须说，关于"'某物'**是**某物的名称"，这个命题想要说出的东西不仅仅是不正确的，而且是不融贯的、令人困惑的；展示出这一点，就彻底摧毁了这样一个想法：在"就会……"的陈述背后会有任何东西。①

黛蒙德从这个段落中读出的是：

（安斯康姆认为）存在着一些无含义的句子，但是，如果它们是说出一些可说的东西的尝试，它们就会说出一些为真的东西。它们试图说出的东西之不可说，排除了这些东西被说出；但是，无论如何，我们可以把握它们试图说出的东西……所以，她的工作中存在一个无含义句子间的对照：一些无含义句子的背后存在着为真但是不可说的东西，而另一些无含义句子的背后只有混乱。②

对黛蒙德来说，安斯康姆在此处作出的区分是两种不同种类的无含义之间的逻辑区分，而不是黛蒙德自己更愿意作出的、无含义句子在想象上（for imagination）担当不同角色的那种外部区分。③ 安斯康姆的诠释是在逃避。

但是，黛蒙德不能作出这样的结论。她忽视了安斯康姆写在前述段落之前的内容：

---

① Anscombe 1971：162.
② Diamond 2001：158.
③ 参见 Diamond（2001：158 - 159）。

那些不可被"说出"，但是可以被"呈示"或"展示"的东西，在《逻辑哲学论》中是一个重要的部分。也就是说，把它们称作"为真"是正确的，假如它们可以被说出的话——这根本不可能；事实上它们不能被称作为真，因为它们不能被说出，但是**在那些说出了各种可以被说出的东西的命题中**，它们"可以被呈示"，或者"得到了展示"。①

根据这个段落，安斯康姆的观点是非常清楚的：不可被说出但可被呈示的东西，并不是由相关的无含义句子所呈示的，而是被"说出了各种可以被说出的东西的命题"，即被说出了另一些东西的有意义（significant）命题所呈示。在前一段引文中，她试图作出的区分存在于下列东西之间：一个无含义句子（记为"p"），这个句子尝试说出那些只能被一个有意义（significant）命题（记为"q"）所呈示的东西；无含义句子"~p"，该句子尝试说出不能被任何命题所呈示的东西。不论这样的区分能有什么重要性，安斯康姆显然没有承诺这样的观点：在"p"和"~p"的无含义性（nonsensicality）之间有一个逻辑区分。同样，她并不认为一个无含义的句子（该句子尝试着说出一个不可说的真理）可以呈示或指向不可说的真理。相应地，她无须在不同种类的无含义之间作出任何逻辑区分。我们不能将实质性无含义的概念归属给她的诠释。

可以承认的是，有一些评论家认为，维特根斯坦将无含义的伪命题（pseudo-propositions）视作能够呈示不可说的东西。马克斯·布莱克（Max Black，1909—1998）是一个例子。② 布莱克认为，在 TLP 6.54 - 7

---

① Anscombe 1971：162. 加粗为本书作者添加。
② 见 Black（1964：378 - 386）。

中提到的相当多的评论，都属于"逻辑语法"或者哲学语法。它们都是"'形式陈述'，'呈示出'一些可以被呈示的东西"①。但具有讽刺意味的是，在《洞见与幻想》(Insight and Illusion)中指出布莱克错误的人，正是哈克。在哈克看来，"'形式陈述'……既不说出，也不呈示任何东西。它们确实违反了逻辑语法的规则，因为它们错误地使用了形式概念……那些使用了它们的'形式'陈述都是无含义"②。哈克显然并不认为，维特根斯坦持有这样一个观点：一个无含义的句子可以呈示或指示任何不可说的真理。确实，无含义的句子试图说出的那些东西，既不能被它们说出，也不能被它们呈示，而是被有意义的(significant)命题所呈示：

> 哲学家们试图说出那些只能被呈示的东西，并且，**他们所说的东西——都是无含义的——甚至不能呈示他们试图说出的东西。**无论如何，正如我们将要看到的那样，即便是在哲学的、被掩盖起来的无含义中，我们还是可以在下列东西之间作出区分：那些或许可以被(多少有些迷惑性地)称作启发性无含义(illuminating nonsense)的东西，以及误导性无含义(misleading nonsense)。留心的读者会被启发性无含义引导着去理解，**那些被其他命题所呈示，却没有被当作哲学命题的东西。**③

哈克并没有在不同种类的无含义之间作出任何逻辑区分。他在启发性无含义和误导性无含义之间作出的区分，并不是逻辑的区分（甚至

---

① Black 1964：381.
② Hacker 1986：25 - 26.
③ Hacker 1986：18；加粗部分为本书作者添加。

科南特也会同意他的观点①）。将"实质性无含义"这一概念归属给他的诠释是错误的。哈克不断地重复同样的观点。比如，他在《Was He Trying to Whistle It?》中写道：②

> 维特根斯坦自己的命题……——借由《逻辑哲学论》的启示——都是无含义的**伪命题**。**它们完全不呈示任何东西**。那些被认为呈示了《逻辑哲学论》似乎想要说出的不可说真理的命题，并非这些伪命题，而是**良形的**(well-formed)**命题**（包括缺含义的逻辑命题）。③

令人吃惊的是，尽管哈克已经将自己的观点表达得十分清楚了，他还是被当作标准诠释的一个主要代表。④

所以，黛蒙德和科南特严重地误解了标准诠释，而且这种误解在评论家中间非常广泛，其中就包括坚决主义者和他们的一些理论对手。⑤ 指出

---

① 参见 Conant（2000：195 - 196）。
② 在另一篇论文《Philosophy》中，尽管是在诠释《逻辑哲学论》，Hacker 写道："无疑，哲学家们通过哲学的伪命题来试图说出的东西，是由有含义的良形句子而呈示出来的。"（2001：326）
③ Hacker 2000：356.文中"缺含义"的英文为 senseless。——译者注
④ 为了回应 Read 和 Deans 的批评（2003），Mounce 否认自己曾经宣称过《逻辑哲学论》中的命题本身呈示了任何东西。他非常明确地表达了标准诠释所共享的观点："（逻辑哲学论式命题的）目的……是将我们的注意力导向那些在记号的合法使用中呈示自身的东西。"（Mounce 2003：269 - 270）
⑤ 坚决主义者的一个例子是 Michael Kremer。这一点可以从他对 Hacker 和 Anscombe 的批评中看出："他们坚持这样一个教条：维特根斯坦的教导不能被说出，而且他的宣言都是无含义，同时他们又坚持一个相反的观点。这一点被伪装成下列说法：尽管他的宣言什么也没有说出、不表达任何思想而且并非为真，但是它们传达了他的意思或者意图，而他的意思或者意图是颇为正确的。"非坚决主义者的一个例子是 Marie McGinn。她也将那个被她叫作"形而上学解读"的观念（即本章称作"标准诠释"的观念）视作下列有问题的观念："关于实在的不可说真理，是由无含义句子所传达的。"（1999：495—496）

这一误解，不仅有助于改正错误、消除影响，也有助于我们接受《逻辑哲学论》的下列观点：那些无含义的逻辑哲学论句子似乎正在说出的东西，不是由任何无含义的句子所呈示出的，而是由正在说出其他东西的有意义（significant）句子所呈示出的。前述误解同样导致坚决主义者错误地认为，第一个基本特征是坚决式阅读的新奇观点。事实上，第一个基本特征甚至没有刻画出一种坚决式阅读。

三、论坚决式理解的第二个基本特征

第二个基本特征，正如黛蒙德和科南特所传达出来的那样，是一个对抗标准诠释的论辩性观点，尤其是对抗哈克的版本。他们认为，哈克通过违反逻辑语法（the contravention of logical syntax）这一概念来刻画实质性无含义，而且哈克认为，对无含义的察觉需要使用《逻辑哲学论》中所提倡的意义理论（the theory of meaning）。[1] 他们同样使用 TLP 5.4733 来作为支持第二个基本特征的主要文本证据。不过，标准诠释并没有采用实质性无含义这一概念（正如之前已经指出的那样）。哈克认为，对于《逻辑哲学论》而言，确实存在着违反逻辑语法的记号（signs）使用。但是他不需要也没有认为，对无含义的察觉需要一个明确了含义之条件（conditions of sense）的意义理论（theory of meaning），他也不认为《逻辑哲学论》提倡这样的理论。因为，一个人可以通过熟练掌握逻辑语法的规则来察觉无含义，而无须使用任何意义理论。[2] 在此，尚有两个问题需要考虑。第一，由黛蒙德和科南特所考察的违反逻辑语法这一概念，是否在《逻辑哲学论》中得到了运用？第二，

[1] 例如，参见 Diamond（2005：78-79）。
[2] 参见 Hacker（2003：11-13）。

他们的主要文本证据 TLP 5.4733 是否证明了，对于《逻辑哲学论》而言，并不存在违反逻辑语法这样一回事？

黛蒙德和科南特认为，坚持主张存在着违反逻辑语法这样一回事，就意味着采用了实质性无含义的概念。① 实际上，他们相当于通过可理解的原料(intelligible ingredients)之间的不合法组合，或者逻辑上有缺陷的组合，来刻画实质性无含义。② 对于科南特而言，合法的原料都是符号(symbols)或者符号化记号(symbolising signs)，而不合法组合就意味着符号的逻辑范畴之间有冲突，这种冲突制造了实质性无含义。③ 当科南特谈到《逻辑哲学论》拒绝接受任何诸如对逻辑语法之违反这样的东西的时候，他所说的逻辑语法之规则，指的是那些支配符号之组合的东西。但是，《逻辑哲学论》没有将逻辑语法之规则视作支配符号之使用的东西，而是视作支配记号之使用的东西。④ 这一点可以从 TLP 3.325("一个记号–语言……由逻辑语法所支配")、TLP 3.33 – 3.331⑤、TLP 6.126(其中处理记号的规则显然是逻辑语法)以及其他地方看到。逻辑语法的规则排除了记号的无含义组合(即它们并没有符号化使用，也没有对含义之表达作出贡献)。除了文本证据以外，更重要的也许是：将逻辑语法这一概念理解为排除了记号之无含义组合的东西。

对《逻辑哲学论》而言，以两种不同的标记模式(modes of signifying)、

---

① 当然，我在下列问题上同意 Diamond 和 Conant(Hacker 也会同意)：这里没有人在说，对逻辑语法之违反这一概念是跨范畴的混淆，后者可能会，也可能不会产生无含义。

② 参见 Conant (2000：176, 191)。

③ 参见 Conant (2001：14)。

④ 令人吃惊的是，Conant 认为，《逻辑哲学论》既没有将逻辑语法之规则视作支配记号之组合的东西，也没有将其视作支配符号之组合的东西："逻辑语法既不涉及对记号之组合的禁止，也不涉及对符号之组合的禁止。"(2001：42)

⑤ 在 TLP3.33 – 3.331 中，通过一种没有提及意义(Bedeutungen)的方式而建立起来的逻辑语法规则，显然是记号的规则。

在两个命题语境中进行标记的一个记号，就成了两个不同的符号。① 在TLP 3.323 的例子中，命题"Green is green"中的记号"green"通过两种不同的模式来进行标记，分别作为专名（第一个词）和形容词（最后一个词）的记号。它是两个不同符号的记号。一个记号的标记模式同样决定了它的逻辑/语法模式②，或者语法/组合可能性（syntactic-combinatorial possibilities）。③ 例如，"Green is green"中的第一个词，是以某个特定专名的标记模式来标记（并因此作为一个专名来进行符号化）的记号，其功能是指称一个人。"Green is green"中的最后一个词是相同的记号，但是通过不同的方式与其他记号组合在一起，即拥有不同的逻辑形式，并因此作为一个形容词来进行符号化。一个记号如何标记，由逻辑语法的规则所支配。④

一个记号之使用与特定的逻辑语法规则相一致，即与特定的标记模式相一致，该记号就变成了一个符号，并因此能够用于标记。一个记号的使用违反了特定的逻辑语法规则，该记号就不能成为一个符号，即不能用于符号化，且不能用于标记。例如，在命题"2×2 和 4 相等"中，"相等"这个记号的使用与相等符号的逻辑语法规则相一致，于是该记号能够用于标记——而且在这个例子中，它确实（作为相等）被用作标记。如果指向的是相等的规则，那么在组合"苏格拉底相等"中的记号"相等"，其使用就违反了逻辑语法，因此不能用于标记。在这种情况下，"苏格拉底相等"这个记号就不能被认为与逻辑语法相一致从而表达了一个含义，因此它是无含义的。正是以这种方式，逻辑语法的规则

① 当然，可以通过不同的方式来使用一个记号，正如 TLP 5.5423 中的方形可以通过不同的方式而被看作不同的复合体。
② TLP 3.327.
③ TLP 2.032 – 2.033.
④ TLP 3.322，3.326 和 3.334。

支配了记号的使用（组合），或者排除了记号的无含义组合（注意，记号的一个组合是无含义的，并非因为它表达了无含义，而是因为它没能符号化，或者说没能对含义之表达作出任何贡献）。

我们能够说一个符号之使用与逻辑语法规则相一致的唯一方式，是在下列琐碎的意义上：任何符号的使用都必须与逻辑语法相一致。就一个符号而言，它作为一个命题中的含义刻画部分（sense-characterising part）[1]，仅仅是一个其使用与逻辑语法相一致（并投射于实在之上）的记号。我们不能说一个符号之使用违反了逻辑语法规则，因为在那种情况下，该记号根本就没有成为符号。因此，逻辑语法规则并没有支配符号的组合，而只是支配了记号的组合。所以，黛蒙德和科南特所考察的那个概念，对于《逻辑哲学论》而言是无法接受的。《逻辑哲学论》用违反逻辑语法这一概念来表示的是，以一种与其指向的逻辑语法规则有所不同的方式来使用某个记号。这样就说明了，为什么违反逻辑语法一定会产生无含义，而这里的无含义并不是实质性无含义。黛蒙德和科南特不能使用一个关于违反逻辑语法的观念（这个观念蕴含着实质性无含义）来论证不存在违反逻辑语法这回事，这是因为，《逻辑哲学论》一开始就不会接受这样的观念。

黛蒙德和科南特的观点是：对于《逻辑哲学论》来说，通过未被先前使用所建立的方式来使用一个记号的话，这种使用必定和新建立的使用相一致。[2] 论证的负担实际上在他们那边。他们需要论证，《逻辑哲学论》拒绝了下列可能性：可以通过违反先前建立的规则的方式来使用一个记号（注意，试图通过与先前不同的方式来使用一个记号，有两种可能的后果。一种后果是产生无含义。另一种是，对该记号的使

---

[1] TLP 3.31.
[2] 例如，参见 Diamond（2005：78 - 79，82，84 - 87）。

用与新引入的逻辑语法规则相一致，并因此成为一个不同符号的记号。坚决主义者拒绝了第一种情况）。从他们的作品中，我只能找到两个论证。一个论证是，对逻辑语法的违反产生了实质性无含义。但是这一点已经受到了反驳。另一个论证是，《逻辑哲学论》在 TLP 5.4733（他们给出的关键文本证据）就是这么说的：

> 弗雷格说，任何合法构造出来的命题都必须拥有一个含义。我说，任何一个可能的命题都是合法地构造出来的，并且，如果它没有含义，那么只能是因为我们没能为它的构成性部分赋予意义（meaning）（即便我们以为自己已经这么做了）。
>
> 所以，"苏格拉底相等"什么也没有说的原因在于，我们并没有给"相等"这个词赋予任何形容性的意义（adjectival meaning）。因为，当它作为相等的一个记号而出现时，它以一种完全不同的方式在进行符号化——标记性关系是完全不同的，因此，两种情形中的符号完全不同：这两个符号仅仅是拥有同一个记号，而这点完全是一个意外。

他们从 TLP 5.4733 中读出了两点。第一，没有任何句子-构造（sentence-construction）是非法的。从这一点可以得到，不存在以违反逻辑语法的方式来使用记号这么一回事。[①] 第二，对记号的使用会产生无含义的唯一方式，是没能给这些记号赋予意义（meaning）。[②] 但

---

① 对此，Diamond 写道："没有任何句子-构造是非法地结合在一起的；建立起使用记号的方式的规则，并没有使得任何记号之组合成为一个将会违反所允许之事的命题。如果我们以这种方式来解读 5.4733，就可以得到：维特根斯坦认为不存在这样一种句子，它之所以是无含义的，是因为以被排除了的方式来使用记号。因为没有任何一种使用记号的方式被排除了。"（2005：89）

② 对此，Conant 写道："维特根斯坦在这一段（即 TLP 5.4733）中说，字符串的无含义不是因为对某个符号的不被允许的使用，而是因为我们没能决定其意思。"（2001：40）

是，TLP 5.4733本身并没有说出或者蕴含这两个观点。

　　TLP 5.4733中并没有第一个观点，因为TLP 5.4733只是在谈论一个合法地构造出来的句子，并说它能够用于标记。TLP 5.4733肯定没有支持下列观点：没有任何句子-构造是非法的。它也没有支持下列观点：不存在以违反逻辑语法的方式来使用记号这么一回事。TLP 5.4733中也没有包含第二个观点。TLP 5.4733说，一个合法地构造出来的句子没有含义，只能是因为我们没能为它的一些构成性记号赋予意义（meaning）。当然，这个句子没有含义不能归咎于对逻辑语法的违反，因为该句子是良形的（合法地构造出来的）。但是，这一点不能排除掉一个非法构造出来的句子的可能性。一个非良形的句子当然是无含义的，因为它没能提供一个命题语境，并因此——根据TLP 3.3中那条或可被称作"语境原则"的原则——无法将意义（meaning）指派给它的构成性记号。事实上，意义指派的失败，正是因为它违反了逻辑语法的规则。

　　而且，TLP 5.4733本身与黛蒙德和科南特的解读相矛盾。为了看出这一点，考虑一下解读TLP 5.4733所要依赖的背景。对《逻辑哲学论》而言，一个能够表达含义的句子必须是良形的（比如，TLP 3.14）。总体来说，一个能够用于标记的记号必须在一个命题语境中得到使用，即按照逻辑语法的规则来使用（TLP 3.3 - 3.311）。维特根斯坦还强调，一个良形的句子能够表达一个含义，这一点可以在TLP 4.5中看到：

　　　　现在似乎可以给出最普遍的命题形式了，即以这样一种方式给出任意记号语言中的诸命题的一个描述，使得每一个可能的含义都能被一个满足该描述的符号所表达，并且在诸名称的意义（meaning）得到了适当的选择时，每一个满足该描述的符号都可以表达一个含义……

一个满足该描述的符号，就是一个拥有普遍命题形式的符号，即一个良形的句子。一个良形的句子能够表达一个含义，尽管它可能尚未表达一个含义。总体来说，**一个按照逻辑语法规则来使用的记号能够用于标记，反之亦然**。在良形与标记能力之间的等价，是维特根斯坦在《逻辑哲学论》中想要得出的关键论点。它呈示出，语言和世界之间的标记关系的可能性，如何可以从一个语言的逻辑语法那里找到。TLP 5.4733 应该在这样的背景下得到解读。

维特根斯坦在 TLP 5.4733 的开头强调，一个可能的（possible）句子或许没有含义，但必须是合法地构造出来的，即必须是良形的，因此必定能够标记（一个含义）。一般而言，一个可能的记号就是一个可以成为符号的记号。当一个记号成为一个符号时，它通过与逻辑语法规则相一致的方式得到了使用（或者，在一个句子的情形里，就是得到了合法的构造），并且能够用于标记。因此，"（一个）可能的记号必须能够标记"①。如果一个可能的句子没有含义，这仅仅是因为尚未将意义（meaning）赋予其构成性记号。例如，在"苏格拉底相等"中的"相等"这个记号，其使用方式与其通常使用和先前使用（例如，作为相等的记号）有所不同，以至于"苏格拉底相等"会或者不会有含义（make sense）。在当前的例子中，当"相等"作为一个形容词的记号而得到了全新的使用时，其使用与支配着形容词的逻辑语法规则相一致，因此是一个可能的记号。于是，"苏格拉底相等"是一个可能的句子。"苏格拉底相等"尚未拥有一个含义的原因，不是因为这个句子——或者"相等"——以违反逻辑语法的方式得到了使用，而是因为一个形容性的意义（即一个形容词的意义）尚未被赋予"相等"。

---

① TLP 5.473. 这里使用了 Ogden 的翻译。

TLP 5.4733 的最后部分远远没有拒斥违反逻辑语法的可能性，反而表明维特根斯坦意识到了这种可能性。他的观点是，只要"相等"被用作某个形容词的记号，其使用就与支配着一个形容性记号的逻辑语法规则相一致。但是，当"相等"被用作相等性的记号时（即另一个符号的记号），它就违反了逻辑语法的相关规则。结果是，"苏格拉底相等"是无含义的（就像 TLP 4.003 中的句子"善比美更多或更少地相等"一样无含义）。TLP 5.4733 显然允许违反逻辑语法的可能性。所以，黛蒙德和科南特给出的主要文本证据，实际上会反对他们那个没有说服力的观点，即对于《逻辑哲学论》而言，不存在以违反逻辑语法的方式来使用记号这么一回事。

我们现在可以看出，在第二个特征里正确的东西（即《逻辑哲学论》并没有提倡任何明确了含义之条件的意义理论），对于坚决式阅读来说并不是实质性的——因为标准诠释同样持有这种观点，而其中实质性的东西（即不存在以违反逻辑语法的方式来使用记号这么一回事）则是错误的。

四、坚决式理解和它的两个主要主张

两个基本特征——它们要么与标准诠释没有分别，要么是不正确的——并没有刻画出坚决式阅读。我认为，真正能刻画出坚决式阅读的东西是另外两个主要主张。其中一个主张是，《逻辑哲学论》中的所有句子（除了那些作为"框架"或者阅读指南而发挥作用的句子以外）都是无含义的。另一个更重要的主张是，《逻辑哲学论》的目的并非呈示什么不可说的洞见，而仅仅是通过无含义的非框架性句子来将那些说出无含义的人从无含义中解放出来，正确看待世界的方式正是由这一点构成的。在介绍我所认为的正确阅读方式之前，将对这两个观点进行考察。

　　《逻辑哲学论》中的所有句子（除了那些作为"框架"或者阅读指南
而发挥作用的句子以外）都是无含义的，这样一个主张与下列事实相联
系：坚决式阅读宣称要严肃地看待 TLP 6.54。然而 TLP 6.54 只是说，
《逻辑哲学论》中用作阐明的句子都是无含义的。它并没有说，《逻辑哲
学论》中的那些有意义的（significant）句子构成了框架或者阅读指南。
似乎没有其他文本证据了。事实上，这个主张似乎是错误的。因为，我
们能够很容易地从《逻辑哲学论》中找到一些句子，比如"与其他的自然
科学假说相比，达尔文的理论并没有与哲学更有关系"[①]；这些句子显
然是有意义的（significant），但它们并不是阅读指南。而且，黛蒙德和
科南特的立场本身并不一致。他们在数篇论文中——正如我们已经看
到的那样——使用 TLP 5.4733 来论证不存在违反逻辑语法这么一回
事。TLP 5.4733 处于什么地位呢？它不能属于框架，因为它并非一个
阅读指南。它也不能是无含义的，因为没有哪个无含义的句子可以传
达出这样的信息："没有任何句子-构造是非法地构造出来的。"[②]坚决
主义者的唯一选项只能是承认这一点，并将 TLP 5.4733 视作一个有意
义的（significant）非阅读指南命题，从而产生了不一致。

　　现在，让我们转向那个更重要的主张，即《逻辑哲学论》的目的仅
仅是通过无含义的非框架性句子来将那些说出无含义的人从无含义
中解放出来。黛蒙德和科南特不能从有意义（significant）命题那里寻
求帮助（因为他们不清楚这样一个观点：无含义句子试图说出的东
西，可以被有意义命题所呈示），而只能诉诸无含义的句子本身。这样
就解释了为什么科南特会说："逻辑哲学论式阐明的目的，在于（**通过
使用单纯的无含义**）揭示出：那些表面上是实质性无含义的东西是单

---

① TLP 4.1122.
② Diamond 2005：89.

纯的无含义。"①《逻辑哲学论》的目的在于，将人们从实质性无含义的掌控中解放出来。在某种意义上，标准诠释的观点[即，将 TLP 6.54 中提到的句子视作无含义的，以便看出它们表面上在说的东西并不能被说出，而是被有意义的（significant）命题所呈示]也是在将读者从无含义那里解放出来。然而，这并不是黛蒙德和科南特的意思。他们的观点是，将读者从无含义那里解放出来已经是最终结果了。② 除此之外，任何关于呈示什么东西的谈论都是毫无可能的。然而，并没有文本证据能支持他们的观点。于是他们诉诸阐明和想象这样的概念，并因此显得好像提供了相应的证据。但事实并非如此。为了更清楚地看到这一点，我将详细地考察黛蒙德的版本。

黛蒙德使用了阐明这一概念，并让我们注意这样一个事实：TLP 6.54 说，《逻辑哲学论》中的句子通过"任何理解我的人，最终都会发现它们是无含义的"而成为某种阐明。

> 你要理解的是**作者**，而不是那些命题……《逻辑哲学论》是这样一本书：它将自身与唯一严格正确方法的分离，理解为存在于它对无含义说话者的理解中，并要求它的读者也持有这样的理解。
>
> 所以我的主张是，在没有看出维特根斯坦如何看待其哲学方法的情况下，我们就不能看出要如何去解读《逻辑哲学论》中关于伦理学的评论。就他的哲学方法而言，关键在于他对**一个说出无含义的人**的观念。所以，要怎么去理解一个说出无含义的人呢？③

---

① 2000：196；加粗由本书作者添加。
② 例如，Conant 说："《逻辑哲学论》中的句子达成了一个阐明性目的的标志，就是当读者持有的这样一种现象学突然被打碎时，他们理解了某些由相应语词之形式所决定的东西。"（2001：59）
③ Diamond 2001：156；加粗由本书作者添加。

关键在于，要认为 TLP 6.54 中的"我"这个词指称一个说出无含义的人。重点是理解一个说出这些句子的人，而不是这些句子本身。要理解一个说出无含义的人，就是要"从想象上将无含义视作有含义（enter imaginatively the taking of that nonsense for sense）"[①]。由逻辑哲学论式的无含义句子所担当的这种阐明，预设了某种想象活动。通过让那些说出无含义的人——他们"处于一种幻觉的掌握之中：存在着一种传统意义上的哲学"[②]——去把无含义想象为有含义的，这种阐明得以引导着这些人走出来。[③]

TLP 6.54 中的"我"显然指称维特根斯坦——《逻辑哲学论》的作者。但是，黛蒙德认为它指称任意说出无含义的人，这个人处于一种幻觉的掌握之中：存在着一种传统意义上的哲学。然而，认为"我"指称任意一个说出无含义的人，并非对 TLP 6.54 的自然解读。这是因为维特根斯坦在 TLP 6.54 中想要说的东西，显然不是邀请人们去理解一个像他一样说出无含义的人，而是任何理解了作者的人都能够发现他的句子是无含义的。为什么理解了他的人就能做到这一点呢？这是因为——就在 TLP 6.54 之前——他（即作者）刚刚教给了我们哲学的正确方法：

> 哲学的正确方法其实是这样的：除了能够被说出的东西以外，什么也不说……然后，无论何时，当别人想要说出一些形而上

---

① Diamond 2001：157.

② Diamond 2001：160.

③ Conant 同样将想象这一概念引入了逻辑哲学论式的阐明。逻辑哲学论式句子的阐明，就是唤起这种想象：将那些后来才被表达为单纯无含义的东西，想象为某种有实质性意义的（substantially significant）东西，即揭示出那些表面上是实质性无含义的东西，都是单纯的无含义（2000：196–197）。

学的东西时，就向他表明：他没能为其命题中的某些记号赋予意义（meaning）……①

一个理解了他的人就会理解上述正确方法，而一个理解了正确方法的人，就能发现他的句子是无含义的。根据 TLP 6.54 所言，那些句子的阐明作用就在于发现它们的无含义，并且通过这种方式，使得我们能够正确地看待世界。

黛蒙德对 TLP 6.53 中"我"这个词的用法的强调，并不能支持她的下列观点：说出无含义的人被邀请去想象地进入无含义，以便从无含义那里得到解放。然而，这是《逻辑哲学论》的目的吗？黛蒙德对前言的注意力，仅仅集中在维特根斯坦称为该书的"目标"或者"整个意义"的内容。然而，正如一些评论家所指出的那样②，维特根斯坦同样在前言中强调，《逻辑哲学论》的价值——如果有价值的话——由两个东西构成，其中之一便是"它所表达的思想"，而且"此处所交流的思想的真理性"，似乎是"毋庸置疑且绝对的"。③《逻辑哲学论》只能被那些已经持有该书所表达之思想——或者持有类似思想——的人所理解。通过《逻辑哲学论》来对思想进行交流——维特根斯坦对此十分清楚——未必需要通过该书所包含的句子来完成。我将要论证，这种交流是通过引导读者自己发现那些由有意义的（significant）命题所呈示的东西来完成的。理解一个思想，就是要把握相应命题所呈示出来的

———————————

① TLP 6.53.

② 例如，参见 Reid（1998：97‐151；尤其是 100）以及 Hacker（2000：108‐109）。

③ 这里，当他谈到这些思想的真理性似乎毋庸置疑且绝对的时候，维特根斯坦似乎在一种宽泛的意义上使用"真理"一词，就像他在 TLP 5.62 中对这个词的使用那样（"给定这个困难的关键之处，在唯我论中有多少真理性"），或者类似于 TLP 4.123 中对"对象"（object）一词的"漂移性使用"（shifting use）。

含义。① 把握那些"为真"的思想，与他在《逻辑哲学论》中消解哲学难题的努力紧密相关。同样地，这也关系到他的下列观点：在发现那些逻辑哲学论式阐明的无含义之后，以正确的方式去看待世界。② 与黛蒙德所认为的相反，维特根斯坦实际上在前言中宣称，《逻辑哲学论》要帮助读者看出不可说的洞见。

事实上，维特根斯坦并不认为，人们通过哲学活动所能达成的唯一目标就是消解哲学话语，而且这也不是最终目标。他在前言中说，《逻辑哲学论》的整个意义（the whole sense）便是"可以说的都可以被说清楚，而对于我们不可说的东西，则必须沉默地忽略（pass over in silence）"③。他还这样为《逻辑哲学论》作小结："我们必须沉默地忽略那些我们不能说的东西。"④这里的"忽略"（pass over）表明，当哲学话语和逻辑哲学论式阐明被发现是无含义的时候，并不是说没有任何东西遗留下来了，而是有一些不可说的东西应该被沉默地放置一旁。他还在前言中说，《逻辑哲学论》的价值由两个东西构成，其中之一便是"它呈示出，当这些难题（哲学难题）被解决之后，所达成的东西如此之少"⑤。他并没有说这本书什么也没有呈示，而是说它达成的东西"如此之少"。同样众所周知的是，维特根斯坦说，当某人已经使用并丢弃了他那些无含义的阐明性句子之后，这个人"将会正确地看待世界"⑥。就在他于 TLP 6.53 - 6.54 中陈述哲学的正确方法，并解释他的句子如何通过被认作无含义而成为阐明之前，他谈到了人生的难题并说道：

---

① TLP 4，4.02 以及 4.022。
② TLP 6.54.
③ TLP, p.3.
④ TLP, p.7.
⑤ TLP, p.3.
⑥ TLP 6.53.

对人生难题的解决,在该难题的消失中被看出。

[那些在长久怀疑之后,人生意义(the sense of life)才变得清楚的人,却不能说出这种意义是如何构成的,不正是这个原因吗?]

确实存在不可表达的东西。它**呈示**自身;它是神秘的。①

因此,认识到哲学话语和逻辑哲学论式阐明的无含义性,帮助我们看出某些不可被说出、只能被呈示的东西。② 有了这一点,接下来我将提出一种正确理解《逻辑哲学论》的方式。

五、标准阐释：无意义言说所担当的两个角色

《逻辑哲学论》主要由无含义的阐明所构成。但是,无含义的句子如何清楚地表明语言和逻辑的本性是什么?如何清楚地表明哲学中的正确方法?它们是怎样与哲学和哲学话语联系在一起的?坚决主义者没能看到的一点是,尽管无含义的句子既不呈示,也不说出任何东西,它们中的一部分可以被用来引导我们看出那些被有意义的(significant)命题所呈示出来的东西。事实上,无含义句子可能担当两种不同的角色:一种是,它们被呈现为哲学话语,就好像它们在说出某些很重要的东西;另一种是,它们被用作阐明,以帮助我们看出某些不能被说出,但是被有意义(significant)命题所呈示的东西。我将首先解释,逻辑哲学论式阐明要如何满足第二种角色。

让我考察一下无含义阐明是如何工作的,以及《逻辑哲学论》中的逻辑推理和证明究竟是什么。

---

① TLP 6.521 - 6.522. 这里使用了 Ogden 的翻译。
② TLP 4.1212.

　　不过，不可能通过命题的方式来断定存在着这样的内部属性和关系：不如说，这一点使得它自身在表征了相关事态并涉及相关对象的命题中显现出来（德语 zeigt ... sich）。①

　　因此，一个命题"fa"呈示出对象 a 出现于其含义中，而两个命题"fa"和"ga"则呈示出它们都提到了同一个对象。如果两个命题相互矛盾，那么它们的结构会将之呈示出来；如果它们中的一个是由另一个推出来的，情况也一样；等等。②

　　"fa"呈示出，对象 a 出现于其含义中。具有呈示作用的是命题"fa"，而非无含义句子"a 出现于'fa'的含义中"。诸如"a 出现于'fa'的含义中"这样的无含义句子具有阐明作用，并非因为它说出或者呈示了什么东西（它不能说出或呈示任何东西），它的阐明作用是通过认识到它是无含义而发挥出来的。

　　一个理解维特根斯坦，并因此理解其哲学方法的人③可以从这个事实中看出，这些熟悉的词语以如此这般的方式相互联结就会产生一个无含义的句子，以及该无含义句子所试图说出的东西不能被说出（也不能被该无含义的句子所呈示），而是由说出其他东西的有意义（significant）命题所呈示。例如，我们通过无含义句子"a 出现于'fa'的含义中"所试图说出的东西，由有意义的（significant）命题"fa"所呈示。我们必须在沉默中忽略由命题"fa"所呈示的东西，因为它所呈示的东西不是被说出的，也不能被说出。无论如何，"fa"的确说出了一些东西，尽管它所说出的东西并非它所呈示的东西。它说出的是另一些东

---

① TLP 4.122.
② TLP 4.1211.
③ TLP 6.53.

西，即 fa。正是以这种方式，我们沉默地忽略了一个命题所呈示的东西①——因为它说出了别的东西。我相信，这正是理解 TLP 7（"我们必须沉默地忽略那些我们不能说的东西"）的应有方式。

诸如"'q'从'p'推出"这样的句子也是无含义的。它或许可以作为一种阐明，即引导着我们去看出它表面上所说的东西，是由有意义（significant）命题"p"和"q"的结构所呈示出来的。在"'q'由'p'推出"中的有意义（significant）命题"p"和"q"之间的组合，使得这个句子貌似在说出一些东西，但这仅仅是表面。它是无含义的。对这一点的认识，让我们得以看出："p"和"q"的内部逻辑结构才是这里重要的东西。一般来说，"当一个命题的真由其他命题的真而来时，我们可以从这些命题的结构那里看出这一点"②。在某些情况下，我们可以仅仅通过查验"p"和"q"自身，就能看出这种逻辑结构。在另一些情况下，查验"p⊃q"是不是一个重言式会有所帮助。重言式"p⊃q"是缺含义（senseless）③，但是它所呈示的东西同样也被有意义（significant）命题"p"和"q"所呈示，或者也被它们的内部逻辑关系所呈示。④

《逻辑哲学论》毫不犹豫地谈到了逻辑证明。⑤ 维特根斯坦的想法确实是清楚的，即一个证明是对有意义（significant）命题的内部逻辑结构的演示（demonstration），诸如"'q'从'p'推出"这样的无含义阐明，或者"p⊃q"这样的缺含义重言式，可以帮助我们看出这种逻辑结构。也存在着其他证明，比如对普遍命题形式之存在的证明⑥对"一个命题是

---

① TLP 6.54.
② TLP 5.13.
③ TLP 4.461.
④ TLP 6.2.
⑤ TLP 5.132，6.12 - 6.1262.
⑥ TLP 4.5.

实在的一幅图像"这样一个图像论论题的证明①以及对"基本思想"的证明②等等。我们可以说，《逻辑哲学论》中的证明都是对记号之语法规则的探索。[《逻辑哲学论》中的证明使用了无含义的阐明去引导人们看出那些由有意义〈significant〉命题所呈示的东西，并不意味着它们的任务很容易。③ 它们并非廉价的主张，而是赢自艰苦的战斗。④]

这些关于语言和逻辑之本性的观点，属于那些维特根斯坦在前言中声称已经在该书中得到表达的观点。《逻辑哲学论》还包含了大量"论题"[或者"伪论题"（pseudo-theses）]，比如图像论题。这些无含义的"论题"不能传达任何关于语言和逻辑之本性的东西。不过，认识到它们的无含义性，会帮助我们看出一些关于语言和逻辑之本性的东西，而这些东西由有意义的（significant）命题所呈示（这一点与下列事实相似：认识到重言式没有说出任何东西，会引导着我们看出其构成性命题的逻辑）。他似乎认为，这些无含义句子所试图说出的应该是关于说出之条件的（the conditions of saying），即关于逻辑的。因此，任何时候只要我们说出了一些有意义的（significant）东西，它们都必须在场。这些无含义句子本身既不说出也不呈示任何东西，它们表面上在说的东西——说出之条

---

① TLP 4.01.

② TLP 4.0312.

③ 在一封给 Lady Ottoline Morrell 的信件中，罗素谈到了维特根斯坦："我告诉他，他不应该仅仅陈述那些他认为为真的东西，而是要给出论证。但是他说，论证会破坏它的美，那样一来他就会觉得自己仿佛用泥手玷污了鲜花。"（引用于 Blackwell 1981：8）这一点表明，维特根斯坦十分清醒且有意识地漏掉了很多论证细节和步骤。找出这些细节并非一件容易的工作。我想要感谢 Laurence Goldstein，他帮助我注意到了上述内容。关于他在这个问题上的观点，参见 Goldstein(2004：158 – 159)。

④ 例如，我已经说明过维特根斯坦是如何在《逻辑哲学论》中论证"基本思想"的(1999)；是如何论证唯一逻辑常项的存在的(2000)；是如何论证图像论题的(2003)；是如何论证逻辑必然性的真值函项性的(2004)；是如何论证最普遍命题形式之存在，以及语言和逻辑的统一的(2006)。

件——存在于说出了其他东西的有意义（significant）命题中。

无含义句子也会冒充哲学话语。哲学是一项致力于消解哲学话语的活动，其目标是通过对命题——思想的表达①——进行澄清而实现的。哲学的任务是"使得思想清楚，并赋予它们清晰的边界"②，或者通过为语言划出界限③，而"清楚地呈现出可以被说出的东西"④。为语言划出界限与建立哲学的正确方法紧密相关。《逻辑哲学论》中的诸多"论题"要如何达成这一目的？ 在此担当了关键角色的"论题"，是 TLP 5.4733 中的重要观点：按照逻辑语法规则来使用记号，与标记能力是等价的。为了看出这一点，要注意语言是命题的全体。⑤ 不过，命题的界限——它构成了语言的那个界限⑥——并不属于语言⑦，而是由命题之全体而确定的。⑧

从表面上看，为语言划出一条界限的方法之一，便是给出命题的全体（从而确定它们的诸界限）。但是《逻辑哲学论》并没有也不能给出这样的全体，因为即便是基本命题的全体也无法被给出。⑨ 它所做的是，给出一个对命题之普遍形式的描述，该形式正是在 TLP 4.5 中间接提到并在 TLP 4.014 中以一种更抽象的方式而直接提到的普遍规则。我

① TLP 4.112.

② TLP 4.112.

③ TLP 4.113 – 114.116.

④ TLP 4.115.

⑤ TLP 4.001.

⑥ 《逻辑哲学论》有时说到给语言划出"一个界限"，例如 TLP, p.3；有时又说到设置"诸界限"（limits），例如 TLP 4.113 4.116。我认为前者指的是语言之诸界限的集体（the limits of language collectively）。

⑦ 我们可以从 TLP 5.6（"我的语言的诸界限，意味着我的世界的诸界限"）以及 TLP 6.43（"如果意志之或善或恶的运用确实可以改变世界，它也只是改变世界的界限而不是改变事实——不是改变那些可以通过语言这一手段来表达的东西"）那里看到，维特根斯坦并不认为语言的界限属于语言。

⑧ TLP 4.51.

⑨ TLP 5.55 – 5.551.

已经在别处说明了维特根斯坦的论证，这里不再赘述。[①] 无论如何，我想要指出的是：《逻辑哲学论》并不把重言式和矛盾式视作真正的命题（因此它们不属于语言），而是视作命题的极限情形，或者干脆视作命题的界限。[②] 由于命题和逻辑命题（重言式和矛盾式）是同一条语言之普遍规则的产物，逻辑和语言就统一了起来。那些在语言界限之内的东西是命题，在语言界限之上的东西是重言式和矛盾式，而那些在语言界限之外的东西是无含义的。重言式和矛盾式构成了语言的界限，但它们是由命题之全体确定的。

　　逻辑语法决定了一个句子是在语言的界限之内还是之外。[③] 这一点与《逻辑哲学论》的下列观点有关：**得到了与逻辑语法规则相一致的使用的记号能够进行标记，反之亦然。**维特根斯坦试图在 TLP 5.4733 中导出这个观点，而且他在 TLP 4.5 中对最普遍命题形式的讨论也建立在这个观点的基础之上。此处更重要的是，它刻画了为语言划出一条界限这一概念。第一，一个句子中的记号以违反逻辑语法规则的方式而得到了使用，这个句子就位于界限之外。在这种情况下，该句子是无含义的，因为其构成性记号不能用于标记，即不能将任何意义（meaning）指派给它们；反过来说也一样。第二，一个句子中的记号以和逻辑语法规则相一致的方式而得到了使用，这个句子就位于界限之

---

① 参见 Cheung(2006)。

② TLP 4.466，5.143.

③ 《逻辑哲学论》理解逻辑语法的这种方式，可以在 TLP 3.344 和 6.124 中看到。TLP 6.124 说："如果我们知道任意记号语言的逻辑语法，那么我们就已经得到了所有逻辑命题。"逻辑语法凸显了支配着逻辑命题的形成的普遍规则。TLP 3.344 说："一个符号所标记的东西对于所有符号而言都相同，逻辑语法规则允许我们将其替换。"逻辑语法同样凸显了语言的普遍规则，该规则支配着能够进行标记的所有符号的形成。对《逻辑哲学论》来说，语言和逻辑通过逻辑语法而统一起来。

内或之上。它要么能够表达一个含义（尽管它可能尚未表达一个含义）并因此位于界限之内，要么不能表达一个含义并因此位于界限之上。后者是一个逻辑命题（重言式或矛盾式），并且是缺含义的。① 不过，一个逻辑命题仍然是良形的。其构成性基本命题的构成性名称，得到了与逻辑语法规则相一致的使用，并因此能够标记或者指称对象。但是，一个逻辑命题允许所有情形（在这种情况下便是重言式）或者不允许任何情形（在这种情况下便是矛盾式），就意味着标记性关系或者表征性关系相互取消了。② 因此，虽然它并不是无含义的，却是缺含义的。

按照逻辑语法规则来使用记号，与标记的能力是等价的；从这一观点中产生了《逻辑哲学论》所认为的严格正确的哲学方法：

> 哲学的正确方法其实是这样的：除了能够被说出的东西以外什么也不说，即，只说出自然科学的诸命题，而它们与哲学没有半点关系；然后，无论何时，当别人想要说出一些形而上学的东西时，就向他表明他没能为其命题中的某些记号赋予意义（meaning）……这是唯一严格正确的方法。③

如果没有为一个句子中的某些构成性记号指派意义（meaning），那么该句子就没有含义。倘若适当的意义被指派给了构成性记号，这个句子仍然可能是有意义的（significant）。但是，如果不能（cannot）为构成性记号指派意义（meaning），那么它就必定是无含义的，因为在这种情况下，该句子违反了逻辑语法规则。当某人将一个无含义的句子冒充为

---

① TLP 4.461.
② TLP 4.462.
③ TLP 6.53.

哲学命题时，重要的就是第二种情形了。消解一个哲学话语的正确哲学方法，由指出相关句子中某个记号的无意义性（meaninglessness）所构成。

六、标准阐释：论哲学的本质

在 TLP 6.44 - 6.45 中，维特根斯坦谈到了一些神秘的东西，其中包括世界（作为一个有限的整体）的存在。对于我们中的一些人来说，在沉思世界的存在时，似乎会被一种惊异感（a sense of wonder）捕获。一些人会持续地说出诸如"世界存在"①、"我感到世界是一个有限的整体"②这样的句子，甚至是唯我论的主张"我就是我的世界"③。在《伦理学讲座》里，他提到了他觉得具有"绝对价值"的三种经验。其中之一是，他在对世界之存在感到惊异时的经验。④ 某些人可能会试图将这种经验诉诸文字，并说出"世界存在"。这里的"世界存在"是一个哲学话语，它被冒充为似乎说出了一些重要的东西。即便是"一个命题就是实在的一幅图像"这样的逻辑哲学论式阐明，一些人也会对之感到十分困惑，并错误地将这个句子呈现为似乎说出了重要的东西（《逻辑哲学论》当然没有以这种方式来呈现它，而是将其作为某种阐明）。在维特根斯坦于 20 世纪 30 年代所作的一系列讲座中，他考虑了这样一个难题：当某人正在作哲学思考时，他所遭遇的命题究竟是什么。⑤ "命题是什么？"被冒充为仿佛正对语言的本性进行发问。在那种情况下，该

---

① TLP 6.44.
② TLP 6.45.
③ TLP 5.63.
④ LE, p.41.
⑤ 参见 WCL, p.1, pp.21 - 22, pp.42 - 44。

句子也是一个哲学话语。

　　人们之所以说出这样的哲学话语，是因为他们想要就那些让他们觉得困惑的东西说些什么，或者作出反应。作为《伦理学讲座》的作者，维特根斯坦会说，诸如"世界存在"这样的句子都是无含义的，而且这并非因为我们尚未找到正确的表达，而是因为无含义性就是它们的本质。[①] 他在《逻辑哲学论》里暗示了一些非常相似的东西。他认为，这些人之所以会认为他们可以就那些让他们觉得困惑的东西说些什么，是出于对语言之逻辑的误解。[②] 招致这种误解的东西就是日常语言中所隐含的惯例，这些惯例在许多情况下使得思想之表达（命题）掩盖了思想。[③] 哲学话语实际上都是违反语言之逻辑来使用记号的产物，即违反逻辑语法来使用记号的产物，因此必定是无含义的。不能去回答它们，而是要通过指出相应的命题和问题是无含义的来消解它们。[④]

　　维特根斯坦还在前言中说，《逻辑哲学论》不是一本教科书，而且只有那些已经持有其中所表达之思想——或者持有相似思想——的人才能理解它。他在 TLP 6.54 中说，任何理解他的人，最终都会认识到他的阐明是无含义的。这一点也适用于哲学话语的情形。因此，哲学并非由哲学命题构成，而是一种活动。[⑤] 它是一种使用了正确方法来分析那些哲学话语的活动。他不会代别人来做这件事，也不一定要通过《逻辑哲学论》中的句子来做。人们必须自己参与到哲学活动中去。通过这种方式，人们不仅会认识到哲学话语是无含义的，还会被引导着看

---

① LE，p.44.
② TLP p.3，4.003.
③ TLP 4.022.
④ TLP 4.003.
⑤ TLP 4.112.我在这里使用了 Ogden 对 TLP 4.112 中"Philosophische Sätze"的翻译，而不是 Pears 和 McGuinness 的翻译"doctrines"。

出，这些话语所试图说出的东西已经由有意义的（significant）命题所呈示出来了。正确地看待世界也是这样构成的。

现在，维特根斯坦为什么要将《逻辑哲学论》的整个意义（the whole sense）总结为"可以说的都可以被说清楚，而对于我们不可说的东西，则必须沉默地忽略它们"，就很清楚了。其中的观念是，通过清楚地说出我们可以说出的东西，我们同时也看出了那些不能被说出的东西，而这些东西由我们所说之东西的表达所呈示。我们忽略那些无含义的阐明和哲学话语（它们都成了要被抛弃的梯子），并看出它们似乎在说，但是不能被说出的东西，是通过我们说出其他的东西而被呈示出来的。这就解释了维特根斯坦在给冯·费科尔（von Ficker，1881—1957）的信件中所说的内容：

> 我想要说，我的工作由两个部分构成：一个部分已经在这儿了，另一个部分则是我**没有**写下的所有东西。第二个部分才是重要的。因为伦理的东西似乎已经由我的书从其内部划出了界限；而且我确信，严格地说，它**只能**通过这种方式得到划界。简单来讲，我认为：倘若在今天许多伦理的东西都是含混不清的，我在书中通过对之保持沉默而确定（define）了它们。因此，本书将会——除非我错得离谱——说出许多你自己想要说的东西，但是你也许不会注意到书里已经说了。就目前而言，我会推荐你阅读**前言和结论**，因为它们最直接地表达了观点。①

对于说出其他东西的句子究竟呈示了什么，他保持了沉默。这正

---

① LLF：94-95.

是为什么"本书将会……说出许多你自己想要说的东西，但是你也许不
会注意到书里已经说了"。上述内容同样说明了，当维特根斯坦对保
罗·恩格尔曼（Paul Engelmann, 1891—1965）谈到乌兰特（Ludwig
Uhland, 1787—1862）的一首诗的时候，他究竟在暗示什么：

> 事情就是这样：只有当你不去试着说出一些不可说出的东西
> 时，才不会丢失任何东西。但是不可说出的东西将会——不可说
> 出地——被包含在已经说出的东西里面！①

众所周知的是，维特根斯坦后来发现了他所认为的《逻辑哲学论》
的"致命错误"②。我在这里不能讨论这些致命错误是什么，也无法讨
论他放弃了多少在《逻辑哲学论》中的早期哲学。我想说的仅仅是：
《逻辑哲学论》是一本美妙的书，如果它是一次失败的话，也是一次光荣
的失败。《逻辑哲学论》并不是坚决主义者所认为的那样。它的主要目
的，并不是仅仅将说出无含义的人从无含义那里解放出来。它试图帮
助人们认识到其中阐明的无含义性，引入正确的哲学方法以便消解哲
学话语，并看出关于世界、语言和逻辑的不可说的洞见——这些洞见由
说出其他东西的有意义的（significant）命题所呈示。它是有缺陷的，但
是其作者艰苦地尝试着，以天才般的方式去展示出他所认为的达成该
书目标的方法。

---

① 由 Monk 引用于（1991：151）。
② PI, p.x.

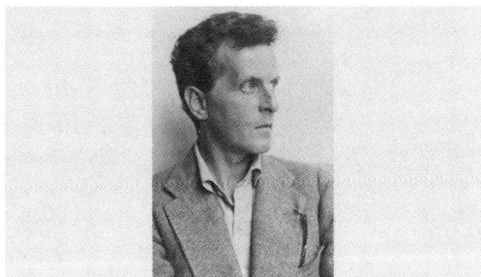

第二章

**《逻辑哲学论》中逻辑
必然性的呈示、分析和
真值函项性**

一、引言

在对《逻辑哲学论》手稿进行了"两次认真的阅读"之后,罗素在1919 年夏天给维特根斯坦的一封信中[1],把论题"所有逻辑命题都是重言式"称为维特根斯坦在该书中的"主要论点"。[2] 该论题,或者说 TLP 6.1[3] 在《逻辑哲学论》中十分重要,因为它是通过逻辑必然性的真值函项性来统一逻辑核心要点的。但是,维特根斯坦并不认为它是主要论点,正如我们可以从他对罗素的回复中看到的那样:

---

[1] 关于细节,参见 Wittgenstein, L.: 1995, in B. F. McGuinness and G. H. von Wright (eds.), *Cambridge Letters*, Blackwell, Oxford, pp.118 - 119, 121。

[2] 罗素写道:"……我确信你的主要论点是正确的:逻辑命题都是重言式。在实质命题为真的意义上,这些重言式不是真的……"参见 Wittgenstein, L.: 1995, in B. F. McGuinness and G. H. von Wright (eds.), *Cambridge Letters*, Blackwell, Oxford, pp.121。

[3] 在本章中我遵循通常的做法,以"TLP"作为《逻辑哲学论》(Tractatus Logico-Philosophicus)的缩写,并以相应的小数来表示《逻辑哲学论》中的命题。本章使用了 Pears 和 McGuinness 的翻译版本。

……现在，你恐怕没能掌握我的主要论点，而逻辑命题的这整件事情都只是它的一个推论。主要论点是，关于什么可以通过命题（即通过语言）被表达（gesagt；said，被说出①）的理论（同样地，什么可以被思考），以及什么不可以通过命题被表达，而只能被呈示（gezeigt）；我相信，这一点是哲学的基本难题。②

其主要论点的关键是，什么可以被说出、什么不可以被说出而只能被呈示的理论。他所说的逻辑命题的"这整件事情"——其中当然也包括罗素错误地认为是他的主要论点的论题——都只是上述理论的推论。上述引文在《逻辑哲学论》的评论家中间广为人知，但是似乎没有人试着详细说明，维特根斯坦是如何尝试着——正确地或者不正确地——辩护（justify）下列宣称的：逻辑命题的这整件事情是他主要论点的一个推论。③ 也许，他们认为在《逻辑哲学论》中没有这样的尝试。但是，我认为《逻辑哲学论》至少试着解释了，什么可以被说出、什么不能被说出而只能被呈示的理论的主要论题"（一个）命题呈示其含义"④，是如何得出作为其推论的论题的：所有（为真的）逻辑命题都是（真值函项的）重言式。⑤ 在本章中我将解释，《逻辑哲学论》是如何尝

---

① 将"gesagt"翻译为"said"更好。
② Wittgenstein, L.: 1995, in B. F. McGuinness and G. H. von Wright (eds.), *Cambridge Letters*, Blackwell, Oxford, p.124.
③ 很多关于《逻辑哲学论》的作品都提到了这个段落，其中维特根斯坦主张逻辑命题的这整件事情是他主要论点的一个推论。但是，这些作品没有试着说明《逻辑哲学论》是如何辩护这个主张的。例如，在 Anscombe(1971,161)、Black(1964,188)中都提到了这个段落，但是"现在，很遗憾……只是它的一个推论"这句话却被忽视了，在 Griffin(1964,18)以及 Pears(1987,124)的一个脚注中也是这样。
④ 在本章中，"重言式"（tautology）、"矛盾"（contradiction）以及"逻辑命题"（logical proposition）的意思分别是真值函项式重言式、真值函项式矛盾以及真逻辑命题。
⑤ TLP 4.022.

试着仅仅从一个命题呈示其含义这样一个论题出发,得到了逻辑必然性的真值函项性,从而统一了逻辑的。这一点将部分地证实维特根斯坦在信中对罗素所说的话。

以一种十分直接的方式,逻辑必然性的真值函项性可以从下列三个论题中推导出来:

(1) 所有(真正的)命题以及所有逻辑命题都是基本命题的真值函项。

(2) 一个基本命题是偶然的(contingent)。

(3) 基本命题彼此在逻辑上独立。

或可将(1)、(2)和(3)分别称作"强分析性论题"(the strong analyticity thesis)、"偶然性论题"(the contingency thesis)和"独立性论题"(the independence thesis)——强分析性论题比 TLP 5 中的论题更强,后者可以被称为"分析性论题",即"[一个]命题是基本命题的一个真值函项"。为了明白推导过程,首先要注意的是,如果基本命题是偶然的并且彼此间在逻辑上独立,那么,对于基本命题的任意真值函项,由其构成性基本命题的真值可能性所构成的每一个真值可能性都是真正的真值可能性。只要该真值函项既不是重言式,也不是矛盾式,那么它就必定是偶然的。一个重言式当然必然地为真,而一个矛盾式并非如此。这样一来,如果基本命题都是偶然的并且彼此间在逻辑上独立,那么,基本命题的一个真值函项必然为真,当且仅当它是重言式。另外,如果所有逻辑命题都是基本命题的真值函项,那么所有(为真的)逻辑命题都是重言式。这一点展示了,逻辑必然性的真值函项性是如何以一种十分直接的方式,从强分析性论题、偶然性论题以及独立性论题那里推导出来的。于是,本章关注的焦点就在于,从一个命题呈示其含义这个论题出发,《逻辑哲学论》如何得到了上述三个重要论题。

二、表达式和符号

我将从对逻辑哲学论式表达式或者符号概念的一个说明开始，因为，正如我将在下一节中论证的那样，按照《逻辑哲学论》，呈示就是展示（displaying）一个表达式的内在的（intrinsic）东西。在 TLP 3.3 诸小节中，刻画了一个命题之含义的任意部分，或者任意的含义刻画性（sense-characterizing）命题部分，被称作"一个表达式"或者"一个符号"。① 一个命题，就是刻画了一个含义的一个表达式的例子。一个命题部分刻画某含义的方式是拥有该含义，是在某种琐碎（trivial）的意义上来说的。不过，在《逻辑哲学论》中的"命题"一词有歧义。它可能指一个拥有含义的思想②，或者一个思想的可感表达式。③ 当一个命题被视作一个表达式时，就意味着一个命题是一个思想的表达式。当一个命题被视作一个思想时，它可能拥有不同的表达式，但其自身并不是一个表达式（在大多数情况下，相关的语境会告诉我们究竟是哪种意思）。刻画了含义的符号还有另一个例子，也就是一个名称。它是一个命题恰当的核心构成部分④，对命题的含义有贡献，并因此作为一个对象的表征而刻画了该命题的含义。⑤

但是，TLP 3.3 诸小节对表达式之概念的引入不能被视为一个普遍定义，因为相应的语境仅仅与命题的本质以及名称在命题网络中的

---

① TLP 3.31, 3.331 以及 3.34 – 3.3411。
② TLP 4.
③ TLP 3.1.
④ TLP 4.0312 以及 4.22。
⑤ TLP 3.203 以及 3.221。

位置有关。事实上,除了重言式和矛盾式这样的含义刻画性命题部分以外,其他的东西也是表达式。重言式和矛盾式被视作表达式这样一个事实,可以在 TLP 5.525 中看到。在那里,"符号"一词不仅指命题,还指重言式以及矛盾式。同样地,因为"一个重言式以及一个命题的逻辑积与该命题所说的东西是一样的"①,重言式以及矛盾式(二者基于同样的理由)不具有含义刻画性。重言式和矛盾式以何种方式成为表达式呢? 在一个合适的标号(notation)中,重言式和矛盾式可以被表达为基本命题的真值函项,或者基本命题的真值函项组合。② 作为一个命题,基本命题当然是一个含义刻画性的命题部分。所以,重言式和矛盾式是含义刻画性命题部分的"缺含义"(sense-lacking)的真值函项组合。事实上,它们是这种组合的极限情况。③ "它们是符号系统的一部分,就像'0'是算术符号系统的一部分那样。"④比如,如果我们考虑 0+2=2 这样一个事实,那么就很容易看出,尽管"0"并没有刻画任何"整数值",它仍然是算术符号系统的一个符号(一个整数)。类似地,因为一个重言式和一个命题的逻辑积等同于该命题⑤,该重言式仍然是符号系统中的一个符号,尽管它没有刻画任何含义。因此,由于重言式和矛盾式是含义刻画性命题部分的真值函项组合的极限情形——就像"0"是整数值加法的极限情形那样,它们也是相关符号系统中的表达式。结论是,*一个表达式(或者一个符号)要么是一个含义刻画性的命题部分,要么是含义刻画性命题部分的真值函项组合⑥的极限情形。*

---

① TLP 4.465.
② TLP 4.45 – 4.461.
③ TLP 4.466 – 4.4661.
④ TLP 4.4611.
⑤ TLP 4.465.
⑥ 严格地说,应该是"命题的真值函项组合"。因为,命题以外的真值函项组合是没有含义的(makes no sense)。

三、呈示

作为对《逻辑哲学论》中呈示概念的一个介绍，下列出自"给 G. E. 摩尔的挪威信件"的段落很有帮助：

> ……在任意普通命题中，例如"摩尔好"（Moore good），"摩尔"在"好"的左边是被呈示出的，而非被说出的；此处被呈示的东西可以由另一个命题说出。但是，这仅仅适用于被呈示出的东西中，具有任意性的那一部分。它所呈示的逻辑属性是非任意的，而它具有这些属性这一点，无法被任何命题说出。①

这里的重点是，"摩尔好"呈示出"摩尔"在"好"的左边。但是，这里被呈示的东西可以被说出，而一个没有这种特征的不同的记号，也可以用于同样的目的。无论如何，属于该命题的核心逻辑属性不可以被说出，只可以被呈示。作为一个表达式，"摩尔好"这个例子显然是一个含义刻画性部分。于是，可以通过如下方式来表述其主要观点：被一个命题作为记号而呈示的东西可能被说出，但是被一个命题作为表达式而呈示的东西不可以被说出。这就表明，当维特根斯坦在 TLP 2.1414 中写到"可以被呈示的东西不可以被说出"时，他的意思是，可以被一个表达式（或者一个符号）所呈示的东西不可以被说出。一个表达式，或者一个符号，是用于呈示的东西。

---

① Wittgenstein, L.: 1979, in G. H. von Wright and G. E. M. Anscombe (eds.), *Notebooks 1914 - 1916*, 2nd edn., G. E. M. Anscombe (trans.), Blackwell, Oxford, p.111.

本章所关注的,并非为什么可以被呈示的东西不可以被说出,而是呈示这个概念。(通过一个表达式)呈示的本质是什么? 为了回答这个问题,让我们考虑两个呈示的情形。第一个情形是:"(一个)命题呈示其含义",或者"(一个)命题呈示事物是怎样的(how things stand),如果它为真的话"。① 由于诸如语言的"服饰外在形式"和"隐含约定"这样的因素②,可能存在命题的这样一些表达式:我们无法通过其为真来看出情况如何。所以,并非一个思想的所有表达式都呈示其含义。但是,一个表达式或者一个符号是用于呈示的东西。因此,一个命题呈示其含义这样一个论题可以被构建如下:

(4) 一个命题(思想)必须拥有一个呈示其含义的表达式。

换言之,一个命题总是可以通过这样的方式而得到表达: 这种方式使得它展示出③或者呈示出其含义,以至于我们仅仅通过考察表达式就可以看出,倘若该命题为真的话情况如何④,即便并非该命题的所有表达式都呈示其含义。第二个情形是,在一个合适的标号中,一个逻辑命题呈示出它是一个重言式。⑤ 它还通过其结构属性来呈示出世界的逻辑属性。⑥ 在一个合适的标号中,逻辑命题的核心特征,譬如其之为重言式(being a tautology)、该重言式的结构属性等等,都可以从相应的命题记号中被看出,或者在一些情形中,从相应的真值表中被看出。⑦ 一个逻辑命题

---

① TLP 4.022.
② TLP 4.002.
③ "展示"一词在《逻辑哲学论》中出现了两次:TLP 2.172 和 4.121。其使用或多或少与"呈示"相同。例如,"……命题呈示实在的逻辑形式。它们展示它"。(TLP 4.121)
④ TLP 4.023.
⑤ TLP 6.127. 尽管 TLP 6.127 没有提到矛盾的情形,但是《逻辑哲学论》显然会认为,一个矛盾呈示出它是一个矛盾。
⑥ TLP 6.113 - 6.12 以及 6.122。
⑦ TLP 4.442 - 4.46.

通过合适的表达式来展示或呈示其核心特征。对于这两种情形的讨论,也为 TLP 5.525 给出了一个阐述(illustration):

> ……一个情况的确定性(certainty)、可能性(possibility)或不可能性(impossibility),并不是由一个命题来表达的,而是由该表达式作为重言式、作为一个有含义的命题或者作为一个矛盾式来表达的。我们总是倾向于援引的先例,必须存在于符号自身当中。

这里的重点是,为了把握重言式、命题或者矛盾式的核心,我们必须诉诸那些存在于相应符号中的东西。我建议,将那些既存在于一个符号中,又对一个符号而言具有核心性的东西,称为该符号的"内在之物"。于是,下列主张就是合理的:对《逻辑哲学论》而言,呈示就是展示出一个表达式或者一个符号的内在之物。

值得注意的是,呈示或者展示一个符号的内在之物,并不仅仅局限于诸如视觉展示(visual display)之类的东西。比如,使得语言使用者对一个符号之形式的把握成为可能的无论什么东西,同时也使得呈示成为可能。在《逻辑哲学论》中,其标签是"使用"(use):

> 为了通过其记号来认识一个符号,我们必须观察它是如何被有含义地使用的(how it is used with a sense)。
>
> 一个记号并不决定一个逻辑形式,除非与它的逻辑-语法的使用在一起。[1]

---

① TLP 3.326 - 3.327.

在《逻辑哲学论》中,使用仅仅是呈示或者展示一个符号的逻辑形式。在一个命题呈示其含义的情形中,也就是(4)中,含义通过该命题的实际使用而得到呈示。对符号进行分析,是一种展示符号之逻辑形式的方法。事实上,正如 TLP 3.32 诸小节——尤其是 TLP 3.325——所清楚表明的那样,《逻辑哲学论》中的使用概念是足够宽泛的,可以容纳符号分析。我们将会看到,这种使用和分析之间的紧密关系——或者不如说,呈示和分析之间的紧密关系——对于从一个命题呈示其含义这样一个论题来得出逻辑必然性的真值函项性而言,可谓至关重要。

四、非初始符号和逻辑分析

并非一个命题的所有表达式都呈示其含义。《逻辑哲学论》确实认为,若是一个命题的某个表达式包含了"非初始符号"的话,就没有呈示其含义。为了明白这一点,要注意我们可以这样来定义逻辑哲学论式的初始符号概念: 不能通过定义而以非琐碎(non-trivial)的方式进行切分(dissect)的符号。①②类似地,一个可以通过定义来进行切分的符号或可称作"非初始符号"。在本节中,我会对非初始符号的本质进行考察,并得出三个主要结论:

　　(5) 一个命题的某个表达式包含了非初始符号的话,就不呈示其

———————————

① TLP 3.26. 在 TLP 3.26 中,维特根斯坦使用了"初始记号"(primitive sign)一词,而非"初始符号"(primitive symbol)。他本应使用"初始符号",因为,给定稍后在 TLP 3.31 中引入的符号概念,可以看出 TLP 3.26 中的讨论显然指的是作为符号的名称,而不是它的记号。的确,他也认为"(一个)记号就是一个符号可以被感知的东西"(TLP 3.32)。很有可能,他本会使用"初始符号",如果不是因为符号概念稍后在 TLP 3.31 中被引入的话。

② 《逻辑哲学论》没有使用"以非琐碎的方式"(in a nontrivial manner)这个词组。在这里加上这个词组,是为了排除仅仅替换记号而不替换符号的情形。

含义。

（6）逻辑分析是消除非初始符号的过程，也是对非初始符号的语义内容的语法切分过程（syntactical dissection process）。

（7）通过逻辑分析，每一个非初始符号都可以被替换为其他符号。

结论（5）～（7）是从下列内容得到的：一个命题呈示其含义这样一个论题，或者说（4），以及《逻辑哲学论》未加批判地接受的一个基本想法。该基本想法可以从 TLP 5.14 - 5.141 中找到，它相当于说，两个逻辑等价的命题是同一个（one and the same）命题。我提议使用表达式之概念将该想法构造如下：

[α] 两个逻辑等价的（命题的）表达式，是同一个命题的表达式。

由于本章实质上是注释性的，我将不会对[α]进行评论，而是聚焦于[α]在《逻辑哲学论》对逻辑必然性之真值函项性的证明中所担当的角色。

让我从 TLP 3.24 中的讨论开始。该讨论与非初始符号的一种特殊类型有关，也就是标记了复合体（complex）的命题元素。考虑"扫帚在角落里"这样一个命题——这是从《哲学研究》中拿来的例子。① 它可以被表达为"fa"，其中"a"是扫帚的符号，而"f -"是"- 在角落里"的简写。扫帚是被《逻辑哲学论》称为"复合体"的东西的一个例子，因此，"a"是一个标记了复合体的命题元素。"一个复合体只能由其描述给出，该描述要么是对的，要么是错的。"②例如，这把扫帚由"扫帚柄被固定于扫帚头之中"这样一个描述所给出。令"b"和"c"分别作为标记了扫帚柄和扫帚头的命题元素，并且"- R --"是"-被固定于--（之中）"的简写。上述描述可以被表达为"bRc"。该扫帚存在，当"bRc"

---

① Wittgenstein(1997)中的 60 号条目。
② TLP 3.24.

为真;该扫帚不存在,当它为假。扫帚柄被固定于扫帚头中(being fixed in the brush)——也就是"bRc"所描述的东西——属于该扫帚的内部复合性(internal complexity)。假定扫帚柄和扫帚头都在角落里。如果扫帚柄被固定于扫帚头之中,那么命题"fa"为真。如果没有,根据《逻辑哲学论》,该命题就为假,因为"(一个)提到了复合体的命题并非无含义,而是单纯为假,如果该复合体不存在的话"[①]。这样一来,为了完全理解"fa"的含义,我们就必须知道该扫帚的相关内部复合性。所以,这种内部复合性对于含义是有贡献的(sense-contributing),即计入(counts towards)"fa"的含义中。而且,《逻辑哲学论》认为:"每一个关于复合体的陈述(statements),都可以被消解为(resolved into)一个关于其构成部分的陈述,以及完备地描述了该复合体的诸命题。"[②]例如,"扫帚在角落里"可以被消解为"扫帚柄在角落里,扫帚头在角落里,并且扫帚柄被固定于扫帚头之中",也就是说,"fa"可以被消解为"fb.fc.bRc"。根据[α],这种消解可以被表述为:fa≡(fb.fc.bRc)。[③] 该表达式可以被视作凭借其他符号来对"a"给出的语境定义。[④] 由于"bRc"是对复合体 a 的一个描述,将"fa"消解为"fb.fc.bRc",至少在一定程度上可以被视作对复合体 a 的内部复合性所作的语法切分。但是,a 的对于含义有贡献的内部复合性,并没有被语法地切分为"fa"。

---

① TLP 3.24. 我将不在此处讨论《逻辑哲学论》是如何为 TLP 3.24 提供辩护的,因为,指出下列要点就足够了:如果扫帚柄没有固定于扫帚头之中,那么"fa"要么是无含义的,要么(按照《逻辑哲学论》的观点)就为假。

② TLP 2.0201.

③ 在 Notebooks 1914 – 1916 中标注日期为 5.9.14 的条目中,见 Wittgenstein(1979, 4),有一个句子或者公式"φ(a).φ(b).aRb=Defφ[aRb]"。同样可以参见 Kenny, A.; 1973, *Wittgenstein*, Penguin, London., pp.79 – 80。

④ 这也解释了,如何在一般意义上"将一个复合体的符号缩写为一个简单符号,可以被表达为一个定义"。(TLP 3.24)

这样的话，表达式"fa"并没有呈示出 a 的对于含义有贡献的内部复合性。它最多可以呈示该命题的不完全含义（incomplete sense），或者含义的部分。在这里所缺失的东西导致了一种内在的不确定性（intrinsic indeterminateness），从这种内在的不确定性出发，我们可以侦测到一个标记了复合体的命题元素，也就是"a"。此处的要点在 TLP 3.24 中有所表述：

> 当一个命题元素标记了一个复合体时，这一点可以从它出现于其中的命题的某种不确定性那里看出来。在这些情形中，我们知道该命题留下了一些未确定的（undetermined）东西……

从中可以得出：第一，一个命题的表达式（其中包含了标记复合体的元素）拥有某种内在的不确定性，因而没有呈示其含义；第二，对于命题元素标记了复合体的情形，逻辑分析就是这样一种过程：对复合体的对含义有贡献的内部复合性进行语法切分。

标记复合体的命题元素是指称性的。的确，我们可以将一个指称性非初始符号的所指（referent）等同于一个复合体（这就相当于说，一个复合体的内部复合性必须对含义有贡献）。① 不过，正如我们可以从 TLP 5.42② 和"基本思想"（Grundgedanke）③，或者从 TLP 4.0312 中的

---

① 清楚的是，在整个《逻辑哲学论》中，对象和复合体仅仅是符号所指的备选。一个对象不能成为一个非初始符号的所指，因为，正如我们将要看到的那样，它不能为非初始符号的语法上可切分的语义内容作出贡献。
② "弗雷格和罗素式的逻辑'初始记号'的相互可定义性，足以表明它们不是初始记号……"
③ 我在别处说明了对《逻辑哲学论》中"基本思想"的证明。详见 Cheung, L. K. C.: 1999, "The Proofs of the Grundgedanke in Wittgenstein's Tractatus", *Synthese* **120**, pp.395 - 410.

逻辑常项没有指称性这样一个论题那里所看到的，并非所有的非初始符号都是指称性的。例如，诸如析取和量词之类的逻辑常项都是非初始符号，因为，众所周知，它们可以通过其他逻辑常项来得到语境定义。这一点与"基本思想"放在一起就意味着，它们是非指称性的非初始符号。① 对于在一般的非初始符号情形中指示了复合体的命题元素的上述讨论，其主要结论的普遍化确实直截了当。假设"fa"中的"a"是一个非初始符号，它可能是，也可能不是指称性的。语境定义"fa≡（fb.fc.bRc）"向我们表明了，通过其他符号来对非初始符号"a"所作的切分。我们可以说，这就是对非初始符号"a"的语义内容所作的语法切分。"a"无须是指称性的，但如果它确实标记一个复合体，上述语境定义同样指明了该复合体的内部复合性的语法切分。一般而言，按照定义，一个非初始符号拥有可被语法切分的语义内容，无论它是不是指称性的。因为，一个非初始符号可以通过一个语境定义而被其他符号切分，其语义内容——尽管是可被语法切分的——却没有在任何包含了该非初始符号的命题的表达式中被语法切分。因此，一个包含了非初始符号的命题的表达式拥有一种内在的不确定性，凭借这种不确定性可以发现非初始符号的出现，并因此无法呈示其完整含义。结论是：第一，一个包含了非初始符号的命题表达式不呈示其含义，也就是(5)；第二，对一个非初始符号（比如"a"）通过一个语境定义（比如"fa≡（fb.fc.bRc）"）所进行的切分，是分析的一个阶段。因此，逻辑分析是一个通过语境定义对非初始符号进行消除或者替换的过程，也是对非初始符号的语义内容进行语法切分的过程，即(6)（在命题元素标记了复合体的情形中，逻辑分析同时也是对复合体的内部复合性进行语法切分的过程）；第三，

---

① 亦可见 TLP 4.441 和 5.4。

由于我们总是可以通过一个语境定义而以其他符号来对一个非初始符号进行切分，于是每一个非初始符号都可以通过分析而被其他符号所替换，即(7)。

五、分析与非初始符号的消除

对《逻辑哲学论》而言，语言中非初始符号的使用是非本质性的，很有可能只是 TLP 4.002 中提到的那种隐含的约定。事实上，《逻辑哲学论》论证了这样一个论题：所有非初始符号都可以从语言中被消除，或者不如说，可以从相应的符号系统中消除。注意，仅凭(7)并不能得到彻底消除非初始符号的可能性，因为在逻辑分析的某个阶段替换了非初始符号的东西，可能还是一个非初始符号。实际上，《逻辑哲学论》从一个命题呈示其含义这样一个论题中，得到了彻底消除非初始符号的可能性。具体来说，由两个步骤构成：

(8) 一个命题呈示其含义这样一个论题，保证了含义的确定性。

(9) 含义的确定性保证了彻底消除非初始符号的可能性，或者等价地，保证了对每一个命题进行彻底分析的可能性。

让我首先考察(8)。我将不会对 TLP 3.23 - 3.261 这些条目中的确定性概念进行定义。这里需要的，是 TLP 3.251 中提出的充分条件：如果一个命题的含义可以被清楚地列出(set out)，那么该命题的含义是确定的。注意，如果一个命题呈示其含义，那么在一个适合的符号系统中，仅仅通过研究该命题的表达式，我们就可以理解该命题的完整含义。在这种情形下，它的含义就被清楚地列出了。上述充分条件是得到满足的。所以，从一个命题呈示其含义这样一个论题，就得到了含义是确定的这样一个论题，也就是(8)。

现在我转向讨论(9)。TLP 3.2 - 3.203 以及 3.23 中说,含义的确定性保证了名称的可能性,反之亦然。《逻辑哲学论》还会认为,名称的可能性保证了对每一个命题进行彻底分析的可能性,反之亦然。① 由于 TLP 3.24 涉及对标记了复合体的命题元素进行消除,此处名称的可能性就等价于彻底消除标记了复合体的命题元素的可能性。显然,这里的要点可以被普遍化,以涵盖非初始符号的情形。因此,《逻辑哲学论》会认为,含义的确定性保证了彻底消除非初始符号的可能性,或者等价地,保证了对每一个命题进行彻底分析的可能性,也就是(9)。我们确实可以从《逻辑哲学论》的文本中构造出对(9)的证明。为了证明(9)的第一个部分,我们要作出相反的假设,即并非所有非初始符号都可以被消除。接下来,能证明存在着一个含义不确定的命题就足够了。由于一个非初始符号总是能够被消除,说并非所有非初始符号都可以被消除是什么意思呢? 唯一的可能性就是,存在一个命题,其分析过程永远不会完结。于是,这个永不完结的分析过程的每一个步骤,都会得出一个包含了至少一个非初始符号的表达式。这样一个命题的表达式,正如之前提到的那样,拥有一种内在的不确定性,因而不会呈示该命题的含义。我们无法从该表达式,或者从该分析过程中看出完整的含义。所以,该分析的每一个步骤都没有列出完整的含义。② 一个可以列出完整含义的表达式是根本不存在的。这是因为,倘若不是如此的话,分析的过程就会停止。于是该命题的含义是不确定的。这就证明,含义的确定性保证了彻底消除非初始符号的可能性。接下来要证明的是(9)的第二部分。从每一个命题都有一个彻底分析这样一个论题③可以推出,可能建立一个

---

① TLP 3.2 - 3.201,3.24 和 3.25。
② TLP 3.251.
③ TLP 3.25.

充足的符号系统，即一个能够表达含义的符号系统，而无须使用任何非初始符号。于是，对每一个命题进行彻底分析的可能性，保证了彻底消除非初始符号的可能性。为了证明其逆命题，要注意：如果所有非初始符号都可以被消除，那么就可能建立一个充足的符号系统而无须任何非初始符号。一旦采纳了该符号系统，每一个命题都可以被表达为初始符合的组合，并因此得到彻底分析。这样一来，证明就完成了。

六、初始符号与名称

当逻辑分析消除了所有非初始符号时，余下的都是初始符号，即那些没有任何语法上可被切分的语义内容的符号。回忆之前的内容，标记复合体的命题元素是指称性的非初始符号，而非初始逻辑常项是非指称性的非初始符号。对所有指称性非初始符号的彻底消除，产生了指称性的初始符号。名称被定义为，在得到了彻底分析的命题表达式中出现的指称性初始符号。[①] 于是，一个名称的意义（meaning），就是对该名称出现于其中的命题的含义作出了贡献的东西。《逻辑哲学论》认为，一个对象等同于名称的意义（meaning）[②]，并将一个名称等同于一个对象的表征。[③] 我认为，这一做法就是把名称定义为指称性的。而且，对《逻辑哲学论》而言，彻底消除非指称性的非初始符号以及非初始的逻辑常项，产生了一个单一的初始逻辑常项，该常项在逻辑哲学论式系统中符号化为 N，并于 TLP 5.5 中被引入。我已经在别处[④]说明

---

① TLP 3.201 - 3.202.
② TLP 3.203.
③ TLP 3.22.
④ 见 Cheung, L. K. C.：2000，"The Tractarian Operation N and Expressive Completeness"，*Synthese* 123，pp.247 - 261.

了 N 之本质还有和它的表达能力相关的许多问题,因而此处不再重述细节。应该注意的是,在逻辑哲学论式系统中,N 就是那个初始逻辑常项,或者说唯一的基本逻辑常项,其他逻辑常项都可以通过它而得到定义(然而 N 并不是唯一的逻辑常项,或者唯一的普遍初始逻辑记号,见 TLP 5.47 - 5.472)。根据《逻辑哲学论》,"真正的普遍初始记号并非诸如'p∨q''(∃x).fx'等等这些,而是它们的组合的最普遍形式"①。于是,一个普遍初始符号就是一个逻辑记号的组合的最普遍形式。由于逻辑哲学论式系统将 N 作为其唯一初始逻辑常项,所有逻辑常项都通过 N 的组合的普遍形式而得到了统一。因此,存在一个唯一的普遍初始逻辑记号,或者说唯一的逻辑常项,但它并不是 N,而是 N 的组合的普遍形式。由于本章所关注的是初始逻辑常项而非唯一逻辑常项,我将不再讨论后者。根据"基本思想",初始逻辑常项 N 同样也是非指称性的。相应的结果是:

第一,《逻辑哲学论》会认为:

(10) 对非初始符号进行彻底消除的最终产物,是指称性的初始符号:名称,以及非指称性的初始符号:初始逻辑常项。

第二,符号可以被分类为指称性初始符号(名称)、非指称性初始符号(初始逻辑常项,或者说,逻辑哲学论式系统中的 N)、指称性非初始符号(标记复合体的命题元素)以及非指称性非初始符号(非初始逻辑常项)。

在进一步讨论之前,我想指出的是:对于《逻辑哲学论》而言,作为初始符号的名称,根据其定义就不能拥有任何可被语法切分的语义内容。同样清楚的是,根据 TLP 2.02 - 2.021,一个对象或者名称的意义(meaning)是简单的②,或者说缺乏任何内部复合性。因此,《逻辑哲学

---

① TLP 5.46.
② 根据 TLP 2.02 和 2.021,某个东西是简单的,当且仅当它不是复合的。

论》会认为：

(11) 一个名称没有可被语法切分的语义内容，并且其意义(meaning)(即一个对象)缺乏内部复合性。

事实上，(11)可以直接从一个命题呈示其含义这样一个论题中得出。为了看出这一点，要注意的是：由于一个对象是一个初始符号的意义(meaning)，它就不能拥有可被语法切分的内部复合性。于是，要么一个对象是简单的，要么它拥有不可被语法切分的内部复合性。接下来要拒斥的就是第二个析取支。首先，如果一个对象拥有不可被语法切分的、对含义有贡献的内部复合性，那么对相关含义有贡献的东西就不可被语法切分，而且不存在通过一个表达式以某种内在的方式来展示完整含义的方法。这样就违反了一个命题呈示其含义这个论题。因此，一个对象不能拥有不可被语法切分的、对含义有贡献的内部复合性。其次，之前提到，一个对象或者一个名称的意义(meaning)被定义为语言依赖的(linguistically dependent)，即它对某个命题的含义有所贡献，而该名称出现于该命题中，那么，根据定义，任何属于一个对象的本质的东西，都必须对含义有所贡献。因此，我们可以说，一个对象不能拥有任何对含义没有贡献的、不可被语法切分的内部复合性。于是，一个对象不能拥有任何不可被语法切分的内部复合性，第二个析取支就这样被拒斥掉了。所以，一个对象缺乏内部复合性——它是简单的。

七、基本命题和强分析性论题

对非初始符号的完全移除，产生了名称和初始逻辑常项。这样的话，将非初始符号从一个命题表达式中完全移除的结果，要么是一个"最小"含义表达单元(minimal sense-expressing unit)，要么是一个"最小"含义表达单元的真值函项。① 当然,一个最小的含义表达单元不能是恰当的真值函项,否则就会乞题(question-begging)。它必须要么仅仅是名称的一个集合,要么是名称的直接组合的集合(我们将看到,第一个析取支会被拒斥掉)。不论是哪一种情况,它都只包含名称。作为初始符号,名称没有可被语法切分的语义内容,因此只能指称那些缺乏任何内部复合性的东西。它们就像袋子中无法区分的(indistinguishable)小球的标签。正如袋子中无法区分的小球不能传达含义那样,名称的一个集合也不能表达含义,除非这些名称通过一种确定的(determinate)方式彼此联结。于是名称的一个集合不能表达含义。② 因此,一个"最小"的含义表达单元必须是名称的一个直接组合。它是被《逻辑哲学论》称为"一个基本命题"的东西的表达式。这一点就解释了,为什么一个基本命题是——或者不如说,一个基本命题可以被表达为——名称的一个直接组合(网络或者串联)。③

如果一个基本命题的表达式并未得到适当分析,该表达式可能不会是名称的一个直接组合。为了便于接下来的讨论,我们需要得到了彻底分析的表达式这一概念。

(12)一个命题的表达式被称为"得到了彻底分析的",当它要么是名称的一个直接组合,要么是名称的直接组合的真值函项组合(truth-functional combination),该真值函项组合不包含任何逻辑等价的构成部分。④

此处,不包含等价构成部分这样一个限制是为了确保,像"～～P"

---

① TLP 5.2341.
② TLP 3.142.
③ TLP 4.211 - 4.221.网络或者串联,英文为 nexus or concatenation。——译者注
④ 这个定义显然与 TLP 3.2 - 3.21 中提供的定义相容,而且更加普遍和明确。

和"P∨P∨Q"这样的情形不是得到了彻底分析的表达式。拥有得到了
彻底分析的表达式这一概念之后，显然《逻辑哲学论》会接受：

（13）对于一个基本命题，它的每一个得到了彻底分析的表达式都
是名称的一个直接组合。

从这一点可以得到，在一个基本命题的得到了彻底分析的表达式
中，不包含任何逻辑常项的任何记号。

在一个命题表达式中消除所有非初始符号，就产生了该命题的一
个得到了彻底分析的表达式。它要么是名称的一个直接组合，要么是
将初始逻辑运算（由初始逻辑常项所符号化）运用到名称的直接组合上
的结果。这个得到了彻底分析的表达式，总是可以被视作将初始逻辑
运算运用到名称的直接组合上的结果，条件是采用了下列约定：一个
基本命题被视作将初始逻辑运算零次运用到该基本命题自身的结果。
于是，通过分析来完全消除非初始符号的可能性，就蕴含了 TLP 5 中
的下列论题（也许可以被称作"分析论题"）：

（14）每一个命题都可以被分析为（或者被表达为）一个基本命题
的真值函项组合，或者基本命题的一个真值函项。

由于本章的重点并不是初始逻辑常项，也不是它所符号化的初始
逻辑运算，因此为了方便起见，上述对（14）的表述采用了较弱的形式，
没有涉及初始逻辑常项的概念。根据（14），建立一个充足的符号系统
总是可能的，该系统仅仅包含名称和逻辑常项。对该充足符号系统中
的名称和逻辑常项的使用，产生了基本命题的真值函项组合。这些组
合不必是命题，因为它们可能是（比如说）重言式。如果某个逻辑命题
通过一个仅仅包含名称和逻辑常项的充足符号系统而得到表达，它就
必须通过这些名称和逻辑常项而被构造。从这一点还可以得到，一个
逻辑命题的表达式中的所有非初始符号都可以被消除，方法是使用同

样的一些定义,这些定义被用来从命题的表达式中消除同样的非初始符号(这些符号出现于该表达式中)。于是,对于逻辑命题而言,下列论题也是成立的:

(15) 每一个逻辑命题都可以被分析为基本命题的一个真值函项组合。

论题(14)和(15)的合取正是强分析性论题,也就是(1)。于是,下列问题就得到了说明:根据《逻辑哲学论》,如何从完全消除非初始符号的可能性那里得出强分析性论题,并且依次地,又如何从一个命题呈示其含义这样一个论题(以及[α])那里得出完全消除非初始符号的可能性。

八、图像论和基本命题的偶然性

图像论认为,"(一个)命题是实在的一幅图像"①。似乎在《逻辑哲学论》看来,图像论提供了用于处理一个基本命题之表达其含义(an elementary proposition's expressing its sense)的唯一说明机制,并受限于下列限制:一个命题必须呈示其含义(这一点与 TLP 4.02 - 4.024 以及 4.21 中的如下洞见相吻合:一个命题是实在的一幅图像,因为我们能在没有得到说明的情况下就理解该命题的含义,并且,我们之所以能做到这一点是因为一个命题呈示其含义)。由于图像论的更普遍的设定,上述限制应当以一种更普遍的方式来构造:

(16) 表达了一个含义的无论什么东西,都必须呈示该含义。

通过这种方式,可以将图像论视为由(16)所推出,或者在基本命题

_____

① TLP 4.01.

的特殊情形中,图像论由一个命题呈示其含义这样一个论题所推出。

一个基本命题的得到了彻底分析的表达式,包含着彼此联结的名称。它有一个结构(structure)。用《逻辑哲学论》的术语来说,它就是一个事实(fact)。什么是一个事实呢?《逻辑哲学论》将名称的意义(meaning)——或者说对象——的直接组合称作"事态"(state of affairs)。① 诸对象在一个事态中彼此联结的确定方式,被称作该事态的"结构",而结构的可能性被称作该事态的"形式"(form)。② 总体来说,《逻辑哲学论》似乎将组合的一个确定方式称作"一个结构",并将结构的一个可能性,或者说,将一个组合可能性(combinatorial possibility)称作"一个形式"。一个对象拥有其组合可能性,因而拥有一个形式。③ 一个可能的事态拥有一个形式,并且,如果它存在的话,就拥有一个结构。一个事实被定义为诸事态之存在(the existence of states of affairs)④,并因此同样拥有一个形式和一个结构。一般而言,诸事物的一个实际的(actual)确定组合就是一个事实。一个基本命题,或者不如说,一个基本命题的每一个得到了彻底分析的表达式,都是名称的一个直接组合。这样一来它就是一个事实,并同样地拥有一个结构以及一个形式。⑤ 在表达了一个含义的无论什么东西都必须呈示该含义,也就是在(16)的限制下,一个事实如何能够表达一个含义? 答案可以在图像论中找到。根据《逻辑哲学论》,当诸对象以某种特定方式与某事实的构成性元素相互关联,或者当一个图像关系以某种特定方式被建立时,一个事实就会成为一幅图像：

---

① TLP 2.01 和 2.03。
② TLP 2.032 - 2.033.
③ TLP 2.0141.
④ TLP 2.
⑤ TLP 3.14.

这就是图像如何与实在相联系的；它伸展到实在。

图像就像一把放在实在上的尺子。

只有分度线的末端才接触到要测量的对象。

因此，这样来看的话，一幅图像也包括了使其成为图像的图像关系。

图像关系由图像的诸成分和诸事物之间的相互关联所构成。

这些相互关联——正如它们之所是——是图像成分的触角，图像通过它们触及实在。①

为了能够以其方式——正确地或不正确地——去描摹实在，一幅图像与实在必须共同具有的东西，就是其图像形式（pictorial form）。②

这里关于"尺子"以及"分度线"的谈论，是为了强调下列由事实的形式所呈现出来的限制，而对象与元素的相互关联必须满足这一限制：

[β] 只有与图像的构成性元素拥有相同形式的那些对象，才可以与该元素相互关联。

论题[β]所保证的是，对象与元素之间的相互关联决定了与图像拥有相同形式的事态。正是以这种方式，一幅图像表征了一个事态的可能性，或者说表征了一个可能的事态。③ 一幅图像中的元素相互关联这样一个事实则表征的是，诸对象④通过相同的确定方式来相互关联：

一幅图像的元素以某种确定方式相互关联这样一个事实，表

---

① TLP 2.1511 – 2.1515.

② TLP 2.17.

③ TLP 2.2 – 2.203.

④ 根据 TLP 2.151 – 2.1515 的内容来判断，这里的"诸事物"（things）可以被看作"诸对象"。

征了诸事物以相同的方式相互关联。

让我们将元素的这种关联称作该图像的结构，并将这种结构的可能性称为该图像的图像形式。①

当一个事实的构成性元素指称对象，以至于该事实表征了一个具有相同形式的事态时，这个事实就成为一幅图像，而其形式——由其构成性元素的形式所构成——就成为一个图像形式。一幅图像的形式起到了限制的作用，也就是[β]，以至于只有相同形式的事态才能得到表征。特别地，作为一幅图像的基本命题断定：其构成性名称的意义（meaning）以一种确定的方式相互关联，而这种确定方式与其构成性名称相互关联的方式相同。也就是说，它断定了一个可能事态的存在，该可能事态通过该基本命题的构成性名称和形式而得到表征。②

特别地，一幅图像或者一个基本命题的含义，在 TLP 2.221 中作为该命题所表征的可能事态而自然地被引入。对《逻辑哲学论》而言，一个基本命题——正如在一幅图像的构建中按照[β]这样一个限制所要求的那样——通过使用那些仅仅内在于它的东西，来呈示出一个含义或者它所表征的事态。为了看出这一点，要注意：一个基本命题的构成性名称是简单对象的表征。由于那些简单对象没有内在的复合性，不存在可用于对它们的语义内容进行语法切分的其他命题。它们在具有相同形式的对象中是无法区分的。要把它们从具有不同形式的对象那里区分开（当然，这些对象由其他基本命题的构成性名称所指称），所需要的东西就是图像形式，而这种图像形式就是仅仅内在于该基本命题的东西。因此，该形式和构成性名称都内在于一个基本命题，它们不

---

① TLP 2.15.
② TLP 2.201 - 2.202 以及 4.21。

仅对于表征,还对于呈示可能的事态,即呈示该命题的含义而言是充分的。

因为一幅图像表征其含义,自然地,真和假的概念(the notion of truth and falsehood)就可以通过下列方式而被引入(在 TLP 4.21 和 4.25 中关于基本命题的内容只是特殊情形):

(17) 一个基本命题(或者一般地说,一幅图像)是真的,当它的含义或者它所表征的事态存在,否则该命题为假。①

尽管一个基本命题所表征的东西,是由该命题的形式和构成性元素通过一种内在的方式而完全决定的,但是,该命题所表征之物的存在仍然是外在的(extrinsic)。没有任何内在于一个基本命题的东西可以告诉我们,它所表征的东西是否存在。其结果是,在(17)中对真之关系(truth-relation)的定义,以及由图像论所描述的一个基本命题表征其含义的方式,保证了偶然性论题,也就是(2),或者说:

(18) 基本命题(或者一般地说,图像)都是偶然的。②

这样一来就说明了如何从图像论中推导出偶然性论题,并且依次地,如何从一个命题呈示其含义这样一个论题(以及[α])那里推导出图像论。

九、基本命题的相互逻辑独立性

"当命题之间没有相同的真值自变项(truth-arguments)时,我们将它们称作彼此独立的。两个基本命题为彼此赋予的概率是 1/2。"③给

---

① TLP 4.022 - 4.024.
② TLP 2.21 - 2.225 以及 4.464。
③ TLP 5.152.

定 TLP 5.15 - 5.151 中关于概率的定义，这一点就证明：《逻辑哲学论》认为两个基本命题没有相同的真值自变项，因而在逻辑上是相互独立的。① 我将要论证的是：对于《逻辑哲学论》而言，基本命题的相互逻辑独立性，即独立性论题或者(3)，是从一个命题呈示其含义这样一个论题(以及[α])那里得出的。首先要注意的是，独立性论题等价于下列三个论题之合取：

(19) 从一个基本命题不能推出另一个基本命题(或者，等价地，TLP 5.134)。

(20) 从一个基本命题不能推出另一个基本命题的否定(或者，等价地，TLP 4.211②)。

(21) 从一个基本命题的否定不能推出另一个基本命题。

《逻辑哲学论》似乎主要将(19)视作 TLP 5.134 之前所发展的内容的一个逻辑结果，尤其是 TLP 5.12 - 5.133。为了看出这一点，考虑论题"(一个)命题肯定(affirms)每一个由它推出的命题"③，以及"当一个命题的真由其他命题的真而来时，我们可以从这些命题的结构那里看出这一点"④。即我们可以说一个命题"结构地"出现于另一个推出它的命题中。从 TLP 5.54 那里可以清楚地看到，这里的"结构地"，《逻辑哲学论》的意思是"真值函项地"(truth-functionally)。因此，一个命题"真值函项地"出现于另一个推出它的命题中。现在，为了进行归谬论

---

① 参见 Black，M.：1964，*A Companion to Wittgenstein's Tractatus*，Cornell University Press，New York.，pp.247 - 248。

② 显然，TLP 4.211，也就是"一个作为基本命题的命题的标志，就是没有基本命题与之矛盾"的意思是，一个基本命题不能由另一个基本命题所"排除"，而这一点与(20)是等价的。参见 Griffin，J.：1964，*Wittgenstein's Logical Atomism*，Oxford University Press，Oxford.，pp.76 - 77。

③ TLP 5.124.

④ TLP 5.13.

证,让我们假定一个基本命题"P"推出了另一个基本命题"Q"。那么,"Q"真值函项地出现于"P"中。这就与"P"是一个基本命题的假定相矛盾了。因此,一个基本命题不能推出另一个基本命题,也就是(19)。论题(20)和(21)本应从类似的前提那里,以一种类似的方式推出——也许要多一点复杂性,这仅仅描述了该证明的结构。《逻辑哲学论》与其作者不愿写出论证细节的风格一致,既没有包含证明的细节,也没有包含对前提的辩护。现在我要填补相应的细节。

第一个前提来自 TLP 5.54,借助于得到了彻底分析的表达式这一概念,该前提可以被表述如下:

(22)一个命题的某个得到了彻底分析的表达式,只能真值函项地出现于另一个命题的某个得到了彻底分析的表达式之中(即作为一个真值函项运算的基础)。

这的确是分析性论题的一个推论。为了看出这一点,考虑一个命题的某个得到了彻底分析的表达式。根据分析性论题,它是名称的一个直接组合的一个真值函项组合。但是,名称的一个直接组合的恰当部分,不能是一个命题的表达式,否则名称的一个直接组合就不再是一个"最小的"表达含义的命题部分。于是,它所能包含的唯一一种得到了彻底分析的表达式,要么是其构成性的名称直接组合,要么是一些或者全部这些组合的真值函项组合。因此,一个命题得到了彻底分析的表达式,只能真值函项地出现于另一个命题的得到了彻底分析的表达式之中。这样就完成了证明(在 TLP 5.54 中陈述了该论题之后,《逻辑哲学论》立即在 TLP 5.541 - 5.5423 中处理了被视为明显反例的情形。我不在此处讨论《逻辑哲学论》对它们的处理①)。

―――――――――

① 对相关问题的讨论,见 Fogelin, R.: 1995, *Wittgenstein*, 2nd edn., Routledge, London., pp.74 - 77。

《逻辑哲学论》没有明确地给出第二个前提。该前提可以被表述如下：

(23) 一个基本命题的得到了彻底分析的表达式，不能包含另一个命题的得到了彻底分析的表达式。

前文提到，一个基本命题的得到了彻底分析的表达式是名称的一个直接组合，也就是(13)。根据(22)，该表达式只能真值函项地包含另一个命题的表达式。所以，作为名称的一个直接组合，除了它自身以外，该表达式不能包含任何命题的表达式。因此，一个基本命题的得到了彻底分析的表达式，不能包含另一个命题的得到了彻底分析的表达式，即(23)。正如(22)那样，(23)也是分析性论题的一个推论。

第三个前提是下列陈述的一个特殊情形：一个命题真值函项地出现于另一个推出它的命题中。这个陈述从 TLP 5.12、5.124 和 5.54 得出。它可以被表述如下：

(24) 如果一个命题推出一个基本命题（或者一个基本命题的否定），那么前者的每一个得到了彻底分析的表达式，都真值函项地包含后者的一个得到了彻底分析的表达式。

这一点是图像论以及(22)的一个推论。为了看出这一点，假定命题"P"推出另一个命题"Q"，并且"Q"是一个基本命题（或者相应地，基本命题的否定）。在不失去普遍性的前提下，让"fa"（或者相应地，"～fa"）作为"Q"的一个得到了彻底分析的表达式，其中"f"和"a"都是名称。于是，"P"必须肯定"fa"（或者相应地，"～fa"）所肯定的东西。即我们可以说，"P"的真值条件或含义必须包含"fa"（或者相应地，"～fa"）的真值条件或含义。根据图像论，"fa"（或者相应地，"～fa"）的真值条件完全由这一点决定：

"fa"是真的，如果 fa 属实(it is the case that fa)；否则"fa"为假（或

者,"～fa"是真的,如果 fa 不属实;否则"～fa"为假)。

那么,"P"就必须以 f 和 a 之表征所呈现出来的相同组合来提到它们,即"fa"(或者相应地,"～fa")中的"f"和"a"。因此,"P"的每一个得到了彻底分析的表达式都包含一个命题记号,该记号是"fa"的一个得到了彻底分析的表达式,也就是"Q"(或者相应地,"～fa",也就是"～Q"),并且,根据(22),"P"的每一个得到了彻底分析的表达式都必须真值函项地包含它。

现在,对(19)、(20)和(21)的证明就直截了当了。为了证明(19),让我们相反地假设,存在两个不同的基本命题"P"和"Q",并且"P"推出"Q"。那么根据(24),"P"的每一个得到了彻底分析的表达式,都真值函项地包含了"Q"的一个得到了彻底分析的表达式。又因为(23),"P"不能是一个基本命题。这样就与"P"是一个基本命题的假定相矛盾了。因此,从一个基本命题不能推出另一个基本命题,也就是(19)。

为了证明(20),让我们相反地假设,存在两个不同的基本命题"P"和"Q",并且"P"推出"～Q"。进一步假定,"Q*"是"Q"的一个得到了彻底分析的表达式。于是,"～Q*"就是"～Q"的一个得到了彻底分析的表达式。根据(24),由于"P"推出"～Q","P"的每一个得到了彻底分析的表达式都真值函项地包含了"～Q"的一个得到了彻底分析的表达式。根据(23),唯一的可能性就是"P"和"～Q"是完全相同的命题。于是,"～Q*"也是"P"的一个得到了彻底分析的表达式。然而,"～Q*"并不是名称的一个直接组合。由于一个基本命题的得到了彻底分析的表达式必须是名称的一个直接组合,也就是(13),"P"就不能是一个基本命题。这样就与"P"是一个基本命题的假定相矛盾了。因此,从一个基本命题不能推出另一个基本命题的否定,也就是(20)。

为了证明(21),让我们相反地假设,存在两个不同的基本命题"P"

和"Q"，并且"～P"推出"Q"。进一步假定，"P*"是"P"的一个得到了彻底分析的表达式。于是，"～P*"就是"～P"的一个得到了彻底分析的表达式，并且，根据（24），"～P*"包含了"Q"的一个得到了彻底分析的表达式"Q*"。由于"～P*"包含了"Q*"，并且"P*"和"Q*"都是名称的直接组合，"P*"同样真值函项地包含了"Q*"。这样就与（24）相矛盾了。结果是，从一个基本命题的否定不能推出另一个基本命题，也就是（21）。

在本节，我说明了独立性论题或者（19）、（20）和（21）的合取是如何从前提（22）、（23）和（24）那里得出的，以及这三个前提是如何从分析性论题和图像论那里得出的，并且依次地，分析性论题和图像论又是如何从一个命题呈示其含义这样一个论题（以及[α]）那里得出的。

十、逻辑必然性的真值函项性以及逻辑的统一

一个命题呈示其含义这样一个论题，正如上述讨论中所阐述的那样，在《逻辑哲学论》对逻辑必然性之真值函项性的证明中担当了关键角色。含义的确定性、完全消除非初始符号的可能性、分析性论题以及强分析性论题，都是一个命题呈示其含义这样一个论题、逻辑等价的表达式都是同一个命题的表达式这样一个基本理念（也就是[α]）的推论。图像论提供了对一个基本命题之表达其含义的唯一说明机制，并受限于一个命题必须呈示其含义这样一个限制，因此可以被视作从一个命题呈示其含义这样一个论题那里推导出来的。然后，从分析性论题和图像论那里推出了偶然性论题和独立性论题，这后两个论题在强分析性命题的帮助下，正如第一节中所说明的那样，又推出了逻辑必然性的真值函项性。通过逻辑必然性的真值函项性，整个逻辑得以统一。正

是以这种方式,逻辑必然性的真值函项性从一个命题呈示其含义这样一个论题和基本理念[α]那里而来。在《逻辑哲学论》中,[α]未经批判地被接受了。因此,对《逻辑哲学论》的作者来说,仅从一个命题呈示其含义这样一个论题那里,我们就可以得出逻辑必然性的真值函项性。

《逻辑哲学论》处理了数个针对逻辑必然性之真值函项性的明显反例。其中一些最终被排除出逻辑命题的范畴,而其余的则被视作逻辑命题的非重言表达式(non-tautological expressions),在经过分析之后,它们会作为重言表达式而出现。在 TLP 6.31、6.32 – 6.321、6.34、6.35 – 6.36 等条目中,出于各种理由,《逻辑哲学论》论断说:归纳法则(the law of induction)、充足理由律(the principle of sufficient reason)、因果律(the law of causality)、连续律(the law of continuity)、最小作用原理(the law of least action)等等,都不是逻辑规律。我不会在此讨论《逻辑哲学论》对这些情形的处理。不过,对于逻辑命题的非重言表达式,我将讨论根据"角落里的扫帚"来创造的一个例子,还将讨论另一个在 TLP 6.375 – 6.3751 中得到处理的例子。考虑非重言表达式"如果扫帚在角落里,那么扫帚柄在角落里",或者使用第四节中的术语,"fa⊃fb"。尽管《逻辑哲学论》同意说它是一个逻辑命题的表达式,但是仍然会坚持其中包含了非初始符号。如果通过分析来替换掉这些非初始符号中的一部分,就会出现该逻辑命题的一个重言表达式。在当前讨论的情形中,经过分析之后,非初始符号"a"可以被替换,并产生重言表达式"(fb.fc.bRc)⊃fb"。表达式"(fb.fc.bRc)⊃fb"无须得到彻底分析。它可能仍然包含非初始符号。《逻辑哲学论》会说的仅仅是,当表达式"fa⊃fb"得到了适当的分析时,将会找到该逻辑命题的一个重言表达式。我认为这一点能够说明,《逻辑哲学论》是如何处理 TLP 6.375 – 6.3751 中的明显反例的。尽管该例子是视野中的同一位置同时出现两种颜色的不可能性，在不失去普遍性的情况下，我们可以考虑其否定的必然性。让"c"和"d"分别标记两种颜色，或者不如说，两个色块。让"g-"作为"-在视野中的同一位置同时出现"的简写。于是，明显的反例就是表达式"～(gc.gd)"。它显然是一个逻辑命题的非重言表达式。视野中的同一位置同时出现两种颜色的可能性"被颜色的逻辑结构所排除"①。推测起来，《逻辑哲学论》会认为："～(gc.gd)"之必然为真，"源自"(generated by)颜色的逻辑结构。这就相当于说符号"c"和"d"都是非初始符号。《逻辑哲学论》还会认为，当"c"和"d"的语义内容得到了恰当的语法切分时，或者当"～(gc.gd)"得到了恰当分析时，该逻辑命题的一个重言表达式将会出现。《逻辑哲学论》并没有阐明如何进行这种分析。这一点也许是可以理解的，因为《逻辑哲学论》的作者相信，逻辑必然性的真值函项性是从一个命题呈示其含义这样一个坚实的教条那里得出的结论。②

我们可以从对逻辑必然性之真值函项性的证明，以及对逻辑命题之非重言表达式的处理中看出，在《逻辑哲学论》达成逻辑之统一性的尝试中有一个基本的洞见。这个基本的洞见就是：一个命题呈示其含义这样一个事实，保证了通过分析而在语法上"拉下"(pulling down)所有对逻辑具有实质性的东西的可能性。对非初始符号的消除、对非初始符号之语义内容（包括复合体的内部复合性）的语法切分等等，都相当于一件事：在语法上"拉下"任何对于逻辑具有实质性的东西。这一点说明了，为什么逻辑命题的所有非重言表达式都可以被重言表达式

---

① TLP 6.3751.
② 当颜色排斥情形被视作一个真正的反例，用于针对 1929 年的论文《对逻辑形式的一些评论》(Some Remarks on Logic Form)中关于逻辑必然性的真值函项性的观点时，情况将会相当不同。见 Wittgenstein(1973，31 - 37)。

所替换。因为，属于非初始符号之语义内容的东西（它们对于一个非重言表达式之必然为真有所贡献），可以通过分析而在语法上被切分，并且将会出现一个重言表达式。当运用于当前的情形时，该基本洞见就是：一个命题呈示其含义这样一个事实，保证了所有对于逻辑具有实质性，并且属于逻辑命题的某个非重言表达式中非初始符号之语义内容的东西，都可以通过分析而在语法上被切分（具体运用请参见第三节），并存在于同一个逻辑命题的重言表达式中。

至少在一定程度上，本章的讨论阐明了当维特根斯坦告诉罗素说，逻辑命题的这整件事情都只是什么可以被说出、什么不可以被说出而只能被呈示的理论的一个推论时，他是多么认真。①

---

① 我想要感谢劳伦斯·戈德斯坦（Laurence Goldstein）、皮特·哈克（Peter Hacker），以及一位来自《综合》（*Synthese*）的匿名审稿人。他们对本章的早期版本提出了十分有益的评论和批评。

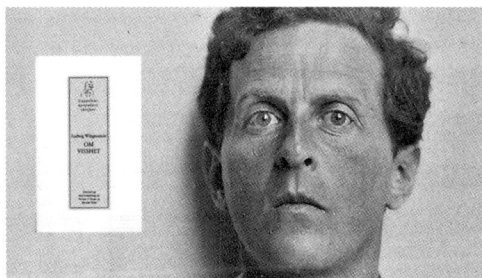

逻辑原子主义

一、逻辑哲学论式的逻辑原子主义

总体来说,逻辑原子主义——该词汇首先由伯特兰·罗素在1911年确定下来[①]——由一个方法论部分和一个形而上学部分构成。在方法论部分,是一个对命题的逻辑分析过程。在形而上学部分,是这样一个观点:逻辑分析揭示了实在的形而上学。更准确地说,逻辑分析揭示出:与真命题相符合的东西是原子事实,或者说,是作为逻辑原子之确定组合的存在(the obtaining of determinate combinations of logical atoms)的事实,而这些逻辑原子构成了世界。[②] 在《逻辑哲学论》里,维特根斯坦采纳了某个版本的逻辑原子主义(尽管他并没有使用"逻辑原子主义"这个词)。在本章,我将阐述《逻辑哲学论》版本的逻辑原子主义。

---

① 参见 Russell,[1911]2003,p.94。
② 参见 Russell,1918;1924。

　　根据《逻辑哲学论》："一个命题有且只有一个彻底的分析。"①维特根斯坦的意思是，每一个命题都彻底且唯一地被分析为基本命题的一个真值函项，或者一个真值函项组合（truth-functional combination）。② 基本命题就是他称之为"简单记号"或者"名称"的东西的直接组合。③ 命题中的名称指称对象，这些对象就是它们的意义（meanings）。④ 一个事态就是对象的一个确定组合。⑤ 事态的存在或者不存在便是实在。⑥ 实在的整体，或者说存在的事态或存在的事实的整体，便是世界。⑦

　　对象都是简单的，或者说是非组合性的。⑧ 它们缺乏内部的复合性。于是，一个对象只能拥有其组成可能性——它的逻辑形式⑨，以及作为与其他对象不同的对象⑩——它的个体性（individuality）。而且，对象持续存在（subsist）或者必然地存在。⑪ 对象的形式及内容构成了世界的实体（the substance of the world）——包括不可变更的形式（unalterable form），该实体同时也是实在的实体。⑫ 因此，实体同样持续存在，并且是不可变更的。⑬ 对象必定是必然存在的简单对象。由于对象是逻辑分析的最终产物（或者，更确切地说，是最终产物的构成

————————————

① TLP 3.25.
② TLP 5.
③ TLP 3.202，4.221.
④ TLP 3.202 - 3.203.
⑤ TLP 2.01.
⑥ TLP 2.06.
⑦ TLP 2，2.04，2.063.
⑧ TLP 2.02，2.021.
⑨ TLP 2.032 - 2.033.
⑩ TLP 2.02，2.0233 - 2.02331.
⑪ TLP 2.027 - 2.0271.
⑫ TLP 2.021，2.024 - 2.025，2.05 - 2.06.
⑬ TLP 2.024.

性部分的意义),它们就是逻辑哲学论式世界的逻辑原子。以这种方式,逻辑分析揭示了实在的形而上学。

维特根斯坦论证了彻底分析的可能性。由此,他同时也论证了下列主张:彻底分析之最终产物的构成性部分都是简单记号,而且是必然存在的对象。它们的合取便是下列论题:世界有实体,或者说,存在着必然存在的简单对象。他的主要论证是:如果存在必然存在的简单对象,那么一个命题就有一个彻底分析(第一个前提);并且,存在必然存在的简单对象,或者等价地说,世界有实体(第二个前提);因此,一个命题有一个彻底分析。在 TLP 2.0211 - 2.0212 中可被称作"实体论证"的那个论证,实际上是一个次级论证,其目的是要论证第二个前提,即世界有实体这样一个论题。

在接下来的三节中,我将首先在假定其第二个前提为真的情况下,说明维特根斯坦关于彻底分析之可能性的主要论证。然后,我将对最近关于实体论证的三种诠释进行评论。最后,我将对实体论证进行阐述。

二、彻底分析的可能性

维特根斯坦认为,思考就是为我们产生一幅事实的逻辑图像,而一幅事实的逻辑图像便是一个思想。[1] 一个命题是一个思想的可感表达或符号[2],同时也是事实的一幅图像。[3] 一个符号或者一个表达[4],就是一个其使用与一个逻辑形式相一致的记号[5],即一个组合的可能

---

① TLP 2.1, 3 - 3.001, 4.021.
② TLP 3.31.
③ TLP 3.1, 4.01.
④ TLP 3.31.
⑤ TLP 3.326 - 3.328.

性①或者一个结构的可能性②。该记号便是该符号的记号，而该逻辑形式便是该符号的形式。一个记号是一个符号的可感物。③ 一个命题的可感记号——作为一个符号——便是该命题的命题记号，而该记号的逻辑形式就是该命题的命题形式。④ 一个命题，便是其使用或者运用与其逻辑形式相一致的命题记号，该命题记号通过思考来表征一个可能的情形，而该情形便是该命题的含义。⑤ 更准确地说，当一个命题记号得到使用或运用时，其构成性记号所表征的那些对象，彼此之间以与其命题形式相一致的方式相互联结，从而使一个可能的情形得到表征。⑥ 通过这种方式，一个思想——其可感表达便是一个命题——就是一个得到使用和思考的命题记号。⑦ 同样是以这种方式，一个命题成为实在的一幅图像。一个命题是实在的一幅图像这样一个事实，要由图像论来进行解释；而后文中，将以命题"fa"为例来说明图像论。

"得到彻底分析的命题""简单记号"和"名称"这样的概念，是这样被引入的：

> 3.2 在一个命题中，一个思想可以通过这样的方式而得到表达：命题记号的诸元素与该思想的诸对象相对应。
>
> 3.201 我将这些元素称为"简单记号"，将这样的命题称为"得到了彻底分析"。

---

① TLP 2.01，2.0123，2.014 - 2.0141.
② TLP 2.033.
③ TLP 3.32.
④ TLP 3.12，4.5.
⑤ TLP 3.11，3.5，4.031.
⑥ TLP 3.221，4.031 - 4.0312.
⑦ TLP 3.1，3.5.

3.202 在命题中使用的简单记号被称作名称。

3.203 一个名称指的是一个对象。该对象就是它的意义（meaning）。[1]

由于命题元素（propositional elements）指称对象，此处提到的思想之诸对象，就不是思想的构成性部分，而是这些构成性部分所对应的对象。而且，实在及其总体——世界——总是可思的（thinkable）。[2] 如果存在不可思的实在或世界的话，我们就不能对之进行思考，也不能对之进行谈论。[3] 如果世界存在对象，它们就必定是思想的对象。思想的构成性部分与世界的诸对象相对应，其对应方式与一个相应命题记号的构成性名称相同。

"得到了彻底分析的命题"这一概念，可以通过下列方式得到刻画：

一个命题得到了彻底分析，当且仅当它有一个命题记号，而该记号由简单记号（名称）作为其构成性元素。

但是，维特根斯坦似乎也对这个概念有一个不同的刻画：一个命题得到了彻底分析，当且仅当它可以被分析为名称之直接组合，或分析为基本命题的一个真值函项时，[4]该真值函项是通过在基本命题上运用逻辑运算而产生的，逻辑运算由逻辑常项所符号化。[5] 因此，在逻辑分析的各种结果中也包括逻辑常项。

---

[1] TLP 3.2 - 3.203.

[2] TLP 3.001 - 3.01.

[3] TLP 5.61.

[4] TLP 4.22 - 4.221，5，5.5.

[5] TLP 5.5，5.51s，5.52 诸小节。

逻辑运算总是可以通过唯一基本运算而得到定义。[①] 在逻辑哲学论式系统中，该基本运算由逻辑常项 N 所符号化。[②] 但是，记号"N"在此并不重要。在一个得到了彻底分析的命题中——N 出现于其中——无须任何记号来符号化 N，尽管指明了 N 之运用的括号也许是必要的。[③] 其中没有任何逻辑运算的初始符号。对于维特根斯坦而言，从这一点可以得到"基本思想"，即逻辑常项并不指称。[④] 所以，不应该把逻辑常项视作命题的构成性元素。这一点就解释了，为什么在 TLP 3.2 - 3.203 中，没有任何一个得到了彻底分析的命题记号的构成性部分是逻辑常项的记号，即便命题仍然包含有逻辑常项。

逻辑分析进行的方式，就是以定义来对诸记号进行切分，并抵达不可被进一步切分的记号，即初始记号。[⑤] 不过，在 TLP 3.2 - 3.203 中，维特根斯坦将一个得到彻底分析的命题的构成性部分称作"简单记号"或者"名称"。这样一来，初始记号也是简单记号。而且，他还在 TLP 3.26 中说："一个名称不能以定义的形式而得到进一步切分；它是一个初始记号。"简单记号因而也是初始记号。任何对逻辑哲学论式逻辑分析概念的可接受诠释，都必须回答这个问题：为什么初始记号是简单记号（或者名称），反之亦然？

为了详细地研究这样一种关于分析的观念（即通过定义来对记号进行切分从而对之进行分析），让我们考虑下列内容：

3.24 关于某个复合体的某个命题，与关于该复合体之构成性

---

① TLP 6 - 6.001.
② TLP 5.502;亦参见 Geach，1981；1982 和 Cheung，2000。
③ TLP 5.46 - 5.4611.
④ TLP 4.0312;亦参见 Cheung，1999。
⑤ TLP 3.24 - 3.25.

部分的命题之间有一种内在关系。

　　一个复合体只能由其描述给出,该描述要么是对的,要么是错的。如果某个复合体不存在的话,一个提到了该复合体的命题就不是无含义的,而是假的。

　　当一个命题元素标记一个复合体时,这一点可以从它出现于其中的命题的一种不确定性(indeterminateness)那里看出来。在这些情形中,我们知道该命题留下了一些未确定的(undetermined)东西。

让我们将一个可以通过定义来进一步切分的记号称作"非初始记号"。TLP 3.24 所考虑的问题之一,是一种特殊类型的非初始记号,即标记复合体的命题元素。我将以"扫帚在角落里"——取自《哲学研究》第 60 节——这样一个命题为例来说明一些要点。令"a"为扫帚的符号,"f-"为"-在角落里"的简写。命题"扫帚在角落里"可以被表达为"fa"。由于扫帚是复合的,在《逻辑哲学论》里它会被叫作"一个复合体"。为了方便阐明,让我们将"-在角落里"所标记的属性视作一个复合体,尽管这听上去可能有些奇怪。这样一来,命题"fa"就是关于 f 和 a 这些复合体的。

　　命题"fa"是如何对世界有所述说的呢? 答案要由所谓的"(关于命题的)图像论"来提供。图像论由下列内容构成:对一幅图像之概念的引入,以及对一幅图像如何描摹(depict)实在的说明(主要在 TLP 2.1 - 2.225 和 4.011 - 4.016 中);TLP 3 - 3.001 中,一个思想是诸事实的一个逻辑图像的论题;TLP 4.01 中,一个命题是实在的一幅图像的论题。后者可以被称作"(关于命题的)图像论题"。

　　根据图像论,一个命题表达含义或者对世界有所述说(says

something about the world)，因为它是实在的一幅图像。^① 一幅图像就是诸事物(在关于命题的情形里，就是物理性的记号)的已经存在的确定组合，并因此是一个事实。^② 该事实的形式，或者说，由其构成性部分的形式所构成的结构之可能性，就是图像形式。^③ 当一个事实的构成性元素以受限于下列限制的方式来和诸对象相互联结或者指称这些对象时，该事实就成了一幅图像：

　　2.1511 这就是图像如何与实在相联系的；它伸展到实在。

　　2.1512 图像就像一把放在实在上的尺子。

　　2.15121 只有分度线的末端才接触到所要测量的对象。

　　2.1513 因此，这样来看的话，一幅图像也包括了使其成为图像的图像关系。

　　也就是说，只有那些与构成性元素的形式(或者说组合的可能性)相同的对象，才能与这些构成性元素相互联结。这一点保证了，图像和它所表征的情况(situation)具有相同的形式。以这种方式，该事实由于表征一个情况(即事态的存在或者不存在)而成为一幅图像。^④

　　图像论(尤其是 2.15 诸小节中的内容)可以通过下列方式而应用于命题的情形：一个命题的构成性记号分别指称拥有相同形式的对象，以至于它的命题记号表征了一个情况，该情况的诸对象以和构成性记号相同的确定方式彼此联结。这一点在 TLP 4.031 中得到了生动的

---

① TLP 4.03.

② TLP 2.14 - 2.141.

③ TLP 2.0141，2.032 - 2.034，2.15.

④ TLP 2.11.

描述：

> 在一个命题中，一个情况可以说是作为试验（experiment）而
> 被构造出来的。
> 与其说"这个命题拥有如此这般的一个含义"，我们不如简单
> 地说"这个命题表征如此这般的一个情况"。

作为图像论的一部分，TLP 2.15 诸小节中的内容看上去仅仅适用
于基本命题记号，因为图像的构成性元素似乎是简单的，即它们不可被
进一步分析。但是，正如大卫·皮尔斯（David Pears）所指出的那样[1]，
我们可以认为这些内容能够运用于非基本命题记号上，就好像"抄了一
条进路"。所以，让我们将图像论应用于命题记号"fa"的情形上，并回
答下列问题："fa"是如何对世界有所述说的？在这个情形下，我们可以
得到：

（1）如果复合体 f 和 a 存在，那么"fa"有含义（makes sense）或者表
征一个情况。

即给定复合体 f 和 a 是存在的，"fa"的构成性记号"f"和"a"可以得
到符号化并分别指称复合体 f 和 a，以至于"fa"表征了 fa 这样一个
情况。

但是，即便复合体 a 不存在，"fa"仍然可能有含义（makes sense）。
之前提到，TLP 3.24 说："一个复合体只能由其描述给出，该描述要么
是对的，要么是错的。"在当前的例子中，扫帚由对它的一个描述所给
出，比如"扫帚柄被固定于扫帚头之中"。令"b"和"c"分别作为标记扫

---

[1] David Pears（1987，p.78）.

帚柄和扫帚头的命题元素，而"—R——"作为"—被固定于——（之中）"的简写。当然，扫帚柄和扫帚头都是复合体，而—被固定于——（之中）这样一个关系，或者说 R 可以被看作一个复合体。于是，复合体 a（也就是扫帚）就由描述"bRc"所给出。复合体 a 存在，当且仅当"bRc"为真。

如果"bRc"为假，那么复合体 a 不存在；但是命题"fa"仍然可能有含义（make sense）。因为维特根斯坦会认为：

（2）如果复合体 f、b、c 以及 R 存在，那么"fb.fc.bRc"有含义（makes sense），并等价于命题"fa"。

（这里"fb.fc.bRc"的意思，是命题"fb""fc"和"bRc"的合取。）换言之，如果—在角落里、扫帚头、扫帚柄以及—被固定于——（之中）都存在，那么命题"扫帚柄在角落里，扫帚头在角落里，并且扫帚柄被固定于扫帚头之中"（即"fb.fc.bRc"）有含义（makes sense），并等价于"扫帚在角落里"。这一点由《笔记本》（Notebook）中标注日期为 1914 年 9 月 5 日的条目所指出，其中有一个句子或者公式"$\phi(a).\phi(b).aRb=Def\phi[aRb]$"。[①] 而且，根据 TLP 5.14 - 5.141，维特根斯坦未加批判地接受了下列观点：两个逻辑上等价的命题实际上都是"完全同一的命题"。因此，给定复合体 f、b、c 和 R 存在，他会将"fa"和"fb.fc.bRc"视作完全同一的命题。所以，即便复合体 a 不存在，"fa"仍然可能有含义（make sense）。例如，当 f、b、c 和 R 存在而 a 不存在时（或者当"bRc"为假时），"fb.fc.bRc"仍然有含义，因此，"fa"仍然是有含义的。

事实上，（2）阐明了命题"fa"的分析中的一个步骤。假定那些复合体都是存在的，逻辑等价式 $fa\equiv(fb.fc.bRc)$ 可以被视作涉及了通过记

---

① NB 4；也可参见 Kenny，1973，pp.79 - 80。

号"b""c"和"R"来对记号"a"作出的一个语境定义。在这种情况下，"a"是一个非初始记号。因此，这个分析过程就是一个通过定义来对非初始记号进行切分的过程。这正是为什么 TLP 3.24 会说"关于某个复合体的某个命题，与关于该复合体之构成性部分的命题之间有一种内在关系"——例如，如果相应的复合体存在，"fa"蕴含"bRc"。

不过，"bRc"并非在 TLP 2.0201 中提到的那种完备描述：

> 关于复合体的每一个陈述都可以被消解为关于它们构成性部分的陈述，以及完备地描述了该复合体的命题。

这是因为，复合体 b、c 和 R 具有内在的复合性，而 a 同样具有这种内在的复合性。因此，"bRc"不能完备地描述 a。无论如何，这一点解释了为什么 TLP 3.24 会说：

> 当一个命题元素标记一个复合体时，这一点可以从它出现于其中的命题的一种不确定性那里看出来。在这些情形中，我们知道该命题留下了一些未确定的东西。

例如，命题记号"fa"至少拥有一个标记了复合体 a 的构成性元素"a"。它并没有从结构上反映出复合体 a 的任何内在复合性，包括"bRc"所呈示的那种复合性。所以，命题记号"fa"有一种不确定性，或者说留下了一些未确定的东西。

当维特根斯坦在 TLP 2.0201 中宣称"关于复合体的每一个陈述都可以被消解为关于它们构成性部分的陈述，以及完备地描述了该复合体的命题"时，他假定了实体论证的结论及其引论：复合体仅仅由必然存在的简单对象所构成。只有复合体仅仅由对象构成，才会存在对复合体的**完备描述**。如果存在对象的话，那么每一个（关于复合体的）命题，都可以被表达为关于该复合体之构成性部分的命题的一个真值函项。由于**对象是必然存在的**，就有了该命题和真值函项之间的逻辑等价，而无须一个存在条件（要注意的是，在这里，对象的简单性和必然存在都是关键）。让我再次通过考察命题"fa"来说明这一点。

假设复合体 f 和 a 都由必然存在的简单对象所构成，并且在不失去普遍性的情况下，f、b、c 和 R 都是对象（因此，"f""b""c"和"R"都是简单记号或名称）。于是，维特根斯坦会认为：

（1）命题记号"fb.fc.bRc"表达了一个含义，并产生了一个与命题"fa"逻辑等价的命题。

在这里，双向条件式 fa≡(fb.fc.bRc) 是一个逻辑等价式，并且无须一个存在条件。这是因为，既然对象是必然存在的，命题记号"fb.fc.bRc"就没有指称失败的情况，这就排除了该双向条件式并非一个逻辑等价式的可能性。在这种情况下，"bRc"是对复合体 a 的完备描述（通过命题记号"fa"和"fb.fc.bRc"中的记号"f"，对象 f 同样得到了完备却琐碎的描述）。因此，只有在世界有实体这样一个假定之下，才能得到"关于复合体的每一个陈述都可以被消解为关于它们构成性部分的陈述，以及完备地描述了该复合体的命题"（TLP 2.0201），以及"如果某个复合体不存在的话，一个提到了该复合体的命题就不是无含义的，而是假的"（TLP 3.24）。

维特根斯坦从来没有给出一个得到了彻底分析的命题的例子，但他会接受的是：给定 f、b、c 和 R 都是对象，fa≡(fb.fc.bRc) 是一个逻辑等价式，并且该等价式指明了对"fa"进行彻底分析的最后一个步骤。在相关命题中的记号"f""b""c"和"R"，不能通过定义的方式得到进一步切分（当然，标号中的变项是可能的）。它们是初始记号，也是简单记号。^① 这样就回答了之前提出的问题：为什么初始记号是简单记号（或者名称），反之亦然？

因此，命题"fa"可以被彻底且唯一地——无视标号中的变项的话——分析为命题"fb.fc.bRc"，其中"fb""fc"和"bRc"都是基本命题。这里的考虑理应适用于任何一个关于世界的命题。这一点呈示了，如果有必然存在的简单对象（维特根斯坦当然认为自己已经在 TLP 2.0211 - 2.0212 中证明了这一点），那么每一个命题都有一个彻底且唯一的分析。

三、对实体论证的一些近期诠释

为了完成对逻辑哲学论式逻辑原子主义的探索，接下来的工作就是详细说明下列条目中的实体论证：

> 2.0211 如果世界没有实体，那么一个命题是否有含义将取决于另一个命题是否为真。
> 2.0212 在这种情况下，我们不能勾勒（sketch）出世界的任何图画（为真或者为假）。

不过，在给出我自己的诠释之前，将首先评论三个对实体论证的近期诠释，它们分别是伊恩·普卢普斯（Ian Proops, 2004）、迈克尔·莫里斯（Michael Morris, 2008）和何塞·扎拉巴多（José Zalabardo, 2012）的诠释。

---

① TLP 3.26.

普卢普斯(2004)认为，TLP 2.0211 - 2.021 在给出实体论证时，假设了彻底分析的可能性并拒斥了对象偶然存在的可能性。于是，实体论证的目标就仅仅是要论证对象是存在的，并且它们必然存在。但是，对象的简单性并不是一个前置假设，而是从存在着必然存在的对象这样一个结论那里得出来的。

普卢普斯对实体论证的重构，从 TLP 2.0211 中的第一个推理开始。为了反证，假设世界没有实体，或者说，一切事物都是偶然存在的。于是，所有的事物都是复合体，因为偶然存在的简单体已经被排除掉了。这样一来，由于已经假设了彻底分析的可能性，在得到了彻底分析的命题中就必定有指称复合体的名称。因此，关于一个复合体的命题的含义，就取决于另一个命题之为真，而该命题之为真就构成了该复合体的存在。这一点适用于关于任意数量复合体的任意命题。因此，总体来说，一个命题是否有含义要取决于另一个命题是否为真。由于普卢普斯将"有含义"视作有真值，这就意味着"每一个得到诠释的句子，都相对于至少一个可能世界而言是缺乏真值的"①。

为了看出 TLP 2.0212 中的第二个推理，让我们假设一个句子是否"有含义"(即是否有真值)取决于另一个句子是否为真。于是，所有句子都有一个"不确定的含义"(indeterminate sense)，以至于它至少相对于一个可能世界而言是缺乏真值的。然而不确定的含义根本就不是含义。这是因为，根据 TLP 3.42，一个命题相对于每一个可能世界而言都是有真值的。于是，没有任何句子会有确定含义，因而没有任何句子会有含义。在这种情况下，我们就不能构造命题，亦即构造有含义的句子，或者说"草拟出世界的图像(为真或者为假)"。这样的结果是不可

---

① 2004，p.116.

接受的,因为我们确实可以构造命题。所以最终结论是,世界有实体。

然而,普卢普斯的诠释至少要面临两个困难。第一,认为实体论证里面假设了彻底分析的可能性并拒斥了对象偶然存在的可能性,看上去是不对的。事实上,正如我之前所论证的那样,必然存在的简单对象保证了每一个命题都有一个彻底分析。因此,它们不仅不是实体论证的一个假设,反而是由该论证的结论所推出来的。

第二,普卢普斯的诠释没能说明实体论证对图像论的应用。他解释说,之所以"我们不能勾勒出世界的任何图像(为真或者为假)",是因为那样的话每一个命题都会有一个不确定含义,结果我们完全无法构造任何命题。但是这样的推理过程没有运用图像论。其原因之一,也许要归咎于普卢普斯将"有含义"视为有真值,于是遗漏了含义的形式因素或结构因素。然而,恰恰是含义的形式因素将含义与一个可能情况等同起来,从而支持了图像论。

莫里斯认为[①],世界有实体这样一个主张,等价于所有可能世界都必定有一个共同的确定形式;而后者又等价于,任何可能的东西都必然地可能。因此,实体论证的目的,就是要论证每一个可能性都是必然的可能性。莫里斯对实体论证的重构如下:对于任意的名称组合,比如"abcde",由于我们可以勾勒出世界的图像,"abcde"有含义当且仅当"abcde"是一个可能的组合(即对应的对象可以通过同样的方式组合在一起)。于是图像论支持了下列主张:

(A)句子"abcde"有含义,当且仅当"abcde 是可能的"为真。

这样的话,句子"abcde"是否有含义,就取决于"abcde 是可能的"是否为真。命题"abcde 是可能的",正是 TLP 2.0211 中提到的(相对于任

① 2008,pp.39-50.

意选取的句子"abcde"）"其他命题"。而且，维特根斯坦会认为：

（B）句子"abcde"有含义，当且仅当"abcde 是可能的"有含义。

从（A）和（B）可以得到：

（C）"abcde 是可能的"有含义，当且仅当"abcde 是可能的"为真。

但是，从（C）可以推出"abcde 是可能的"必然为真。于是，"abcde"所断定的东西就是必然可能的。由于"abcde"是一个任意选取的句子，我们就得到了结论：每一个可能性都是必然的可能性，即世界有实体。最后，莫里斯似乎认为，如果我们能够看到他的论证基本上就是 TLP 2.0211 - 2.0212 中（莫里斯所认为的）归谬法的逆论证，那么我们就能看出他的诠释为文本给出了说明。

莫里斯的诠释明显具有这样一个好处：它明确了 TLP 2.0211 中的"其他命题"，并在论证中使用了图像论。但是，就像普卢普斯的诠释一样，莫里斯的诠释也面临一些严重的困难。

第一，在他的重构里，根据图像论可以得到：一个命题是否有含义将取决于另一个命题是否为真。所以，按照他的观点，维特根斯坦会在《逻辑哲学论》里支持这个陈述。但这是不正确的。在 TLP 2.0211 - 2.0212 中，该陈述（或者说，"一个命题是否有含义将取决于另一个命题是否为真"这样一个命题）只是归谬法中的一个步骤。而且，该步骤引向一个不可接受的结论：我们不能勾勒出世界的任何图像（为真或者为假）。这样一个事实证明了维特根斯坦不会支持这个陈述。

第二，上述论点同样表明，莫里斯重构的论证并不是实体论证。因为，如果他重构出的论证的确是 TLP 2.0211 - 2.0212 中归谬法的逆论证，那么图像论将会推出下列陈述的否定：一个命题是否有含义将取决于另一个命题是否为真；而非像莫里斯错误地认为的那样，推出该陈述本身。

第三,根据《逻辑哲学论》,命题呈示出实在的逻辑形式,而实在的逻辑形式由诸事态的逻辑形式所构成。[1] 诸事态的逻辑形式不能被说出,也就是不能由命题来表达。[2] 因此,维特根斯坦绝不会认为"abcde是可能的"是一个命题,更不用说它有真值了。本应由"abcde是可能的"所说出的东西,实际上是不可被说出的,而是由相关命题之有含义所呈示,即"abcde"有含义就呈示出abcde是可能的(当然,维特根斯坦会说,严格来讲,上述句子中的"abcde是可能的"是无含义的)。

为了说明实体论证,扎拉巴多(2012)诉诸《笔记本》中标注日期为1914年10月21日的条目:

> 我以前认为,命题 φa 为真的可能性与(∃x, φ).φx 这样一个事实联系在一起。但是,如果存在着另一个拥有相同形式的命题,就不可能看出为什么 φa 仅仅是可能的。Φa 肯定不需要任何前件。[因为,假定只存在两个基本命题"φa"和"ψa"并且"φa"为假:为什么该命题有含义(make sense)仅当"ψa"为真呢?][3]

根据扎拉巴多的观点,维特根斯坦将(∃x, φ).φx 视作一个逻辑形式,同时也是理解性复合体(the understanding complex)U [S, P, a, (∃x, φ).φx]的一个构成性部分。(复合体)U [S, P, a, (∃x, φ).φx]由罗素在他的1913年手稿《知识论》中提出,目的是为了说明错误表征的可能性。[4] 而且,诸如(∃x, φ).φx 这样的罗素式逻辑形式是存在

---

[1] TLP 2.031 - 2.033, 2.06, 4.121.
[2] TLP 4.121, 4.1212.
[3] NB 17.
[4] Russell, 1913/84, pp.115 - 117; Zalabardo, 2012, p.139.

的，仅当它的一个代换实例（substitution instance）是存在的。

扎拉巴多对实体论证的诠释如下：首先，实体由组合可能性构成。世界有实体这样一个主张，意思是"某些对象在一个实际存在的事态中组合在一起的方式，可以作为其他对象组合在一起的可能模式"①。其次，如果世界没有实体，那么——为了使得一个错误的表征成为可能的表征——就必须存在罗素式的逻辑形式，该逻辑形式是一个表征状态的构成部分。但是，这样的逻辑形式无法存在，除非它的一个代换实例是存在的。于是，一个错误表征的有意义性（meaningfulness）就取决于一个表达了代换实例的命题之为真，而该代换实例是表征了罗素式逻辑形式存在量化命题的代换实例。该存在量化命题就是 TLP 2.0211中提到的"其他命题"。第三，据此可以得到，将产生一个无穷后退："使得该逻辑形式存在的特定事实必须得到理解，而相应地就要求有另一个逻辑形式，等等。"②于是就得到了一个令人无法接受的结论：错误的表征是不可能的。

扎拉巴多诠释的优点在于，明确了 TLP 2.0211 中的"其他命题"，而且为实体论证重构出了一个优雅的归谬论证。但是，就像普卢普斯和莫里斯的诠释那样，扎拉巴多的诠释也面临一系列严重困难。第一个困难是，实体论证是关于对象之简单性的评论之一；③然而，对象的简单性在扎拉巴多的重构论证中没有担当任何角色。第二个困难是，在重构论证中完全没有使用图像；取而代之的是，扎拉巴多使用了罗素关于理解性复合体和错误表征的理论，而这些内容与图像论相当不同。第三个困难是，尽管维特根斯坦在 TLP 2.0212 中说，我们不能勾

---

① 2012，p.141.
② 2012，p.143.
③ TLP 2.02.

勒出世界的任何图像(为真或者为假),但按照扎拉巴多重构出的论证,不可接受的结论却是错误表征的不可能性。

四、实体论证

现在,我将给出自己对实体论证的诠释。在我重构的论证中,彻底分析的可能性和对象的必然存在都不是预先假定,而是推导出来的;在 TLP 2.0211 中提到的"其他命题"得到了明确,并且图像论以一种非琐碎的关键方式得到了应用。

在进一步论述之前,必须先给出一个评论。很有可能,因为 TLP 2.0211 中反事实条件句的前件(或者说实体论证的第一个前提)指的是世界,所以维特根斯坦在 TLP 2.0212 中(或者说实体论证的第二个前提中)使用了"世界的任何图像(为真或者为假)"这样的说法。实际上,"世界的任何图像(为真或者为假)"的意思,与"实在的任何图像"相同。为了看出这一点,首先要注意的是,存在着的诸事态的全体就是世界①,而存在或不存在的诸事态就是实在。② "如果一个命题为真的话,它就呈示出实际情况是什么样的。而且它说,实际情况确实如此。"③而且,"一个命题可以为真或为假,只能是因为它是实在的一幅图像"④。据此可以得到,一般而言,世界的一幅图像(为真或者为假)实际上就是实在的一幅图像。这是因为,如果世界的一幅图像是真的,它就描摹了诸事态的存在,并因此是实在的一幅图像;如果它是假的,

---

① TLP 2.04.
② TLP 2.06.
③ TLP 4.022.
④ TLP 4.06.

它就描摹了诸事态的不存在，因此仍然是实在的一幅图像。

实体论证是一个归谬论证。被归谬的是世界没有实体这样一个前提，而该前提等价于下列主张：没有必然存在的简单对象。它还可以推出，所有复合体都仅仅由复合体构成，或者说复合体都是黏性的（gunky）。要得出的不可接受的结论是，我们无法勾勒出世界的任何图像（为真或者为假），因为维特根斯坦认为，一个明显的事实是，我们可以勾勒出世界的任何图像（为真或者为假）。

要产生一个思想或者一个命题，就是要勾勒出世界的一幅图像（为真或者为假），也就是实在的一幅图像。一个命题是实在的一幅图像，可以从下列事实中看出："我们可以理解一个命题记号的含义，而无须向我们提供对它的说明。"①维特根斯坦甚至认为，据此就可以得到：我们"实际上可以从该命题那里逻辑地看出实际情况是什么样的，如果该命题为真的话"②。因为，如果一个命题为真，当我们理解了实际情况如何（正如该命题所描摹的那样），我们就理解了该命题的含义。③ 我们之所以可以看出一个命题的含义，是因为一个命题呈示或者展示其含义。④ 这就导向了可被称作"呈示之学说"（the doctrine of showing）的观点，该学说至少包括下列论题：一个命题"呈示其含义"，或者"如果一个命题为真的话，它就呈示出实际情况是什么样的"。⑤

含义（作为一个命题的内容）是确定的。⑥ 因为一个命题作为一幅图像而呈示其含义，该命题总是可以通过一种确定的方式而得到表达，

① TLP 4.02；同样参见 4.01，4.021。
② TLP 4.023.
③ TLP 4.022.
④ TLP 4.022，4.121.
⑤ TLP 4.022.
⑥ TLP 3.23.

其含义可以被清楚地"陈列"(set out)出来：

> 一个命题以确定的方式来表达它所表达的东西，这些东西可以被清楚地陈列出来：一个命题是清晰的。①

一个命题是实在的一幅图像，因为它呈示其含义。因此，"正是因为一个命题在逻辑上是清晰的，它才是一个情况的一幅图像"②。

TLP 3.251 是对论题"一个命题有且只有一个彻底分析"③的直接评论。因此，唯一彻底分析的可能性，就由下列事实所保证：一个命题呈示其确定的含义。而且，维特根斯坦在 TLP 3.23 中说："要求简单记号是可能的，就是要求含义是确定的。"与 TLP 3.25 - 3.251 一起，这一点同样表明：存在着简单对象（或者说世界有实体）这样一个论题，得到了一个命题呈示其确定含义这样一个论题的支持。正是因为一个命题呈示其确定含义，实体论证才得以同时保证了彻底分析的可能性以及存在着必然存在的简单对象。

由于语言的"外在服饰"和"隐含约定"这样的因素④，可能会存在一些命题的表达式，人们无法从它们那里看出命题的含义。因此，并非所有命题记号都呈示含义。无论如何，一个命题呈示其含义这样一个论题可以被构造如下：

（i）一个命题必定拥有一个呈示其含义的命题记号。

在实体论证中，起到关键作用的实际上是下列条件句：

---

① TLP 3.251.

② TLP 4.032.

③ TLP 3.25.

④ TLP 4.002.

（ii）如果我们能够生成一个作为实在之一幅图像的命题［即如果我们能够勾勒出世界的一幅图像（为真或者为假）］，那么它必定有一个呈示其确定含义的命题记号。

实体论证会从被归谬的前提（即世界没有实体）那里得出下列命题：一个命题不能拥有任何呈示其含义的命题记号。从这一点出发，再加上（ii），我们就可以得出不可接受的结论：我们无法勾勒出实在的任何图像。

现在让我转向实体论证，并首先考虑第一个步骤：

> 如果世界没有实体，那么一个命题是否有含义将取决于另一个命题是否为真。①

被归谬的是世界没有实体，或者说，没有必然存在的简单对象。从这个观点可以得出，只有复合体是存在的，并且：

一个复合体必定由复合体构成，而这些构成性的复合体又由其他复合体构成，依次类推。

如果不存在对象的话，复合体必定是黏性的。而且，由于存在着关于世界的命题，它们就只能是关于复合体的命题。

维特根斯坦会认为，如果不存在对象的话，一个命题（比如"gb"，即关于复合体 g 和 b 的一个命题）有含义，当且仅当下列之一成立：

（a）存在复合体 g 和 b；

（b）存在 g 和 b 的一些构成性复合体；

（c）存在 b 和 g 的一些构成性复合体；

---

① TLP 2.0211.

（d）存在 g 的一些构成性复合体，以及 b 的一些构成性复合体。

如果采纳下列约定——一个复合体是它自身的构成性复合体，我们就可以将这里的一般性要点表达如下：

（iii）如果不存在对象的话，那么一个（关于世界的）命题有含义，当且仅当：该命题所涉及之复合体的一些相关构成性复合体是存在的（并且对于这些复合体有为真的描述）。

这样一来，如果不存在对象的话，那么一个命题有含义当且仅当某个描述为真，该描述是对该命题所涉及之复合体的一些相关构成性复合体的描述。也许我们并不知道哪些描述是真的，但是这些为真的描述必定存在。

这也引向了另一个一般性要点。如果采纳了前述约定，该要点可以表述如下：

（iv）如果不存在对象的话，那么一个（关于世界的）命题是否有含义，要取决于某些描述是否为真，这些描述是对该命题所涉及之复合体的构成性复合体的描述。

于是，对于注释性问题"在 TLP 2.0211 中提到的'其他命题'是什么"，答案如下：它是一些描述的合取，这些描述是对该命题所涉及之复合体的构成性复合体的描述。这样一来，TLP 2.0211 就得到了说明。

现在，让我转向实体论证的第二个也是最后一个步骤：

> 在那种情况下，我们不能勾勒出世界的任何图像（为真或者为假）。[1]

首先，要注意（iv）和之前所采纳的约定共同推出了下列命题：

---

[1] TLP 2.012.

（v）假设没有对象的话，如果一个（关于世界的）命题有含义，那么必定存在一个为真的描述，该描述是对该命题所涉及之复合体的一个构成性复合体的描述。

但是，这样一来，只要一个命题是有含义的，它的命题记号就不能拥有一个命题部分，该命题部分是相关复合体之描述的命题记号。否则，即便该描述为假，该命题记号仍然可能表达一个含义。从这一点又可以推出：

（vi）假定没有对象的话，对于任意一个（关于世界的）命题的命题记号，必定存在一个为真的描述，该描述是对该命题所涉及之复合体的一个构成性复合体的描述，以至于该命题记号并不是该描述的命题记号的命题部分。

从（vi）可以得到，没有任何（关于世界的）命题的命题记号可以完全地反映出该命题所涉及之复合体的内部复合性。这样，该命题的每一个命题记号都有某种不确定性。于是，命题就不是清晰的，也不能拥有一个完全呈示其含义的命题记号。然而，一幅图像必定会呈示其含义。因此，如果不存在对象的话，相关命题就不能是世界的一幅图像（为真或者为假）。这一点适用于任何关于世界的命题。在这种情况下，每一个关于世界的命题都具有内在的不确定性，因而无法呈示其含义。结论是，如果没有对象的话，我们就不能勾勒出世界的任何图像（为真或者为假）。由于我们确实能通过生成命题或思想来勾勒出世界的任何图像（为真或者为假），那些复合体就必定是仅由必然存在的简单对象所构成的；因此，必定存在着对象。最终的结论是，世界存在着由必然存在的简单对象所构成的实体。

第四章

《逻辑哲学论》与罗素哲学的
一个主要区别

在本章中,我将论证并说明：为什么罗素会认为,逻辑语法(logical syntax)依赖于语言和世界之间的表征关系(后文中称为 R 论题);而《逻辑哲学论》则认为,逻辑语法独立于语言和世界之间的表征关系(后文中称为～R 论题)。这是罗素的哲学与《逻辑哲学论》的一个主要区别。与此相关,本章还将讨论大卫·皮尔斯对《逻辑哲学论》中语言哲学的诠释。

一、"罗素悖论"

我将从"罗素悖论"(Russell's Paradox)开始。这是因为(正如我将要论证的那样)罗素对该悖论的发现,促使他接受了 R 论题。

从表面上看,日常语言的语法并没有将下列语句视为无含义的(nonsensical)并予以排除：

(A)由所有并非自身成员的类所组成的类,并非自身的成员。

但是罗素发现：如果(A)是有含义的(makes sense)，那么(A)为假当且仅当它为真。这就是"罗素悖论"。随后，罗素试图论证(A)是无含义的，从而消除上述悖论。他的尝试，从下列对(命题)函项(function)的刻画开始：

　　(B) 一个函项有歧义地(ambiguously)指称其取值中的某一个，虽然并不是一个确定的而是未确定的值。①

对他来说，从(B)可以得到：除非一个函项的所有(可能的)值都得到了良好定义，否则该函项就无法得到良好定义。从这一点又可以推出：

　　(C) 任何预设了一个函项的东西，都不能是该函项的值。②

倘若不是如此的话，就会违反恶性循环原则(the vicious circle principle)。现在，鉴于任何涉及表现变项(apparent variable)的东西都要预设一个定义了该变项的函项，如果将涉及表现变项的东西替换为该变项的话，就会产生一个该函项的值，而且这个值要预设该函项。但是，(C)不允许这种替换。相应地，下列论题是成立的：

　　(D) 所有包含一个表现变项的东西，都不能是该变项的值。③

_____

① Russell，Bertrand，"The Theory of Logical Types (1910)"，in：*Essays in Analysis*，ed.，D. Lackey，(New York：Allen and Unwin 1973)，p.217. 如无特别说明，本书引文均由译者从论文中译出。——译者注
② Russell，Bertrand，"The Theory of Logical Types (1910)"，in：*Essays in Analysis*，ed.，D. Lackey，(New York：Allen and Unwin 1973)，p.218.
③ Russell，Bertrand，"Mathematical Logic as Based on the Theory of Types (1908)"，in：*Logic and Knowledge: Essays 1901 - 1950*，ed.，R. C. Marsh，(New York：Allen and Unwin 1956)，p.75.

现在考虑这种情况：函项 $F\hat{x} =_{\text{def}} \hat{x}$ 并非自身的一个成员并且 $w =_{\text{def}} \hat{x}(Fx)$，即所有并非自身成员的类的类。于是，（A）看上去是用"w"替换了 $F\hat{x}$ 中的变项 x。但是，将 $F\hat{x}$ 中的变项 x 替换为"w"并不为（D）所允许，因为 $\hat{x}(Fx)$——也就是 w——涉及了一个由 $F\hat{x}$ 所定义的表现变项。因此，（A）是无含义的。

二、类型论

在罗素看来，存在着一些日常语言语法没有排除的、无含义的语词组合，但是我们仍然可以诉诸逻辑理由将它们排除。这个事实表明，虽然日常语言本身没有逻辑语法，但是无论如何，也许可以构造出一个由逻辑语法所支配的符号系统，即一种逻辑上完美的、与日常语言在本质上不同的语言。[①] 类型论正是关于构造逻辑完美语言的理论（此处"逻辑语法"指的是这样一种语法，它由那些排除了所有无含义语词组合的规则所构成）。

罗素对（逻辑）类型的定义是，一个函项对之有变项（variables）的特定自变项（arguments）的总体。[②] 很明显，两个符号属于同一类型，当且仅当它们是同一个变项的可能值。符号的诸类型进而确定了那些排除所有无含义符号组合的规则，即完全确定了逻辑语法。类型论的作用就在于提供明确诸类型的详细规则。例如，从（D）可以推出：

[①] 参见 Wittgenstein, Ludwig, *Tractatus Logico-Philosophicus*, trans., D. F. Pears & B. F. McGuinness, (London: RKP 1961), p.X.以下对《逻辑哲学论》的引用，均以 TLP(《逻辑哲学论》的英文缩写)加具体小节(x.xxx)表示，不再列明页码。

[②] Russell, Bertrand, "Mathematical Logic as Based on the Theory of Types (1908)", in: *Logic and Knowledge: Essays 1901–1950*, ed., R. C. Marsh, (New York: Allen and Unwin 1956), p.75.

任何包含表现变项的东西，都必须与该变项的可能值属于不同类型。[1]

与可化约性公理(the axiom of reducibility)[2]一起，上述规则在一定程度上明确了诸类型(鉴于主要的观点已经清楚，此处不再深入细节)。

三、逻辑语法依赖于语言和世界之间的表征关系

一个函项有歧义地指称其取值中的某一个，即论题(B)，涉及这样一个观念：函项的标记性那一面(the signifying side of a function)以外的因素，在该函项的良好定义中担当了核心角色。实际上，罗素完全不考虑下列可能性：函项的标记性那一面，对该函项的良好定义作出了贡献。[3] 给定罗素广为人知的逻辑原子主义，这一点就意味着：一个符号的类型，要依于与该符号的指称(reference)相关的东西，而这些东西并不属于该符号出现于其中的命题的标记性那一面。但是这样一来，类型或逻辑语法所依赖的东西，就只能通过符号与其指称之间的表征关系来把握，也就是论题 R。相应地，我就证明了罗素会支持论题(R)，而且论题(R)对于他的哲学来说是至关重要的。

---

[1] Russell, Bertrand, "Mathematical Logic as Based on the Theory of Types (1908)", in: *Logic and Knowledge: Essays 1901 - 1950*, ed., R. C. Marsh, (New York: Allen and Unwin 1956), p.75.

[2] Russell, Bertrand, "Mathematical Logic as Based on the Theory of Types (1908)", in: *Logic and Knowledge: Essays 1901 - 1950*, ed., R. C. Marsh, (New York: Allen and Unwin 1956), pp.80 - 83.

[3] 参见本章第一节。

四、逻辑语法独立于语言和世界之间的表征关系

我们现在转向《逻辑哲学论》。在 TLP 3.33 中,维特根斯坦写道:

> 在逻辑语法中,一个记号的意义(the meaning of a sign)不应
> 该担当任何角色。在无须提到一个记号的意义的情况下,必定可
> 以建立起逻辑语法:只有对表达式的描述是可以被预设的。

我认为,这一段的重点如下:

> (W) 逻辑语法仅仅依赖于表达式或符号的标记性那一面。①

从(W)可以得到,逻辑语法独立于任何由符号的指称所涉及的东
西,这些东西不属于符号标记性的那一面。于是,维特根斯坦会认为,
逻辑语法独立于语言和世界之间的表征关系,也就是~R 论题。[在
此,我与许多诠释者一致,将"Bedeutung"视为"指称"(reference)。]

维特根斯坦立刻将 TLP 3.33 用于批评类型论:

> 从这个观察出发,我们转向罗素的"类型论"。可以看出罗素
> 必定是错误的,因为**他在制定记号的规则时,不得不提到记号的意
> 义**(meaning)。②

---

① 参见 TLP 3.31。
② TLP 3.331. 粗体由本书作者添加。——译者注

加粗的部分表明，维特根斯坦知道类型论预设了 R 论题。由于坚持～R，他就通过拒斥类型论的预设而拒斥了类型论。

五、图像论

鉴于～R 是 W 的一个推论，通过说明维特根斯坦如何论证 W，就可以说明他是如何论证～R 的。我将从图像论（the picture theory），即"一个命题就是一幅实在的图像"①这样一个主张来开始论述（此处只考虑基本命题。囿于篇幅，本章无法论证略过逻辑常项的合理性）。

根据维特根斯坦的观点，"一个图像是一个事实"②。一个事实就是诸对象或事物的存在着的组合。诸对象在一个事实中联结在一起的确定方式（determinate way）就是该事实的结构。③ 它的形式是结构的可能性。④ 由于一个对象的形式就是它在诸事态中出现的可能性⑤，一个事实的形式就是由其构成部分的形式所构成的。当他说一个命题就是一幅图像的时候，他的意思是，一个命题或者其命题记号就像图像一样，其本身就是一个事实，因而具有形式。⑥ 再一次地，一个命题记号就像图像一样，使用其形式来"测量"实在：

> 这就是图像如何与实在相联系的；它伸展到实在。
>
> 图像就像一把放在实在上的尺子。

---

① TLP 4.01.
② TLP 2.141.
③ 参见 TLP 2 - 2.01。
④ TLP 2.032 - 3.
⑤ 参见 TLP 2.0121。
⑥ 参见 TLP 2.15 - 2.152，3.14s。

只有分度线的末端才接触到要测量的对象。

因此，这样来看的话，一幅图像也包括了使其成为图像的图像关系。

图像关系由图像的诸成分和诸事物之间的相互关联所构成。

这些相互关联——正如它们之所是——是图像成分的触角，图像通过它们触及实在。①

为了能够以其方式——正确地或不正确地——去描摹（depict）实在，一幅图像与实在必须共同具有的东西，就是其图像形式。②

我相信，"尺子"一词用在这里是为强调，一个命题（或者一幅图像）的形式作为尺子给出了下列限制：

(E) 只有与一个命题记号的构成性名称拥有相同形式的对象，才可以被该名称指称。

这同时也表明，维特根斯坦会持有下列论题：

(F) 在一个名称与其对象之间的任何相互关联出现之前，该名称就已经具有形式了。因此，一个命题在任何名称-对象之相互关联出现之前，就已经具有形式了。

这是因为，否则的话，一个命题记号就不能用作一把"尺子"。除了

① TLP 2.1511 - 2.1515.
② TLP 2.17.

TLP 2.1511－2.1515 和 2.17 之外，至少还有两处文本证据可以支持我的主张，即维特根斯坦持有论题(F)。一处是 TLP 2.171。维特根斯坦在这里的意思显然是：一幅图像在描摹任何空间的（或者有色的）东西之前，本身就是空间的（或者有色的）。① 另一处是 TLP 5.526："我们可以通过完全普遍化的命题来完备地描述世界，即不需要预先将任何名称与一个特定对象相互关联起来。"

论题(E)保证了，每当一个命题记号的构成性符号与对象发生相互关联的时候，该命题记号都必须表征一个可能的情况(situation)，也就是一个含义。② 所以，如果下列论题成立的话，诸符号的具体形式(specific forms)就决定了那些用于排除所有无含义符号组合的规则：

　　(V) 一个拥有（具体）形式的名称必须能够指称一个对象。

　　（此处只考虑了具体形式。这是因为，没有任何情形能够具有最普遍的形式，见 TLP 4.462；也没有任何具有最普遍形式的符号能够用于标记，见 TLP 4.66－4.661。）

　　如果维特根斯坦持有论题(V)，那么他的立场就在如下方面与罗素的相应立场有着显著不同：首先，罗素式的"逻辑类型"变得多余了，因为一个类型（即一个函项中的一个变项的所有可能值的总体）完全由取值（符号）的共同形式所决定。其次，由于建立一个呈示(shows)其诸符号之形式的合适符号系统（即建立一个由逻辑语法所支配的系统），诸符号的真正形式就可以得到揭示③，因而日常语言可以具有逻辑语

---

① 这一点由 Michael Morris 向我指出。
② 参见 TLP 2.21，4.031。
③ 参见 TLP 3.325，4.002，4.0031。

法。这样一来,罗素式的完美逻辑语言也会变得多余。再次,由于从这样一个系统的记号那里,我们只能看出该系统诸符号的形式,并且逻辑语法完全由诸符号的形式所决定,于是逻辑语法就只依赖于诸符号标记性的那一面。这样一来,就证明了维特根斯坦会支持 W。

维特根斯坦是否承认(V)呢? 如果是,他又是如何论证的?

六、"A"与"A"是相同的记号

我主张维特根斯坦承认(V),TLP 5.473 是一处文本证据:"如果一个记号是可能的,那么它就能够标记。"[1]看起来,除了拥有指称之外,一个记号是可能的,仅当它是一个符号的记号,而该符号拥有明确的形式。那么,根据 TLP 5.473,一个拥有明确形式的符号必须能够指称一个对象(另一处文本证据是 TLP 3.328)。

仅凭一个符号的标记性那一面,如何保证该符号必定能够指称一个对象,即必定能够指称一个拥有相同形式的对象? 维特根斯坦似乎没有明确地为(V)提供论证。无论如何,我认为,从 TLP 3.202 - 3.203 中,还是可以构造出一个论证的:

> 命题中使用的简单记号就是名称。
>
> 一个名称的意思就是对象。该对象就是它的意义("A"与"A"是相同的记号)。[2]

---

① TLP 5.473.

② 原文为:"A name means a object. The object is its meaning."由于中英文之间的差异,对于"means""meaning"这样的词语,只能按照语境来作出不同翻译。——译者注

维特根斯坦似乎想用"'A'与'A'是相同的记号"这样一种说法来提供基础，以保证一个名称能够指称一个对象。并且，这种说法似乎指的是记号的可重复性特征（repeatable）。① 由于一个记号是可重复的，至少有两种写法（inscription）可对应于同一个记号。这一点表明，一个名称的形式总是至少可以由两个东西（写法）所共享。于是，我们可以使用一个写法作为名称的记号，并用它来指称另一个写法。这样就证明了一个拥有明确形式的记号必定可以指称，也就是论题（V）。

七、如何固定一个符号的形式

还有最后一个问题需要处理。如果符号的形式独立于语言和世界之间的表征关系，一个符号的形式又是如何固定的呢？我认为，维特根斯坦的答案是：一个符号不是从任何外在的东西那里获得其形式的（尤其不是通过命名），而是通过挑出并固定该符号之记号的一个形式来获得的（作为一个事物，记号可能拥有不止一个形式②）。

至少有两处文本证据可以支持我的诠释。一处是 TLP 3.315 - 3.317，维特根斯坦在此谈到了对一个命题变项的取值的规定，即对一个形式的规定。他说道："对这种规定而言，唯一具有本质重要性的就是：它仅仅是对符号的描述，就被标记的东西而言，它什么也没说。"③另一处则是 TLP 5.555，该条目说符号是由一个记号系统创造出来的。④

---

① Cheung, L. K. C. Leo, *Wittgenstein's Tratatus: What cannot be said*, D. *Phil. dissertation*, University of Sussex, England, 1993, pp.91 - 92.
② 参见 TLP 3.143 - 3.1432,5.5423。
③ TLP 3.17.
④ Cheung, L. K. C. Leo, *Wittgenstein's Tratatus: What cannot be said*, D. Phil. *dissertation*, University of Sussex, England, 1993, pp.100 - 118.

八、皮尔斯对《逻辑哲学论》意义理论的诠释

在《错误的监狱》(第一卷)(*The False Prison*,Volume 1)中,大卫·皮尔斯提出了对《逻辑哲学论》中语言哲学的下列诠释:一个名称首先在实在论的意义上与对象产生了相互关联。这个源初的名称-对象相互关联挑出了对象的形式,然后使它以该名称在句子中的正确使用为条件,来让该形式取得资格。这个条件就是:该名称可以出现于其中的那些句子,必须呈现出被命名对象的真正可能性。如果打破了这个条件,那么这个名称就不再指称该对象。①

根据皮尔斯的诠释,在固定名称的形式时,名称-对象之相互关联是必要的。于是,一个名称的形式就要依赖于语言与世界之间的表征关系。这一点与我的主张,即维特根斯坦会承认(F)与[~R],是直接矛盾的。在我看来,可以通过下列四个方面来批评皮尔斯的诠释。第一,皮尔斯提供的关键文本证据是 TLP 3.3:"……只有在命题的联结中,名称才具有意义(meaning)。"②他认为,从这一点可以得到:只有当名称出现于一个有含义的命题中时,名称与对象之间的接触才能得到维系。不过,这一点显然不足以支持他的核心立场:一个名称以具有本质性的方式,从源初的名称-对象之相互关联中获得其形式。事实上,我的诠释同样适用于上述引文。因此,即便是皮尔斯所提供的关键性文本证据也还是太弱了。第二,有三处文本证据不适用皮尔斯的诠

---

① Pears, David, *The False Prison* (Volume 1),(Oxford, OUP 1987),pp.9,75,116,130 - 131, etc..

② 参见 Pears, David, *The False Prison* (Volume 1),(Oxford, OUP 1987),p.75.

释，甚至与之相矛盾。这三处文本是 TLP 2.1511 – 2.1515 & 2.17、TLP 2.171 和 TLP 5.526。在本章第五节，我用这三处文本来支持自己的主张：对《逻辑哲学论》而言，在任何名称-对象之相互关联出现之前，名称就已经具有形式了。第三，皮尔斯似乎忽视了一个事实。《逻辑哲学论》允许这样一个立场：一个符号通过固定其记号的一个形式而获得形式，而《逻辑哲学论》的确持有这种立场（参见第七节）。最后，相比皮尔斯的诠释，我对《逻辑哲学论》语言哲学的诠释似乎更优，也更加一致。

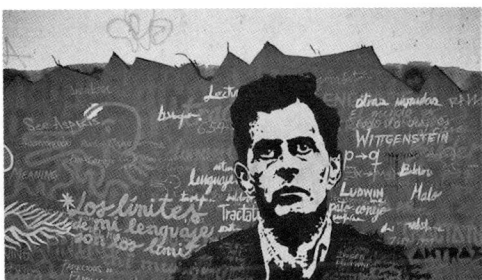

第五章

《逻辑哲学论》中的运算 N 以及表达的完备性

一、福格林和吉奇之间的争论

《逻辑哲学论》中的逻辑系统将 N 作为唯一基本运算，即独立于其余所有运算而得到定义的唯一运算。[①] 运算 N 作为 $(----- T)(\xi, \cdots)$ 而被引入，其中右边括号里的内容代表一个无序的命题集体，而左边括号里的横线则表示，在今天常见的真值表表达式的最后一列中，除了最后一个以外全部都是"F"。[②] 在 TLP 5.501 中引入了带括号的表达式 "$(\bar{\xi})$"之后，它在 TLP 5.502 被写作"$N(\bar{\xi})$"：

> 当一个带括号的表达式包含了命题作为其项（terms）时（并且括号中项的阶次是不相关的），我就用形如"$(\bar{\xi})$"的记号去指示它。"ξ"是一个变项，取值为带括号表达式中的某些项。该变项上面的横线则表明，这个变项代表了在括号中的所有取值。

---

① 参见 TLP 5.474-5.5, 5.51 & 5.52。
② 参见 TLP 4.442 和 5.5。

于是，"N(ξ̄)"就等价于"命题变项 ξ 所有取值的否定"。[①] 在 TLP 5.501 中继续强调，对"(ξ̄)"中无序的诸项的指明，仅仅依赖于对命题变项"ξ"的取值的规定，并给出了三种不同的规定——我们在这里考虑其中的两种。第一种是直接计数法。例如，如果"ξ"有两个值，那么"N(ξ̄)"或者"N(p, q)"就等价于"∼ p.∼ q"。[②] 第二种是，给出一个命题变项"fx"或者一个函项 fx，"对 x 的所有取值而言，它的取值都是要加以描述的命题"。[③] 例如，如果"ξ"的取值就是函项 fx 对 x 的所有取值的所有取值，那么 N(ξ̄)＝∼(∃x).fx。[④]

罗伯特·福格林论证说，即便是相对于一阶量化理论而言，逻辑哲学论式的逻辑系统在表达上也是不完备的，并将这一点视作《逻辑哲学论》中逻辑的一个"基本错误"。[⑤] 他的理由是，基本运算 N 无法生成异质多重普遍命题（heterogeneous multiply general propositions）的逻辑等价式，即无法生成那些同时涉及了全称量词和存在量词的命题的逻辑等价式，例如"(∃x).(y).fxy"。为了看出这一点，"由于 N(fxy)对所有那些作为命题函项 fxy 取值的命题都作了连续否定，显然地，我们就生成了一个等价于'∼(∃x).(∃y).fxy'的命题"[⑥]。N 在"∼(∃x).(∃y)fxy"上的再一次运用会给出"(∃x).(∃y).fxy"，而继续运用 N 只会

---

① TLP 5.502.

② TLP 5.51.

③ 在 TLP 3.31 - 3.317 尤其是 TLP 3.317 中，一个命题变项的取值是命题。就在 TLP 3.317 之后，维特根斯坦"将一个命题看作其所包含的表达式的函项"(TLP 3.318)。这一点表明，对《逻辑哲学论》而言，一个命题变项（比如"fx"）以及相应的函项（比如 fx），都将同样的命题作为它们的取值。

④ 参见 TLP 5.52。记号"＝"在此读作"等价于"(is equivalent to)。在本章中，该记号也用作同一性的记号。可根据不同的语境来判断其使用方式。

⑤ Fogelin, R. J.: 1976, *Wittgenstein*, Routledge, London.

⑥ Fogelin, R. J.: 1976, *Wittgenstein*, Routledge, London, p.71.为了标号的统一性，我将"Fxy"和"∼(Ex)(Ey)Fxy"分别改为了"fxy"和"∼(∃x).(∃y).fxy"。

在命题"($\exists$x).($\exists$y).fxy"和"~($\exists$x).($\exists$y).fxy"的逻辑等价式之间来回地产生结果。如果使用"~fx"的话,则会产生一个平行结果。于是福格林得出结论,N 不能生成"($\exists$x).(y).fxy"的任何逻辑等价式。[①]

福格林论证的问题在于,他从未证明以下结论:不存在另外一种运用 N 来生成异质多重普遍命题的逻辑等价式的方法。我注意到,他坚持认为"给定《逻辑哲学论》中明确表述的标号程序,没有办法构造出混合的多重普遍命题"[②]。然而,他的坚持并没有实质性内容,因为《逻辑哲学论》根本没有任何"明确表述的"记号程序(实际上,福格林自己也使用了从未在《逻辑哲学论》中出现过的表达式"N(fxy)",并以一定方式将它转化为 N($\bar{\xi}$),其中"ξ"的取值就是"fxy"的全部取值。但是《逻辑哲学论》无须赞同这些内容)。将 N 运用到量化理论的情形里,《逻辑哲学论》遗留了相当多"需要填补"的细节。皮特·吉奇试图说明如何做到这一点。他引入了表达式"N(x:fx)"[③],意思是"通过将命题函项'fx'中的变项替换为实际名称而得到的那一类命题的连续否定"[④]。于是,很容易就能看出,不仅"($\exists$x).fx"和"(x).fx"分别等价于"N(N(x:fx))"和"N(x:N(fx))",而且"($\exists$x).(y).(fxy)"可以被转化为"N(N(x:N(y:N(fxy))))"[⑤]。诸如 N(x:fx)这样的标号的可能性清楚地显示出:福格林用于反对逻辑哲学论式系统的表达完备性的论证是不可接受的。当然,这并没有证明逻辑哲学论式的系统在表达上是完备的。

---

① 参见 Fogelin, R. J.: 1976, *Wittgenstein*, Routledge, London, pp.70 - 72.
② Fogelin, R. J.: 1987, *Wittgenstein*, 2nd edn., Routledge, London, p.79.
③ 吉奇在"N(x:fx)"的第一个"x"上添加了两个点。为了简便起见,在此将其略去。
④ Geach, P.: 1981, "Wittgenstein's Operator N", *Analysis* 41, p.169.
⑤ 应当指出的是,Scott Soames(1983)独立地引入了一个非常类似于吉奇的标号。

福格林的回应是，即便在"N(x：N(fx))"（等价于"(x).fx"）这样的简单例子中，吉奇式标号 N(x：fx)也还是违反了"包含在《逻辑哲学论》的一个学说中的、关于运用的有限性要求和连续性要求(finiteness and successiveness of application)"①，也就是 TLP 5.32：

      所有真值函项都是将有限数量的真值运算连续运用于基本命题后产生的结果。

他论证说，一方面，"如果对一个普遍命题的构造（作为步骤之一）可能要涉及完成一件无限的工作，在 5.32 中出现的连续一词……将会是完全不合适的"②，并且"如果基础命题的集合是无限的，那么在一个全称量化命题的构造中，没有任何东西可以是运算 N 的最后一次运用的直接前驱(immediate predecessor)"③。对上述内容稍作重述：连续运用这一概念是得到良好定义的，仅当相应运算的最后一次运用的前驱并非该运算的无限次运用，即——或许可以说——连续性蕴含有限性。另一方面，他认为吉奇是这样理解"(x：N(fx))"的④：

      (2) "(x：N(fx))"明确了那些将 N 运用于"fx"的每一个取值上而产生的命题。

于是，很显然地，在"N(x：N(fx))"中 N 的最后一次运用的前驱可

① Fogelin, R. J.：1982, "Wittgenstein's Operator N", *Analysis* 42, p.126.
② Fogelin, R. J.：1976, *Wittgenstein*, Routledge, London, p.73.
③ Fogelin, R. J.：1987, *Wittgenstein*, 2nd edn., Routledge, London, p.81.
④ 参见 Fogelin, R. J.：1982, "Wittgenstein's Operator N", *Analysis* 42, pp.125-126.

能涉及了 N 的无限次运用。相应的结果是,"N(x:N(fx))"同时违反了 TLP 5.32 中的两个要求。作为回应,吉奇批评福格林混淆了两个东西——"一个运算在运算符之(可能的)无限类上(infinite class of operands)的操作,以及无限次的运算操作"①,但是他并没有进一步展开。这样一个简单的批评显然帮助不大。

我将论证:尽管吉奇没能成功地维护自己的立场,但是,与福格林所认为的不同,使用吉奇式标号 N(x: fx)并不会违反 TLP 5.32 中的任何要求。除了连续性蕴含有限性这一观点之外,对于福格林的论证来说(1)也是十分关键的。让我们把(1)称作对"(x: N(fx))"的"福格林的吉奇式诠释"。这个诠释十分自然,而且吉奇在引入"N(x: fx)"时,说它是对"通过将'fx'中的变项替换为实际名称"而获得的命题的连续否定。② 这一点可以作为文本证据来支持下列结论:吉奇自己接受了福格林的吉奇式诠释。但这还不是决定性的。因为,吉奇在那里并不是在谈论"N(x: N(fx))",而且,他也许以一种完全不同的方式使用了"N(fx)"——它在《逻辑哲学论》中从未出现过。果然,在反对福格林的论证时(即福格林用于表明吉奇式标号违反了 TLP 5.32 的论证),休·米勒三世(Hugh Miller III)对吉奇关于"(x: N(fx))"的理解给出了一个相当不同的诠释。③ 在给出本人反对福格林的指责的论证之前,让我们先转向米勒的论证。

二、米勒对"(x: N(fx))"的吉奇式诠释

米勒认为,吉奇式标号 N(x: fx)与 TLP 5.32 并没有冲突。他的论

---

① Geach, P.: 1982, "More on Wittgenstein's Operator N", *Analysis* 42, p.128.

② Geach, P.: 1981, "Wittgenstein's Operator N", *Analysis* 41, p.169.

③ Miller III, H.: 1995, "Tractarian Semantics for Predicate Logic", *History and Philosophy of Logic* 16, pp.197 – 215.

证方法是，证明像"(x).(∃y).(Fxy∨Fyx)"这样的命题可以被构造为：对"Fxy"和"Fyx"的取值的初始集合进行有限次连续运用的结果。[①] 同时他还主张，他的证明得到了吉奇本人的赞同。[②] 虽然他使用了上面提到的复杂例子，但是他的观点实际上相当于说，"(x)fx"可以被转化为"N(x：N(fx))"，因为后者是这样产生的：把"N(fa)"中的"a"替换为"x"，在其结果上运用 N，并用"x："来标记普遍性的范围。显然，他认为吉奇是这样理解"(x：N(fx))"的：

> (3)"(x：N(fx))"明确了这样一些命题：它们是通过将"N(fa)"中的"a"替换为"x"而产生的命题函项的取值，其中"fa"是"fx"的一个任意值。

让我们把(2)称作对"(x：N(fx))"的"米勒的吉奇式诠释"。这个诠释与(1)十分不同。似乎也有文本证据表明，吉奇接受了米勒的吉奇式诠释。在对"N(N(x：N(y：N(fxy))))"进行说明时，吉奇写道：

> ……这看上去很复杂，但我们可以轻松地将其化简。"N(y：N(fay))"说，我们要对所有像"N(fab)"这样的命题进行否定，即，无论"b"代表的是什么，"fab"总是会得到肯定；即，它等价于"(y)fay"。那么，如果我们**用变项"x"替换"a"并将结果嵌入"N(N(x：(…)))"中**，我们就可以说：对通过改变"(y)(fay)"中的"a"而得到的命题集

---

① Miller III, H.：1995，"Tractarian Semantics for Predicate Logic"，*History and Philosophy of Logic* 16，pp.197 – 215.

② Miller III, H.：1995，"Tractarian Semantics for Predicate Logic"，*History and Philosophy of Logic* 16，pp.209 – 210.

合进行连续否定,该连续否定自身也要被否定,即,对该集合中的一个或多个成员进行肯定,即,对"(∃x)(y)(fxy)"进行肯定。[①]

添加了粗体的部分表明,吉奇也会把"N(x:N(fx))"看作是这样得到的:将"N(fa)"中的"a"替换为"x"并将结果嵌入"N(x:(...))"中;这里的"fa"是"fx"的一个任意取值。现在,如果采纳米勒的吉奇式诠释,那么看上去,"N(x:N(fx))"仅仅涉及了 N 的两次运用,因而没有违反 TLP 5.32 中的有限性要求和连续性要求。

我们不能忽视下列事实:出现于(2)中的说法"用'x'替换'N(fa)'中的'a'",显然表示了对一个运算的运用,该运算可以被定义如下:

φa, x(---)＝用"x"替换(---)中的"a"而得到的命题变项。

于是"(x:N(fx))"实际上被定义为"(x:φa, x(N(f a)))",其中"fa"是"fx"的一个任意取值,并且:

(x).(fx)＝N(x:N(fx))＝N(x:φa, x(N(fa)))。

(注意,此处的"(x:N(fx))"是得到良好定义的,因为"φa, x"和命题"N(fa)"是得到良好定义的,并且"(x:φa, x(N(fa)))"不依赖于"fx"的任何具体取值。)显然,将"(x).fx"转化为"N(x:N(fx))"不仅涉及 N,还涉及运算 φa, x。但是,由于 φa, x 显然不是真值函项式的(truth-functional),于是我们没有办法单独使用 N(x:fx)来进一步定义它。所以,倘若仅仅依靠 N(x:fx)和"fx"的取值,N(x:fx)甚至不能生成

① Geach, P.: 1981, "Wittgenstein's Operator N", *Analysis* 41, p.169. 粗体字为本书作者添加。——译者注

"(x).fx"的任何逻辑等价式。对于任意一个量化理论的系统，逻辑哲学论式的逻辑系统在表达上都是不完备的。所以，即便采纳米勒的吉奇式诠释可以使吉奇式标号免于受到"违反 TLP 5.32"的指责，但是要放弃逻辑哲学论式系统的表达完备性，代价还是明显过于高昂了。鉴于米勒的论证和米勒的吉奇式诠释并不能帮到吉奇，对它们的讨论就此告一段落。相比之下，福格林的吉奇式诠释更加自然，而且免于米勒的错误。接下来我们将采用这个诠释。

三、形式序列和连续运用

现在，我将给出自己的论证，并用于反对福格林的主张——采用吉奇式标号会违反 TLP 5.32。福格林的论证依赖于他的下列观点：对《逻辑哲学论》而言，连续性蕴含有限性。首先，让我对《逻辑哲学论》中的连续运用概念进行澄清。

《逻辑哲学论》中的连续运用概念，与形式序列这个概念（the notion of a formal series）紧密地联系在一起。在 TLP 5.2521 - 5.2522 中，维特根斯坦说："如果一个运算反复地运用到它自己的结果上，我将其称为该运算的连续运用。"然后他使用形式序列① a, O'a, O'O'a, …（即一个以[a, x, O'x]作为其普遍形式的形式序列）为例来阐明他的观点。需要注意，形式序列 a, O'a, O'O'a, …是完全排序的（或者线性的），这仅仅因为该序列由运算 O'x 在第一个项 a 上的连续运用而生

---

① 一个形式序列（Formenreihe）是这样的一个序列，它由运算之运用所凸显出的内部关系来排序（参见 TLP 4.1252 & 5.2 - 5.232）。此处采纳了 Odgen 将"Formenreihe"翻译为"形式序列"（formal series）的做法，因为 Pears 和 McGuinness 的翻译"形式的序列"（a series of forms）可能容易让人错误地认为，一个形式的序列将诸形式作为项。

成。我们或许可以说,它由一个单一的元素"构成"。但是,我们不能被
这个特例所误导,以至于错误地认为,所有形式序列都是完全排序的。
实际上,存在着部分排序而非完全排序的形式序列。作为一个例子,考
虑以普遍命题形式$[\bar{p}, \bar{\xi}, N(\bar{\xi})]$作为其普遍形式的形式序列:

> 真值函项的普遍形式是$[\bar{p}, \bar{\xi}, N(\bar{\xi})]$。
>
> 这是命题的普遍形式。
>
> 它所说的仅仅是:每一个命题都是运算 $N(\bar{\xi})$ 在基本命题上
> 的连续运用的结果。①

该形式序列的项是所有命题,因为其普遍形式就是普遍命题形式。
该形式序列怎么会以所有命题作为它的项呢?给定 TLP 5 中的"分析
性论题",即"(一个)命题是基本命题的真值函项",通过该形式序列生
成的所有命题,都必须从所有基本命题的集合开始——即从$\bar{p}$开始。这
正是为什么,它的第一个项并非运用 N 的一个结果——正如 a, O'a,
O'O'a, …的第一个项不是运用 O'x 的结果,而是所有基本命题的集合
那样,即便其他项都是运用 N 的结果因而必定是命题。而且,为了生
成所有命题,N 在基本命题集合的一个子集上的任何单独运用,都必定
算作"一个"第二项,并且 N 在第一项与所有第二项之集合的联合体上
的所有进一步单独运用,都必定算作"一个"第三项……这样就可以生
成不止一个第二项,不止一个第三项……这就意味着,没有"这个"第二
项("the" second term),"那个"第三项……通过这种方式,我们就构造
出了一个以所有命题作为其项的、部分排序而非完全排序的形式序列。

----

① TLP 6 - 6.001.

由于各项（除了第一项以外）都是由运算 N"反复地运用到其自身结果上"而产生的，它们就是 N 的"连续运用"的结果。① 据此可以得到，N 的一次连续运用拥有不止一个结果，N 的两次连续运用拥有不止一个结果……为了看出这一点，假设"fa"，"gb"，"hc"，…是所有的基本命题。那么，显然，"N（fa）"，"N（gb）"，…，"N（fa，gb）"，"N（gb，hc）"，…，"N（fa，gb，hc）"，…，就是它的所有"第二项"以及 N 的一次连续运用的结果；"N（N（fa），gb）"，"N（fa，N（gb））"，…，"N（N（fa），N（gb））"，…，"N（N（fa），N（gb），N（fa，gb，hc））"，…就是它的全部"第三项"以及 N 的两次连续运用的结果……尽管罗素没有提到部分排序这个概念，但是，我对形式序列这个概念以及"$[\bar{p}, \bar{\xi}, N(\bar{\xi})]$"这个符号的诠释，基本上可以得到他为《逻辑哲学论》所写的导论的支持：

$\bar{p}$ 代表所有原子命题。

$\bar{\xi}$ 代表命题的任意集合。

$N(\bar{\xi})$ 代表对所有组成 $\bar{\xi}$ 的命题进行否定。

$[\bar{p}, \bar{\xi}, N(\bar{\xi})]$ 这整个符号的意思是：选定任意的原子命题，将它们全部否定，然后选定任意现已产生的命题集合，再加上所有之前的东西——如此这般，以至无穷。他（维特根斯坦）说，这就是普遍真值函项以及命题的普遍形式。这种说法的意思并没有听上去那么复杂。该符号的意图是描述一个过程，通过这个过程的帮助，在给定了原子命题的情况下，所有其他命题都可以被生成……②

---

① 参见 TLP 5.52521。

② TLP，p.xv.

（"原子"和"否定"的意思，分别是"基本的"和"运算 N"。参见 TLP
5.5）众所周知，维特根斯坦对罗素的导论感到不太开心。[1] 但我认为，
他会在这一点上同意罗素的看法。

在证明了并非所有形式序列都是完全排序之后，就容易看出福格
林的错误了。考虑以 $[(fa，fb，fc，\cdots)，\bar{\xi}，N(\bar{\xi})]$ 为普遍形式的部分排
序而非完全排序的形式序列，其中第一项 $(fa，fb，fc，\cdots)$ 是"fx"所有取
值的集合。显然，"N(x：N(fx))"是该形式序列的一个第三项，也是 N
的两次连续运用的结果。这样一来，即便 N 的最后一次运用可能有无
限多的直接前驱，"N(x：N(fx))"仍然是 N 的两次连续运用的结果。
这一点证明，福格林关于连续性蕴含有限性的观点是错误的。他关于
吉奇式标号会违反 TLP 5.32 要求的观点也是错误的。因为，即便一个
命题——比如"N(x：N(fx))"——可能涉及 N 的无限次运用，它仍然
是 N 的有限次连续运用的结果。在 TLP 5.2521 – 5.2522 中的例子
O'a，O'O'a，$\cdots$ 可能误导了福格林，使得他认为所有形式序列都是完全
排序的，于是连续运用这一概念即便对于"N(x：N(fx))"这样的简单
情形而言都不适用，因为没有任何东西可以算作 N 的最后一次运用的
直接前驱。错误地认为所有形式序列都是完全排序的人，福格林肯定
不是唯一的。一个例子是 G. E. M.安斯康姆，她试图重构普遍命题形
式 $[\bar{p}，\bar{\xi}，N(\bar{\xi})]$，以便将每一个命题都放入一个完全排序序列中的确
定位置。[2]

福格林和吉奇的争论就此告一段落。我的结论是，尽管吉奇没能

---

[1] Wittgenstein, L.：1995, in B. McGuinness and G. H. von Wright（eds），
Ludwig Wittgenstein: Cambridge Letters, Blackwell, Oxford, p.152.

[2] Anscombe, G. E. M.：1971, *An Introduction to Wittgenstein's Tractatus*,
University of Pennsylvania Press, Philadelphia, pp.132 – 134.

捍卫自己的立场，但是福格林用于反对逻辑哲学论式系统的表达完备性的论证是不可接受的。并且，与福格林的观点相反，采纳吉奇式标号 N(x：fx) 并不会违反 TLP 5.32 的要求。吉奇式标号确实是对 N 的一个非常自然的转化。从现在开始，我将不在 N(x：fx) 和 N 之间作出区分。接下来让我转向下列问题：一个包含 N 作为唯一基本运算的量化理论系统，在表达上是否完备呢？逻辑哲学论式系统在表达上又是否完备呢？

四、《逻辑哲学论》中的运算 N 以及量化理论

本章第 1 节中的讨论已经展示出，给定 N 是一个得到了良好定义的基本运算，它怎样来生成量化理论中所有形式的命题的逻辑等价式。但是，如果 N 甚至不是一个量化理论系统中的得到了良好定义的基本运算，那么它最多是一个成功的缩写，而且实际上并不能生成任何相关的逻辑等价式。因此，对接下来这个问题的探究是重要的：究竟对于什么样的量化理论来说，N 是基本且得到了良好定义的运算？

首先，为了让 N 成为一个基本运算，它不能被定义为连续否定运算。因为这样一来就会涉及两个运算，也就是否定和连续合取。米勒似乎就犯下了这样一个错误[1]，吉奇也一样。后者对"N(x：fx)"的定义"……的连续否定"必须被放弃。那么应该怎样定义 N 呢？让我首先从有限值域的情形开始。《逻辑哲学论》将 N 作为 (----- T)(ξ，…) 引入。这是一个通过真值表来定义 N 的尝试。类似地，吉奇式标号 N(x：fx) 可以被定义为 (------ T)(fa, fb, …, fw)，其中"fa"，"fb"，…，"fw"是"fx"的全部

---

① 参见 Miller III, H.：1995，"Tractarian Semantics for Predicate Logic", *History and Philosophy of Logic* 16，p.212。

取值。由于相关的真值表只涉及有限数量的真值可能性，并因此提供了一个判定程序，N(x：fx)就独立于任何其他运算而得到了良好定义。例如，如果"Fa"，"Fb"，…，"Fw"，"Ga"，"Gb"，…，"Gw"，…，"Ma"，"Mb"，…，"Mw"是"φx"的全部取值(在这种情形下，x 所刻画的值域由 a，b，…，w 组成，而 φ 所刻画的值域由 F，G，…，M 组成)，那么"N(x：N(φ：N(φx))"就等价于"(-----T)〔N(φ：N(φa))，N(φ：N(φb))，…，N(φ：N(φw))〕"，后者又等价于：

$$(-----T)\{(-----T)[(-T)(Fa), (-T)(Ga), \cdots,$$
$$(-T)(Ma)], (-----T)[(-T)(Fb),$$
$$(-T)(Gb), \cdots, (-T)(Mb)], \cdots, (-----T)$$
$$[(-T)(Fw), (-T)(Gw), \cdots, (-T)(Mw)]\}$$

在这种情形下，所有相关的真值表都只涉及有限数量的真值可能性，因此，N 的多次运用和"N(x：N(φ：N(φx))"都独立于其他任何运算而得到了良好定义。这一点显然适用于在相关拥有有限值域的量化理论系统中，所有形式的命题的所有逻辑等价式。于是，相对于该系统而言，N 是基本的，并且得到了良好定义。所以，一个以 N 作为唯一基本运算、拥有有限值域的量化理论系统，在表达上是完备的。

现在考虑无限值域的情形。在不失去普遍性的情况下，让我仅考虑拥有无限值域的一阶量化理论。在这种情况下，可以证明 N(x：fx)无法通过一个真值表得到定义。假设 N(x：fx)可以通过一个真值表得到定义，并因此是基本的。给定 N(x：fx)得到了良好定义并具有基本性的情形中的表达能力，这一点提供了一个判定程序(也就是真值表法)以决定一个良形的公式(a well-formed formula)是否有效(valid)。但是，根据丘奇(Alonzo Church, 1903—1995)的定理，拥有无限值域(以及多元函项)的一阶量化理论不能拥有这样的判定程序。因此，N(x：fx)不能通过一个真值表得到定义。无论如何，我们仍然有将一个基本运算引入系统的其他方法，也就是诉诸日常语言。当(—————T)(ξ，…)被引入时，它被称作"那些命题的否定"[①]。这似乎是一种在日常语言中把握 N 的方法。不幸的是，这种方法并不可行。因为，"一组命题的否定"这一概念是有歧义的。为了使其意义(meaning)变得清楚，不仅需要把握否定的概念，还需要把握连续合取(或者连续析取)的概念。的确，这一点值得怀疑：如何以一种自然的方式来翻译 N，却不涉及否定和连续合取，或者否定和连续析取。诉诸日常语言的尝试毫无前途可言。

现在，我们可以回答这个问题了：一个将 N 作为唯一基本运算的量化理论系统，在表达上是否完备？如果所有值域都有限，那么该系统在表达上是完备的。如果一些值域是无限的，那么就连 N 是不是一个得到了良好定义的基本运算都值得怀疑。幸运的是，后一种情况不会影响到逻辑哲学论式系统。因为，正如我将在下一节中论证的那样，逻辑哲学论式系统是拥有一个或多个有限值域的量化理论系统。

五、逻辑哲学论式逻辑系统在表达上是完备的

逻辑哲学论式系统在表达上完备吗？我的答案是，逻辑哲学论式系统是一个消除了谓词的多属系统(many-sorted theory)，其中没有同一性，拥有有限值域并将 N 作为其唯一的基本运算。因此，运用上一节的结果，该系统在表达上是完备的。我将在最后一节论证上述答案。

———————————
[①] TLP 5.5.

　　首先,分析性论题相当于说,一个命题可以被分析为基本命题的真值函项组合①,其中一个基本命题是名称的直接组合。② 因此,逻辑哲学论式系统是一个消除了谓词的系统。同样地,一个对象的逻辑形式与其语言中的表征(也就是一个名称)是相同的。③ 由于一个名称的逻辑形式由一个变项所凸显④,并且存在着不同的具体逻辑形式⑤,于是存在着不同的对象值域。逻辑哲学论式系统也是一个多属系统。不仅如此,通过记号之同一性来表达对象之同一性这样一个约定也得到了采纳。⑥ 同一性记号被消除了。更进一步地,众所周知,《逻辑哲学论》将 N 作为唯一的基本运算。结果是,逻辑哲学论式系统是一个消除了谓词的多属系统(没有同一性),并将 N 作为其中唯一的基本运算。

　　《逻辑哲学论》认为,在一个合适的符号系统中,一个逻辑命题可以仅凭符号就被展示为真或者视作为真⑦,并且,可以使用经由"机械的辅助手段"而进行的"计算"来做到这一点。⑧ 这清楚地表明,《逻辑哲学论》承诺了一个判定程序。将 N 定义为 $(-----T)(\xi, \cdots)$ 则表明,该判定程序本应通过真值表法来提供。但是,正如我在上一节中指出的那样,这样一种进路会产生下列结果:N 是基本且得到了良好定义的,仅当值域有限。所以,为了保持一致性,逻辑哲学论式系统必须是一个拥有有限值域的量化理论。换言之,《逻辑哲学论》必须认为值域是有限的;我们或许可以将之称为"有限性论题"(the finiteness

---

① 参见 TLP 5。
② 参见 TLP 4.22 – 4.221。
③ 参见 TLP 2.0141, 3.203 – 3.221 & 4.0311 – 4.0312。
④ 参见 TLP 3.315。
⑤ 参见 TLP 2.0251 & 5.55。
⑥ 参见 TLP 5.53。
⑦ 参见 TLP 6.113 – 6.12。
⑧ 参见 TLP 6.16 – 6.162。

thesis)。

没有文本证据表明《逻辑哲学论》持有"有限性论题"。但是，有限性论题与《逻辑哲学论》的学说是相容的，因而可以得到允许。为了看出这一点，需要注意有限性论题似乎完全没有和《逻辑哲学论》中的任何条目相抵触，除了那些涉及对象总数问题的条目，还有那些提到无限概念的条目。接下来我要表明，即便是这些条目也与有限性论题相容。请注意，《逻辑哲学论》并不排斥无限多对象的可能性。① 它只是认为，对象的确切数量属于只能被呈示而不能被说出的东西。② 我们可以从它对罗素的无限性公理（the axiom of infinity）的评论中看出这一点。在那里，该公理本想谈论的东西被视作是不能被说出的，但是"可以通过拥有不同意义（meaning）的无限多名称的存在，在语言中表达自身"③。所以，不仅"我们不能给出拥有不同意义的名称的数量"④，而且"谈论对象的总数是无含义的（nonsensical）"⑤。对有限性论题的承诺，是否与这些条目相抵触？答案是否定的。因为，尽管每一个值域都必须是有限的，但是，值域的数量（因而对象的数量）仍然可能是无限的。更准确地说，即便所有值域都是有限的，对象的总数仍然可能有限或者无限，或者属于只能被呈示而不能被说出的东西。这一点就证明，有限性论题与涉及对象总数的条目是相容的。

《逻辑哲学论》在 TLP 2.0131、4.2211、4.463、5.43、5.511、5.535 和 6.4311 中提到了无限的概念。在这七个条目中，TLP 5.43 和 6.4311 与此处的讨论无关，而 TLP 5.535 所涉及的无限性公理已经得到了处理。

---

① 参见 TLP 4.2211。
② 参见 TLP 4.1212。
③ TLP 5.535.
④ TLP 5.55.
⑤ TLP 4.1272.

我们只需考虑余下的四个条目。TLP 2.0131("一个空间的对象必须位于有限空间中……")、4.463("一个重言式把逻辑空间的整体——无限的整体——开放给实在")和 5.511("逻辑——无所不包、镜像了世界的逻辑,怎么会使用如此奇特的奇思妙想? 仅仅因为它们在一个无限的精巧网络中彼此联结,即在巨大的镜像中相互联结")全部断定逻辑空间是无限的。由于逻辑空间是对象组合之可能性的空间①,它是无限的仅当要么存在无限多的逻辑形式,也就是无限多的组合可能性②,要么存在着无限多的对象。由于逻辑哲学论式系统是多属系统,可能存在无限多的形式,因而即便所有值域都是有限的,仍然存在无限多的对象。因此,有限性论题与 TLP 2.0131、4.463 和 5.511 是相容的。TLP 4.2211 说:"即便世界是无限复杂的,以致每一个事实都由无限多的事态组成,而每一个事态都由无限多的对象构成,也仍然会存在对象和事态。"这一条目考虑了无限多对象的可能性。但是,有限性论题显然允许这样一种可能性,所以有限性论题与 TLP 4.2211 也是相容的。

如果《逻辑哲学论》可以并且为了保持一致性而必须持有有限性论题,为什么里面却完全没有提到有限性论题? 当然,有可能维特根斯坦知道他必须持有有限性论题(于是他确实持有这个论题),只是没有在《逻辑哲学论》中提到它。不过,我认为更有可能的是,他并不知道自己必须持有这个论题。在 1936 年,A. 丘奇证明了他关于判定难题(decision problem)的定理,A. 图灵(A. Turing,1912—1954)也独立地得出了相同的结果。③ 在维特根斯坦写作《逻辑哲学论》时,他不可能知

① 参见 TLP 1.13, 2 & 2.013 - 2.0141。
② 参见 TLP 2.0141。
③ 丘奇的论文"A note on the Entscheidungsproblem"以及图灵的论文"On computable numbers, with an application to the Entscheidungsproblem"可见 Davis, 1965。

道这些证明，也没有证据表明他在相关问题上持有立场，甚至曾经注意到了这些问题。很有可能，他并不知道自己必须持有有限性论题，并因此遗留了值域的有限性问题，或者根本没有注意到它。这一点解释了他在《逻辑哲学论》中的沉默。①

更重要的是，假如维特根斯坦知道他必须持有有限性论题，他就会持有这个论题。为了证明这一点，考虑他在 TLP 5.521 - 5.523 中关于普遍性的观点。他将"这个概念从所有真值函项"那里剥离开。② 他的想法是，在一个诸如"(x).φx"这样的普遍性命题中，起标记作用的并非"(x)"，而是明确了一个原型（prototype）和一个常项的命题变项"φx"。③ 因此，"普遍性记号作为一个自变项（argument）出现"④。给定《逻辑哲学论》关于运算 N 的观点，一个诸如"(∃x).φx"这样的普遍命题，就是 N 在变项"φx"的取值上进行连续运用的结果。下面引自《哲学语法》中的段落，被认为是在谈论他之前在《逻辑哲学论》中的观点⑤，表明他将普遍命题也视作一个逻辑和（logical sum）或者一个逻辑积（logical product）：

> 我关于普遍命题的观点曾经是：(∃x).φx 是一个逻辑和，并且，尽管它的各项在这里并没有被枚举出来（enumerated），它们是

---

① 当然，如果真相是（尽管不太可能）维特根斯坦知道他必须持有有限性论题（于是他确实持有这个论题），只是没有提到它，那么他在《逻辑哲学论》中的沉默也一样得到了解释。

② TLP 5.521.

③ 参见 TLP 5.522。

④ TLP 5.523.

⑤ 参见 Mounce, H. O.: 1981, *Wittgenstein's Tractatus: An Introduction*, Blackwell, Oxford, pp. 70 - 71 & Glock, H.-J.: 1996, *A Wittgenstein Dictionary*, Blackwell, Oxford, pp.146 - 147。

能够被枚举出来的(通过词典以及语言的语法)。因为,如果它们不能被枚举出来,我们就无法得到一个逻辑和(也许是一条关于构造逻辑和的规则)。[1]

但是,《逻辑哲学论》还说:"弗雷格和罗素引入普遍性时,将其与逻辑积或者逻辑和联系起来。这使得我们很难理解命题'(∃x).fx'和'(x).fx',其中嵌入了两种观点。"[2]这看上去似乎与下列诠释是冲突的:一个普遍命题是一个逻辑和或者一个逻辑积。但是 H. O.芒斯已经正确地指出,维特根斯坦的观点是:"弗雷格和罗素是错误的,这并不是因为他们把普遍性和逻辑积以及逻辑和联系起来,而是因为他们通过那种方式来引入这个概念。"[3]接下来,让我使用上述《哲学语法》中的段落来说明《逻辑哲学论》中关于普遍性的观点。假设维特根斯坦认为"(∃x).φx"是一个逻辑和,因为它可以被看作——尽管不是被定义为——"φx"所有取值的逻辑和。实际上,"(∃x).φx"以及(例如)逻辑和"φa.φb.φc"都是 N 在一个基础命题的集合上的连续运用。它们之间的唯一区别,就是它们的基础命题集合(sets of base propositions)得以明确(specified)的方式。当他说"(∃x).φx"的各项并没有被枚举出来时,他的意思是,尽管该逻辑和是通过明确"φx"的取值,即该逻辑和的各个项而被构造出来的,但是"φx"的取值并非个别地得到了明确。这一点与"φa.φb.φc"的情形不同,因为在"φa.φb.φc"中,其构成性的命题个别地得到了明确。重要的是,他坚持认为,在"(∃x).φx"的情形中,

① Wittgenstein, L.: 1978, in R. Rhees (ed.), *Philosophical Grammar*, A. Kenny (trans.), Blackwell, Oxford, p.268.

② TLP 5.521.

③ Mounce, H. O.: 1981, *Wittgenstein's Tractatus: An Introduction*, Blackwell, Oxford, p.71.

尽管"φx"的取值事实上没有被枚举出来，它们必须可以被枚举出来，以免缺少一条关于构造逻辑和的规则。这一点清楚地表明，他承诺了一条构造的规则；而且，更重要的是，为了保证逻辑和的可能性，他乐意认为"φx"的取值（因而一个对象的值域）必须能够被枚举出来。① 类似地，假如他知道为了确保基本运算 N 的良定义性（well-definedness）以及一个判定程序的可能性（即为了保持一致性），他必须持有限性论题（即必须接受值域的有限性），那么他就已经持有这个论题了。

现在，我已经证明：为了保持一致性，《逻辑哲学论》可以并且必须持有限性论题。但是，由于维特根斯坦并不知道他必须持有有限性论题，于是他在《逻辑哲学论》中没有提到它。但是，假如他知道自己必须持有有限性论题，他就会持有它。于是，将逻辑哲学论式系统视作一个拥有有限值域的量化理论是合理的。结论是，逻辑哲学论式系统是一个消除了谓词的多属系统（没有同一性），拥有有限的值域并将 N 作为其中唯一的基本运算，因此，这个系统在表达上是完备的。②

---

① 尽管一个值域必须能够被枚举出来这一点已经包含在"之前的观点"里面了，作为一个能够轻易地发现这一点的人，维特根斯坦却完全没有在《逻辑哲学论》中提到它。这就表明，他知道在《逻辑哲学论》中自己必须持有有限性论题，但是却没有提到它是完全可能的，尽管这种可能性仍然不高，因为当时他似乎并不知道丘奇定理的结果。见本章前注。

② 我想要感谢陈强立（Jonathan Chan）、劳伦斯·戈德斯坦（Laurence Goldstein）、刘彦方（Joe Lau）和两位来自《综合》（*Synthesis*）的匿名审稿人，他们对本章的早期版本提供了评论和批评意见。

第六章

《逻辑哲学论》中的算子 N ①

① 为确保全书统一，对本章中的一些术语和词汇进行了相应的改动。——译者注

维特根斯坦在《逻辑哲学论》中引进了逻辑算子(logical operator)N(或称"维氏算符 N")(参见：TLP 5.5[①])。他更认为所有的逻辑算子均可借 N 定义。换言之,他实际上视 N 为语言符号系统的基本算符。《逻辑哲学论》的语言符号系统其实可看作一个移除了谓词和等号后的只有名称、个体变项和基本算子 N 的多属系统(a predicate-eliminated many sorted theory containing names and individual variables with N as the sole fundamental operation and without identity)(参见拙文 Cheung 2000)。这点虽然不无争议,但是,我们无须接受存在此一符号系统,亦不必认为语言具有此符号系统。本章之目的仅为考察究竟维氏算子 N 能否,或曰在满足哪些条件下,能成为一个一阶逻辑系统的(所有逻辑算子均可由其定义的)基本算子。本章将证明,在满足其个体域为有限的条件下,若它是表达完备的,则 N 是一阶逻辑系统的基本算子。在给出一个确定 N 的应用广度的具体方法后,本章更会证明,在满足其

<hr>

① 本章依一般惯例,以"TLP"代表《逻辑哲学论》一书。沿用维特根斯坦本人约定,在"TLP"后的数字符号代表有关的命题或辅助命题。参看该书正文第一页的脚注。

个体域为有限的条件下，N 是表达完备的。

一、维氏算子 N

在不失一般性之情况下，本章考虑一个具有有限多个谓语函项
Fx，Gx，Kxy，Lxy 和单一个体域(domain)的形式系统。设 Q 和 D 分
别为载有所有谓语函项 Fx，Gx，Kxy，Lxy 的谓语函项集合和个体域
集合；D 中的个体为 a，b，c，⋯。在《逻辑哲学论》中，维特根斯坦是借
真值表(truth-table)来定义 N 的。

维特根斯坦首先在 TLP 4.3 - 4.443 中引介真值表。若遵从真值表
的一般表达约定的话，实质条件句连接词算子的真值表可写为：

p	q	p $\supset$ q
T	T	T
T	F	F
F	T	T
F	F	T

他则把它写成(TFTT)(p，q)，或简单地写成(T－TT)(p，q)(参
见：TLP 4.31 和 4.442)。当中的(T－TT)为真值表最后一列的真值分
布，亦代表 p$\supset$q 的代换个例的真值分布。("－"代表假值 F。)

维特根斯坦定义算子 N 为：

$$(1) \quad (-----T)(\xi，\cdots)。$$

右边括号代表一个命题集合；左边括号则代表真值表的最后一列

的真值分布除最后一项外全是"F"（参见：TLP 4.442 和 5.5）。应注意
的是，由于此真值表记号"(－－－－T)(ξ, …)"表示一个独立的算子，所
以 N 并不是由其他算子所界定的。

在 TLP 5.502 中，维特根斯坦又把 N 写作"N(ξ̄)"。当中的括号表
式"(ξ̄)"已在之前的 TLP 5.501 中引介：

> 当一个括号表式以命题为其子项（并且项的次序是无关宏旨
> 的），我以"(ξ̄)"形式的记号来标示。"ξ"是一个变元，它以括号表
> 式的项为值。在变元上横线标示着，它是括号内所有值的代表。①

N(ξ̄)其实等价于（但不是被定义为）命题变元 ξ 的所有值的否定
（参见：TLP 5.502）。维特根斯坦强调，(ξ̄)这集合中的非序分子的具
体确定仅依赖对命题变元 ξ 的规创（stipulation）。他更介绍了三种不
同的规创途径。第一种是直接枚举。例如，若 ξ 有 Fa 和 Gb 两个值，则
N(ξ̄)或 N(Fa, Gb)等价于～Fa.～Gb 或 Fa｜Gb；此中的｜是 Sheffer
之撇②（参见：TLP 5.101 和 5.51）。（当然～Fa.～Gb 或 Fa｜Gb 并不属
于有关的形式系统。）特别地，若 N 是表达完备的（expressively
complete），则所有如合取、否定等逻辑连词均可由 N 定义。第二种途

---

① 这是我对以下段落的翻译：When a bracketed expression has propositions as its
terms — and the order of the terms inside the brackets is indifferent—then I
indicate it by a sign of the form '(ξ̄)'. 'ξ' is a variable whose values are terms of
the bracketed expression and the bar over the variable indicates that it is the
representative of all its values in the brackets … (TLP 5.501)
② 现在较流行用符号↓，或所谓 Sheffer 之匕首（Sheffer dagger），来代表～p.～q。
但我在这儿依从维特根斯坦的用法（参见：TLP 5.101 和 5.1311）。事实上，
Sheffer 在他引进 Sheffer 之撇的著名文章"A Set of Five Independent Postulates
for Boolean Algebras, with Application to Logical Constants"（1913）里，也是采
取如此用法的。

径是给予一个如 Fx 的命题变元。（注意：以名项代换 x 后,得出 Fx 的值为命题。）例如,若 ξ 的值为 Fx 的值,则 $N(\bar{\xi}) = \sim(\exists x).Fx$（参见：TLP 5.52）。（记号"＝"在这儿读作"等价于"。它在本章亦会视为等号。语脉会显示其应作何解。）此亦可写作：$N(\overline{Fx}) = \sim(\exists x).Fx$。（要注意的是,这例子仍难以证明,若 N 是表达完备的,量化词亦可仅借 N 定义。）第三种途径则是给出一条支配命题建构的形式法则。在这种情况下,括号表式($\bar{\xi}$)以一形式序列（formal seires）的项为其分子（参见：TLP 5.501）。这三种规创途径其实是三种不同的确定算子 N 的广度（scope）的一般性途径。然而,维特根斯坦其实并没有提供具体确定 N 的广度的详细方法。

福格林（Robert Fogelin,1976：pp.70-72；1987：p.79）曾经企图论证,N 不是表达完备的。他的理由是,N 起码不能产生如"$(\exists x).(y).Kxy$"般的异种多次一般命题（heterogeneous multiply general propositions）的逻辑等价项。因为 $N(Kxy)$ 产生 $\sim(\exists x).(\exists y).Kxy$,再应用一次 N 产生 $(\exists x).(\exists y).Kxy$。再继续应用 N,只会不断重复 $\sim(\exists x).(\exists y).Kxy$ 及 $(\exists x).(\exists y).Kxy$。因此,N 不能产生异种多次一般命题的逻辑等价项（为方便起见,我在这儿把福格林的例子 Fxy 和 $\sim(Ex).(Ey).Fxy$ 分别地改为 Kxy 和 $\sim(\exists x).(\exists y).Kxy$）。福格林这论证是有问题的；因为他其实没有证明到并无任何途径可产生异种多次一般命题甚或所有（有关的一阶逻辑系统的）命题的逻辑等价项。

事实上,维特根斯坦在《逻辑哲学论》中并没有提供运用 N 产生命题的具体一般程序（这程序应为一个确定 N 应用广度的方法）。当然,这不表示没有或他认为没有此程序（这其实符合维特根斯坦不爱给出详细推论和解说的风格）。吉奇（Peter Geach,1981）便提出了一个运用 N 产生命题的程序。他引进了"N(x：Fx)"这一表词（他在 N(x：Fx) 中的第一个"x"上是写上了两点的。为方便起见,我把它们省略了)。他界定 N(x：Fx)为"对借以实际名项代换命题函项「Fx」中变元而得的命题集合的共同否定"(1981：p.169)［应当指出,Soames(1983)亦独立地提出了一个很类似的方法］。①

然而,吉奇这做法亦是不可以接受的,因为他是借合取和否定来定义 N。(试想想,若如此,N 便不会是基本的了。)但是,他亦确实尝试提供了一个确定 N 应用广度的方法。N(x：Fx)中的变元 x 便确定了 N 在此例子中的应用广度。例如,(∃x).Fx and (x).Fx 即分别等价于 N(N(x：Fx))及 N(x：N(Fx))。又例如,(∃x).(y).(Kxy)可以陈构为 N(N(x：N(y：N(Kxy))))。可惜的是,撇开 N 的基本性这课题不谈,吉奇的方法虽然甚具启发,但依然不能证明 N 是表达完备的。例如,命题(x).(~Fx.~Gx)的逻辑等价项便不能依据吉奇的方法应用 N 而产生。

接下来,我将提出一个确定 N 的应用广度的具体方法。我并会证明,在满足个体域 D 为有限的条件下,该方法亦是应用 N 来产生所有(有关的一阶逻辑系统的)命题的逻辑等价项的程序,因此,在 D 为有限的情况下,N 是表达完备的。N 在满足其个体域为有限的条件下,亦因而是一阶逻辑系统的基本算子。

二、N 的应用广度、表达完备性及基本性

首先应要强调,维氏算子 N 是通过真值表这个概念来定义的。

---

① 这是我对以下段落的翻译：joint denial of the class of propositions got by substituting actual names for the variable in the propositional function (represented by) "fx"(Geach 1981：p.169)。这一节至此的部分内容见拙文 Cheung,2000。

因此，若 N 是表达完备的，则有关系统便有一判定程序（decision procedure）。但是，根据著名的 Church - Turing 定理，具有多位函项（polyadic functions）和无限个体域的一阶量化理论不可能有判定程序。（有关 Church - Turing 定理，可参看：Davis 1965，pp.115 - 151。）因此，若 N 是表达完备的或良好定义的，则有关系统的个体域 D 必须是有限的。为方便起见，可视 D 为{a，b，c}。

维特根斯坦在《逻辑哲学论》中是把 N 视作由命题集合至命题的运算（operation）或映射（mapping）。例如，N 应用于集合($\bar{\xi}$)或(Fa，Gb)而产生等价于～Fa.～Gb 的命题。但是，在以下将看见，在 N 的应用广度只涉及有关命题函项的某些（而不是所有）变元时，N 应视为由命题集合的集合至命题集合的映像。因此，我们在此先把 N 视为由命题集合的集合至命题集合的映像，并把单集（singleton）等同于其分子。让我现在引介以下记号（notations）：

（2）(x_1，x_2，…，x_m：ξ_1，ξ_2，…，ξ_n)是一个集合的集合，它的分子是 ξ_1，ξ_2，…，ξ_n 中每一项在变程于（ranging over）所有 x_1，x_2，…，x_m 的值和每一个其他构成变元（若有的话）的一个值之后所得的值。

（3）N(x_1，x_2，…，x_m：ξ_1，ξ_2，…，ξ_n) 是 N 应用于(x_1，x_2，…，x_m：ξ_1，ξ_2，…，ξ_n)每一个分子后的所得的值。

在所有的 ξ_1，ξ_2，…，ξ_n 都没有 x_1，x_2，…，x_m 中的任何一个作为构成变元的情况时(x_1，x_2，…，x_m：ξ_1，ξ_2，…，ξ_n)，约定为每一个分子均是载有 ξ_1，ξ_2，…，ξ_n 中一个命题变元的值的集合。在这特殊情况中，把(x_1，x_2，…，x_m：ξ_1，ξ_2，…，ξ_n)写作(s：ξ_1，ξ_2，…，ξ_n)。依此，

$N(s:\xi_1,\xi_2,\cdots,\xi_n)$即为应用于$(s:\xi_1,\xi_2,\cdots,\xi_n)$每一个分子后所得的值,并可称为"N 之单项应用(a singularized application of N)"。引进此一确定 N 的应用广度的方法后,我们将不难看见,N 是表达完备的。

首先,我们依然有以下实例:

(4) 若 Fa 是 ξ 的唯一值,则$(\bar{\xi})=\{Fa\}$,并且 $N(\bar{\xi})=N(Fa)=(FT)(Fa)=\sim Fa$。

(5) 若 Fa 及 Gb 是 ξ 的所有的值,则$(\bar{\xi})=\{Fa,Gb\}$,并且 $N(\bar{\xi})=N(Fa,Gb)=(FFFT)(Fa,Gb)=\sim Fa.\sim Gb$。

(6) $N(Fa,Gb,Kbc)=(FFFFFFFT)(Fa,Gb,Kbc)=\sim Fa.\sim Gb.\sim Kbc$。

(7) 若 $\xi=Fx$,则$(\bar{\xi})=(\overline{Fx})$,并且 $N(\bar{\xi})=N(\overline{Fx})=(x).\sim Fx=\sim(\exists x).Fx$。

(8) $N(\overline{Kxy})=(x).(y).\sim Kxy$。

[以下将不难看见,(8)中的一般性公式,亦即 N 运作于一命题变元的所有代换个例会得出它们的否定的全称量化,对 N 的运算有很大的帮助。]

以下是某些 $N(x_1,x_2,\cdots,x_m:\xi_1,\xi_2,\cdots,\xi_n)$的价及其逻辑等价项的例子,并借 $D=\{a,b,c\}$ 来阐明。(当中的等号、逻辑连词和量化词当然不属于有关的一阶逻辑系统。)

(9) $N(s:Kxy)=(\overline{\sim Kxy})$。

[注意:集合$(s:Kxy)=\{\{Kaa\},\{Kab\},\{Kac\},\{Kba\},\{Kbb\},$

{Kbc}，{Kca}，{Kcb}，{Kcc}}。因此，集合 N(s：Kxy)＝{～Kaa，～Kab，～Kac，～Kba，～Kbb，～Kbc，～Kca，～Kcb，～Kcc}＝($\overline{\sim Kxy}$)。]

(10) N(x：Kxy)＝($\overline{(x).\sim Kxy}$)。

[注意：集合(x：Kxy)＝{{Kaa，Kba，Kca}，{Kab，Kbb，Kcb}，{Kac，Kbc，Kcc}}。因此，集合 N(x：Kxy)＝{N(Kaa，Kba，Kca)，N(Kab，Kbb，Kcb)，N(Kac，Kbc，Kcc)}＝{～Kaa.～Kba.～Kca，～Kab.～Kbb.～Kcb，～Kac.～Kbc.～Kcc}＝{(x).～Kxa，(x).～Kxb，(x).～Kxc}＝($\overline{(x).\sim Kxy}$)。]

(11) N(s：N(x：Kxy))＝($\overline{\sim (x).\sim Kxy}$)＝($\overline{(\exists x).Kxy}$)。

[注意：集合(s：N(x：Kxy))＝(s：(x).～Kxy)＝{{～Kaa.～Kba.～Kca}，{～Kab.～Kbb.～Kcb}，{～Kac.～Kbc.～Kcc}}。因此，集合 N(s：N(x：Kxy))＝{N(～Kaa.～Kba.～Kca)，N(～Kab.～Kbb.～Kcb)，N(～Kac.～Kbc.～Kcc)}＝{～(x).～Kxa，～(x).～Kxb，～(x).～Kxc}＝($\overline{(\exists x).Kxy}$)。]

(12) N(y：N(s：N(x：Kxy)))＝{(y).～～(x).～Kxy}＝(y).(x).～Kxy。

[注意：集合(y：N(s：N(x：Kxy)))＝(y：～(x).～Kxy)＝{(～(x).～Kxa，～(x).～Kxb，～(x).～Kxc}。因此，命题 N(y：N(s：N

（x：Kxy）））＝｛N（～（x）．～Kxa，～（x）．～Kxb，～（x）．～Kxc）｝＝｛～
（x）．～Kxa．～（x）．～Kxb．～（x）．～Kxc｝＝｛（y）．～～（x）．～Kxy）｝＝
（y）．（x）．～Kxy。］

（13）N（y，x：Kxy）＝｛（y）．（x）．～Kxy｝＝（y）．（x）．～Kxy。

［注意：集合（y，x：Kxy）＝｛｛Kaa，Kab，Kac，Kba，Kbb，Kbc，
Kca，Kcb，Kcc｝｝。因此，命题 N（y，x：Kxy）＝｛N（Kaa，Kab，Kac，
Kba，Kbb，Kbc，Kca，Kcb，Kcc）｝＝｛～Kaa．～Kab．～Kac．～Kba．～
Kbb．～Kbc．～Kca．～Kcb．～Kcc｝＝｛（y）．（x）．～Kxy｝＝（y）．
（x）．～Kxy。］

以下是再多的例子：

（14）N（s：Fx，Kxy）＝（$\overline{\sim Fx.\sim Kxy}$）。

［注意：集合（s：Fx，Kxy）＝｛｛Fa，Kaa｝，｛Fa，Kab｝，｛Fa，
Kac｝，｛Fb，Kba｝，｛Fb，Kbb｝，｛Fb，Kbc｝，｛Fc，Kca｝，｛Fc，Kcb｝，
｛Fc，Kcc｝｝。因此，集合 N（s：Fx，Kxy）＝｛N（Fa，Kaa），N（Fa，
Kab），N（Fa，Kac），N（Fb，Kba），N（Fb，Kbb），N（Fb，Kbc），N
（Fc，Kca），N（Fc，Kcb），N（Fc，Kcc）｝＝｛～Fa．～Kaa，～Fa，～
Kab，～Fa．～Kac，～Fb．～Kba，～Fb．～Kbb，～Fb．～Kbc，～Fc．～
Kca，～Fc．～Kcb，～Fc．～Kcc｝＝（$\overline{\sim Fx.\sim Kxy}$）。］

（15）N（x：Fx，Kxy）＝（$\overline{（x）.\sim Fx.\sim Kxy}$）。

［注意：集合（x：Fx，Kxy）＝{{Fa，Fb，Fc，Kaa，Kba，Kca}，{Fa，Fb，Fc，Kab，Kbb，Kcb}，{Fa，Fb，Fc，Kac，Kbc，Kcc}}。因此，集合 N(x：Fx，Kxy)＝{N(Fa，Fb，Fc，Kaa，Kba，Kca)，N(Fa，Fb，Fc，Kab，Kbb，Kcb)，N(Fa，Fb，Fc，Kac，Kbc，Kcc)}＝{∼Fa.∼Fb.∼Fc.∼Kaa.∼Kba.∼Kca，∼Fa.∼Fb.∼Fc.∼Kab.∼Kbb.∼Kcb，∼Fa.∼Fb.∼Fc.∼Kac.∼Kbc.∼Kcc}＝$(\overline{(x).\sim Fx.\sim Kxy})$。］

(16) N(x，y：Fx，Kxy)＝(x).(y).∼Fx.∼Kxy。

［注意：集合(x，y：Fx，Kxy)＝{{Fa，Fb，Fc，Kaa，Kba，Kca，Kab，Kbb，Kbc，Kca，Kcb，Kcc}}。因此，命题 N(x，y：Fx，Kxy)＝{N(Fa，Fb，Fc，Kaa，Kba，Kca，Kab，Kbb，Kbc，Kca，Kcb，Kcc)}＝{∼Fa.∼Fb.∼Fc.∼Kaa.∼Kba.∼Kca.∼Kab.∼Kbb.∼Kbc.∼Kca.∼Kcb.∼Kcc}＝(x).(y).∼Fx.∼Kxy。］

至此，以下例子已是显而易见了。

(17) N(x：Fx，Gy)＝$(\overline{(x).(\sim Fx.\sim Gy)})$。

(18) N(y：N(x：Kxy，Lxz))＝$(\overline{(y).\sim(x).\sim Kxy.\sim Lxz})$＝$(\overline{(y).(\exists x).(Kxy \lor Lxz)})$。

(19) N(x：Fx，Ga)＝(x).(∼Fx.∼Ga)。

(20) N(z：N(x，y：Kxz，Lyz))＝(z).∼(x).(y).(∼Kxz.∼Lyz)＝(z)(∃x，y).(Kxz∨Lyz)。

(21) N(x：Kxa，N(y：Lxy))＝(x).(∼Kxa.∼(y).∼Lxy)＝(x).(∼Ka.(∃y).∼Lxy)。

(22) N(y：N(x：N(s：N(s：N(s：Fx)，Gy))))＝(y).∼

$(x).\sim[\sim(\sim\sim Fx.\sim Gy)]=(y).(\exists x).(Fx\supset Gy)$。

在个体域 D 为有限的情况下，算子 N 是良好定义的。而由以上例子可见，本章引进引的确定 N 应用广度的方法是可以产生有关的一阶逻辑系统的所有命题。因此，维氏算子 N 是表达完备的。在满足其个体域 D 为有限的条件下，N 亦因而是一阶逻辑系统的基本算子。

Welche Thiere gleichen ein-
ander am meisten?

Kaninchen und Ente.

第七章

对《逻辑哲学论》中
"基本思想"的证明

一、引言

在《逻辑哲学论》中，逻辑常项包括逻辑联结词（logical connectives）、量词（the quantifiers）和同一性记号（the sign of identity）。① 除了同一性记号之外，所有的逻辑常项都是真值运算的符号（理由将在稍后给出）。② 著名的"基本思想"（Grundgedanke）说："'逻辑常项'并非表征性的；没有任何东西能够表征事实的逻辑。"③ 其重点在于，一个逻辑常项并不指称④，或者说，逻辑常项并不是

① 参见 TLP 5.5 - 5.503，5.51s，5.52s and 5.53s。
② 参见 TLP 3.31 和 5.4 各小节，尤其是 5.2341 和 5.254。
③ TLP 4.0312.
④ 在 TLP 3.344 中，维特根斯坦说："一个符号所标记的东西对所有符号来说都相同，就是逻辑语法规则允许我们对之进行替换的东西。"然后，作为一个例子，他说明了要如何表达对于所有真值函项之标号（notation）来说都相同的东西（参见 TLP 3.3441）。这似乎隐含着，一个逻辑常项可以标记或者指称。事实上并非如此。这是因为，他在 TLP 3.3441 中提到真值函项的目的，只涉及对真值函项之所有记号都相同的东西的表达，而从这一点并不能得到结论说，一个逻辑常项可以指称。不如说，他实际上在这里将逻辑常项是否能指称这样一个问题留作是开放性的。确实，他在稍后阶段的 TLP 4.0312 中陈述了"基本思想"，并在 TLP 5.4 诸小节中对之进行了论证。

名称。① 本章考虑的是《逻辑哲学论》对"基本思想"的证明（TLP 4.0312）。在第 2 节和第 3 节，我将对 TLP 5.4 诸小节明确给出的证明进行阐述。该证明是一个优雅的论证，预设了 TLP 4.04 中的多样性要求（multiplicity requirement）和 TLP 5 中的分析性论题（analyticity thesis），并使用了精心选择的例子。但不幸的是（正如我将要指出的那样），该证明是不可接受的，因为它包含了一个无效推理：从一个逻辑常项的记号在某些情况下不指称这样一个事实，得出结论说它在所有情况下都不指称。显然，应该要证明的是：一个逻辑常项的记号在所有相关命题语境中都不指称。我将在第 4 节和第 5 节中论证，尽管没有给出所有细节，但是《逻辑哲学论》中确实包含这样一种证明。该证明的关键在于：给定分析性论题，日常语言可以获得一个充足的符号系统，该系统是一个消去了谓项（predicate）的多属系统（没有同一性），拥有限域并将 TLP 5.5 中引入的运算 N 作为该系统的唯一基本运算。并且，N 的记号可被写作一个横符，其出现仅仅指明 N 之应用的阶次及范围（order and scope）。由于 N 是这个充足符号系统的唯一基本运算，在所有的相关命题语境中，逻辑常项的记号就像标点或者一对括号那样——没有人会认为它们指称了什么东西。在最后一节中，我将论证第二个证明与多样性要求是相容的，即便该证明并没有预设多样性要求。

二、多样性要求与分析性论题

在讨论《逻辑哲学论》明确陈述的对"基本思想"的证明之前，需要

① 参见 TLP 3.22。

先考虑《逻辑哲学论》中的图像理论以及该书中的两个相关学说。根据《逻辑哲学论》，思考就是为自己制作一个思想，该思想是实在的一幅图像。① 一幅图像呈现出这样的情形：某些对象彼此联结，其方式与该图像之元素相互联结的方式相同；在此，该图像之元素是相关对象的表征。② 一个思想的可感表达（perceptible expression）就是一个命题。③ 在日常语言的一个命题记号里，由于那些为各种目的而设计的"隐含约定"（tacit conventions）或者"外在服饰"（outward clothing），该记号的构成性元素未必对应于思想的对象。④ 无论如何，"（一个）命题有且只有一种彻底的分析"⑤。在一个得到了彻底分析的命题中，其构成性记号（称为"简单记号"或者"名称"）对应于思想的对象。⑥ 据此，在一个得到了彻底分析的命题中的记号就必须指称，并且，一个相应情形的构成性对象，必须在这个命题中找到作为名称的表征。这个可以被称作"多样性要求"的观点，在《逻辑哲学论》中表述如下：

　　一个命题与它表征的情形，必须具有数量完全相同的可辨识部分（distinguishable parts）。
　　二者必须拥有相同的逻辑（数学）多样性……⑦

（显然，此处的"一个命题"指一个得到了彻底分析的命题。）由于一个得到了彻底分析的命题确保了一个得到彻底分析的表达式，为了满

---

① 参见 TLP 2.1－3.001。
② 参见 TLP 2.15 以及 2.13－2.131。
③ 参见 TLP 3.1。
④ 参见 TLP 4.001。
⑤ TLP 3.25.
⑥ 参见 TLP 3.2－3.202。
⑦ TLP 4.04.

足上述要求，下列论题必须是成立的：

（＊）如果一个命题中的某符号在一个得到了彻底分析的命题表达式中没有记号，那么该符号就不能指称。

否则，命题和相应情形的多样性不会完全一样。而且，《逻辑哲学论》中保证了彻底分析之可能性的教条——可以将其称作"分析性论题"——如是说道："（一个）命题是基本命题的真值函项"①，其中的基本命题是诸名称的一个直接组合。② 这就相当于说，一个命题可以被分析为基本命题的一个真值函项组合（truth-functional combination）。接下来，我将转而讨论《逻辑哲学论》对"基本思想"的证明，而多样性要求和分析性论题正是该证明所运用的两个论题。

三、对"基本思想"的第一个证明

对"基本思想"的明确证明包含于 TLP 5.4 诸小节。维特根斯坦在 TLP 5.4 中说道："现在这一点是很明显的：不存在所谓的'逻辑对象'或者'逻辑常项'（在弗雷格和罗素的意义上）"，并给出了证明的主要步骤：

> 理由是，在这些真值函项上进行的真值运算的结果总是相同的，只要它们都是基本命题的同一个真值函项。③

由于逻辑常项是运算的符号，上述"理由"就相当于说：通过逻辑

---

① TLP 5.
② 参见 cf.，TLP 4.221。
③ TLP 5.4.

常项来对诸命题进行组合而得到的结果都是相同的,当且仅当它们都是基本命题的同一个真值函项,或者(给定分析性论题),它们都是同一个命题。实际上,上述"理由"正好指向了一个更具体的论证:

　　……假如有一个被称作"～"的对象,我们就可以得到:"～～p"说出了一些与"p"不同的东西。而这仅仅是因为:那样的话,其中一个命题将是关于～的,而另一个却不是。

　　这种表现逻辑常项(apparent logical constants)的消失,同样出现在"～(∃x).～fx"这样的情形里——该命题所说的东西和"(x).fx"一样。还有"(∃x).fx.x＝a"这样的情形——该命题所说的东西和"fa"一样。①

TLP 5.41 给出的"理由"表明,TLP 5.44 - 4.441 中的命题"p"和"fa"都被假定为基本命题。在不失一般性的情况下,假设"fa"是基本命题"p"的一个得到了彻底分析的表达式(这样一来,它就不包含任何逻辑常项的记号)。对"基本思想"的证明如下。首先,"fa"和"～～fa"是完全相同的命题,尽管从表面上看,它们是在"fa"之上进行否定运算的不同结果。② 现在,假如"～～fa"提到了～这个对象,那么"fa"也会提到它。但是,多样性要求不会允许"fa"指称～,因为它不包含任何能够做到这一点的记号——参见论题(＊)。所以,否定并不指称。第二,与上述论证的思路一致,"fa"与"(∃x).fx.x＝a"所说的相同——这样一个例子向我们表明,合取(符号化为".")、存在量词和同一性记号都不指称。第三,由于否定和合取不指称,而众所周知,其他逻辑联结词都

---

① TLP 5.44 - 5.441.
② 为方便起见,"fa"被视作对"fa"运用了否定运算的一个结果,即没有运用。

可以通过它们得到定义，于是所有的逻辑联结词都不指称。最后，由于否定、合取和存在量词都不指称，"～(∃x).～fx"与"(x).fx"所说的相同——这样一个例子就向我们表明，全称量词也不指称。相应的结论便是，所有的逻辑常项都不指称。

必须承认，TLP 5.44 - 5.441 中的例子经过了精心选择，其中的论证也十分优雅。[①] 但不幸的是，该论证是无效的。这是因为，一个逻辑常项的记号——比如"～"——不能在"～～fa"这样的情形中指称，我们并不能据此得到结论说，"～"在其他情形中——比如"～fa"——也不能指称。将相同的论证思路运用到一个名称上，可以更清楚地看到这里的困难。"(～fa ∨ fa).gb"与"gb"所说的相同，其中"f""a""g"和"b"是不同的名称。[②] 那么，按照刚才的论证思路，"a"并不指称。由于这里的"a"是一个任意的名称，于是没有任何名称可以指称。这当然是不可接受的。于是，"a"在"(～fa ∨ fa).gb"这样的情形中无法指称，我们并不能据此得到结论说，"a"在所有情形中都无法指称。的确，维特根斯坦本人给出了一个特殊的理由来解释，为什么一个名称在命题中可以指称，而在一个重言式(tautology)中却不行："在一个重言式中，与世界相一致的条件——表征性关系——彼此取消，于是它与实在之间

----

① TLP 5.4 诸小节中论证的优雅性以及对例子的选择似乎没有得到评论家们的赏识。比如，哈克(Hacker，1986，p.41)提到过 TPL 5.44 中的例子，当时他用这个例子来说明《逻辑哲学论》中，"～"不是一个名称的观点。但是他没有将这个例子与 TLP 5.441 中的例子联系起来(尽管他的确提到了一个例子，目的是说明《逻辑哲学论》中一个运算可以消去的观点)，以找出对"基本思想"的第一个证明。皮特森(Peterson，1990，pp.53 - 55)仅仅提到了 TLP 5.44 中否定的例子以解释 TLP 5.41 中的"理由"，并且错误地认为维特根斯坦"将他的观点局限于否定算符的'消去'上"。格洛克(Glock，1996，p.210)注意到 TLP 5.44 中的例子适用于所有逻辑常项，然后说明了《逻辑哲学论》认为它们并非初始单元(primitive)的立场。但是他没有将这一点与 TLP 5.441 中的例子联系起来，以找出对"基本思想"的第一个证明。

② 参见 TLP 5.141。

没有任何表征性关系。"①不论这样的解释是否令人接受，它都表明维特根斯坦在 TLP 4.462 中就已经知道，同一个符号的记号也许在一个语境中可以指称，在另一个语境中却不行。于是，这显然是一个错误：在 TLP 5.441－5.442 中，从逻辑常项的记号在某些情形中没有指称这样一个事实出发，他仍然作出了结论说，它在所有情形中都不指称。

　　显然，维特根斯坦应该证明的是，一个逻辑常项的记号在其出现的所有命题语境中都不指称。我将论证，《逻辑哲学论》中确实包含了一个这种性质的证明（此后，该证明将被称为"对'基本思想'的第二个证明"），尽管维特根斯坦没有明确地将其表述出来。我相信，他之所以没有这么做，仅仅是因为另一个证明让他印象十分深刻（即前文已经讨论过的、在 TLP 5.4 诸小节中的证明）。

四、逻辑哲学论式充足符号系统和运算 N②

　　由于对"基本思想"的第二个证明涉及一个逻辑常项的记号出现于其中的所有命题语境，因而在转向讨论这个证明之前，我们必须先考虑逻辑哲学论式的充足符号系统。何谓"充足符号系统"：我的意思是，一个能够表达所有可能含义（possible senses）的符号系统或者记号语言。③《逻辑哲学论》试图展示，如何为日常语言构造一个充足的符号系统，而这个充足的符号系统就是我这里所说的"逻辑哲学论式的充足符号系统"。现在，我将转而揭示逻辑哲学论式充足符号系统的本质。

---

① TLP 4.462.
② 本节中的一些想法，已经在其他地方给出了；参见本书前几章的内容。
③ 参见 TLP 4.5。

给定分析性论题，每一个命题都可以被分析为基本命题的真值函项组合；其中，基本命题是诸名称的一个直接组合。于是，逻辑哲学论式的充足符号系统，就是一个仅由名称、逻辑常项和约束变项（bound variables）构成的逻辑系统。据此可以得出，谓项都被消除了（虽然这里仍然使用了诸如"fa"之类的表达式，但是"f"不再是一个谓项，而是一个名称）。还可以得出，因为一个逻辑系统可以表达所有的可能含义，所以日常语言处于完美的逻辑秩序中。① 此外，对象的逻辑形式与其表征，也就是名称的逻辑形式，在语言中是相同的②；并且名称的逻辑形式由变项所凸显。③ 由于存在着不同的具体逻辑形式④，也就存在着不同的对象域。于是，逻辑哲学论式的充足符号系统是一个多属（量化）系统。此外，还采纳了这样一个约定：通过记号的同一性来表达对象的同一性。⑤ 例如，维特根斯坦使用的是"f(a, a)"，而不是"f(a, b).a＝b"。⑥ 这样一来，同一性记号也被消除了。结果，到目前为止，我们知道了逻辑哲学论式的充足符号系统是一个消除了谓项、没有同一性记号的多属系统。

众所周知的是，《逻辑哲学论》认为，所有逻辑常项都可以通过在 TLP 5.5 中引入的运算 N 来得到定义。不过，按照维特根斯坦的观点，作为一个消除了谓项（以及同一性记号）并将运算 N 作为唯一基本运算的多属系统，逻辑哲学论式的充足符号系统要如何得到构造呢？要证

---

① 参见 TLP 5.5563。对维特根斯坦来说，日常语言的逻辑哲学论式充足符号系统将由逻辑语法所支配，如果下列约定被接受的话：不对相同的符号使用不同的记号；不使用那些具有不同标记模式，但在表面上相似的记号。参见 TLP 3.325。
② 参见 TLP 2.0141, 3.203－3.221 & 4.0311－4.0312。
③ 参见 TLP 3.315。
④ 参见 TLP 2.0251, 5.55。
⑤ 参见 TLP 5.53。
⑥ 参见 TLP 5.531。

明某个运算是唯一的基本运算,必须证明它得到了良好定义,证明其定义独立于任何其他运算,并且证明所有其他运算都可以通过它而得到定义。我将检验逻辑哲学论式的运算 N 是否满足上述条件。当然,N 不能被定义为连续否定运算(joint negation);否则,它将通过两个运算得到定义,也就是否定和连续合取(joint conjunction)。的确,N 得到的定义是(----- T)(ξ, ⋯)。其中,右边括号里的内容代表一个无序的命题集(unordered collection of propositions);左边括号里的横线则表示,在今天常见的真值表表达式的最后一列中,除了最后一个以外全部都是"F"。① 在定义了带括号的表达式"(ξ̄)"之后,它被写作"N(ξ̄)":

　　　　当一个带括号的表达式包含了命题作为其项(terms)时——括号中各项的阶次是不相关的——那么我就用形如"(ξ̄)"的记号去指示它。"ξ"是一个变项,其取值为带括号表达式的某些项。变项上面的横线则表明,它代表了在括号中的所有取值。②

　　(注意,"N(ξ̄)"等价于"命题变项ξ的所有取值的否定"。③)这里的关键是,通过带括号的表达式"(ξ̄)"来指明(specification)相关的无序项。维特根斯坦强调,这种指明仅仅依赖于对命题变项"ξ"之取值的规定:

　　　　变项的取值是被规定出来的东西。
　　　　该规定是对有变项作为它们表征的诸命题的描述。

————————

① 参见 TLP 4.442,5.5。
② TLP 5.501.
③ TLP 5.502.

带括号表达式中的各项的描述是如何产生的，并不重要。①

他接下来提到了三种不同的描述。第一种是枚举计数法（direct enumeration），即用作为变项取值的常项将变项替换掉。例如，如果"$\bar{\xi}$"只有一个值的话，那么"$N(\bar{\xi})$"或者"$N(p)$"就等价于"$\sim p$"；如果"$\bar{\xi}$"有两个值，那么"$N(\bar{\xi})$"或者"$N(p,q)$"就等于"$\sim p.\sim p$"。② 第二种描述是，给出一个命题变项"fx"或者一个函项 fx，"对 x 的所有取值而言，它的取值都是要加以描述的命题"。③（注意，命题变项"fx"指明了函项 fx。命题变项和函项都将相同的命题作为取值。）④例如，如果"$\bar{\xi}$"的取值，就是函项 fx 对应于 x 的所有取值的所有取值，那么 $N(\bar{\xi}) = \sim(\exists x).fx$。⑤第三种是"给定一个形式律则，那些命题都是根据这个律则被构造出来的。在这种情况下，括号中表达式的各项都是一个形式序列的项"⑥。他没有为这种描述举出例子。尽管接下来的讨论不涉及第三种描述，但还是让我根据 TLP 4.1252 和 5.2521 - 5.2522 来举出一个例子。令"p"为一个命题。考虑下列形式序列：p, $O'p$,

---

① TLP 5.501.

② 参见 TLP 5.51。

③ TLP 5.501.

④ 在 TLP3.31 - 3.317 尤其是 TLP3.317 中，命题变项的取值被认为是命题。在紧接着 TLP3.317 的地方，维特根斯坦"将一个命题构造为包含于其中的表达式的函项"（TLP 3.318）。看上去，当他在谈论一个函项——例如 fx——的时候，重点在于表达式"f"；而当他谈论命题变项"fx"的时候，重点在变项"x"。无论如何，命题变项和函项都将相同的命题作为其取值。我建议，将命题变项（以及其他相关的东西）视作对相关函项进行指明的东西。

⑤ 参见 TLP 5.52。此处的"="应读作"等价于"（is equivalent to）。在本章中，该记号也被用作同一性记号。具体情形应根据语境判断。

⑥ 参见 TLP 5.51。此处使用了奥格登的英文翻译，因为皮尔斯和麦吉尼斯将"Formenreihe"翻译为"a series of forms"，而这很容易让人错误地以为，一个形式序列将诸形式作为项。

O'O'p，…，[p，x，O'x]是它的普遍项。那么，N(ξ̄)＝～p. ～O'p. ～
O'O'p …，其中"ξ"将普遍项为[p，x，O'x]的形式序列中的所有项作为
其取值。维特根斯坦充满自信地认为，对 N 的引入不仅保证了所有命
题的生成，还提供了对它们的准确表达。[①]

　　《逻辑哲学论》并没有给出 N 在量化理论上运用的全部细节，特别
是诸如"(∃x).(y).(fxy)"这样的复合普遍命题的逻辑等价式的生成。
皮特·吉奇试图填补这些细节。他引入了表达式"N(x：fx)"[②]，意思是
"通过将命题函项'fx'中的变项替换为实际名称而得到的那一类命题
的连续否定"[③]。但是这样一来，它就不能是基本的，因为涉及了连续
合取和否定。[④] 一个自然的修正是，通过真值表来对 N(x：fx)进行定
义，即(----- T)(fx，…)；其中，右边括号里的内容代表一个无序集，
它由"fx"对于 x 的所有取值的所有取值组成。例如，如果"fa"，
"fb"，…是"fx"的取值(在这种情况下，x 所刻画的值域就由 a，b，…组
成)，那么"N(x：fx)"就等价于"(----- T)(fa，fb，…)"。如果"fa"，
"fb"，…，"ga"，"gb"…是"φx"的全部取值(在这种情况下，x 所刻画的
值域就由 a，b，…组成，而 φ 所刻画的值域由 f，g，…组成)，那么"N
(x：fx)"就等价于"(----- T)[N(φ：N(φa))，N(φ：N(φb))，…]"，而
这个式子又等价于：

$$(----- T) \{ (----- T)[(— T)(fa)，(— T)(ga)，…]，$$

---

① 参见 TLP 5.503。

② 吉奇在"N(x：fx)"中第一个"x"的上方标记了两个点。为了方便起见，在此将它
们省略。

③ Geach, P.：1981，"Wittgenstein's Operator N"，Analysis 41.

④ Geach(1981)，Fogelin(1987，p.79)，Peterson(1990，p.122)等人认为，在没有注
意到它未必得到了良好的定义，也未必基本的情况下，吉奇式的记号在表达上却
是完备的。

$$(----- T) \left[(- T)(fb), (- T)(gb), \cdots \right], \cdots \}。$$

很容易看出，一个多属系统中所有形式的命题的逻辑等价式，都可以通过记号"N"（作为逻辑常项的唯一记号）得到。例如，"$(x).fx$""$(\exists\varphi).\varphi a$"以及"$(\exists x).(y).(fxy)$"可以分别被写作"$N(x\colon N(fx))$""$N(N(\varphi\colon \varphi a))$"以及"$N(N(x\colon N(y\colon N(fxy))))$"。通过这种调整，对$N(x\colon fx)$的引入可以很好地填补《逻辑哲学论》中没有涉及的细节。在后文中，我将吉奇式标号也称作"N"，而非"$N(x\colon fx)$"。

但是，上述内容还不足以证明 N 是唯一的基本运算。当然，给定 N 一开始是得到良好定义的，N 就独立于其他逻辑常项而得到定义，并且，所有其他逻辑常项都可以通过 N 得到定义。不过，N 是否得到了良好定义呢？如果（对象的）值域是有限的，那么通过它而使得 N 得到定义的相应真值表就得到了良好定义，并且 N 本身也得到了良好定义。例如，如果"fa"，"fb"，$\cdots$，"fw"是"fx"的全部取值（在这种情况下，x 所刻画的值域是有限的），那么 $N(x\colon fx)$，也就是$(------ T)(fa, fb, \cdots, fw)$当然得到了良好定义。如果两个相关的值域都是有限的，那么"$N(x\colon N(\varphi\colon N(\varphi x)))$"也得到了良好定义，因为那样的话它只涉及有限的真值可能性，于是相关的真值表都是得到了良好定义的。当一些值域是无限的时候，情形会怎么样呢？值得注意的是，《逻辑哲学论》主张：在一个适当的符号系统里，通过"机械辅助手段"（mechanical expedient）而进行的"计算"，一个逻辑命题可以仅由符号就被"视作"为真。[①] 这显然承诺了某种判定程序（decision procedure），而且，通过真值表来定义 N 的尝试表明，这个判定程序本应可以通过真值表法获

---

① 参见 TLP 6.113 - 6.12 and 6.16 - 6.162。

得。但是,根据丘奇定理(Church's theorem),即便是拥有无限值域(以及多元函项)的一阶量化理论,都不能拥有这样一个判定程序。所以,为了保持一致性,《逻辑哲学论》不得不承诺值域的有限性。尽管维特根斯坦不可能知道丘奇的工作,而且他将一个值域中的对象数量问题遗留了下来,但是对值域有限性的承诺并非不相容于《逻辑哲学论》。尤其是它不涉及对象总数这样的问题,这种问题本应是无含义,因而无法谈论的。[①] 这是因为,尽管值域必须是有限的(可以想象维特根斯坦会这么说:因为逻辑的理由;参见 TLP 5.551),值域的数量却可以是无限的,因而对象的数量也可以是无限的,或者这个问题始终不可说。因此我认为,逻辑哲学论式充足符号系统只有有限的对象值域。

结论是,逻辑哲学论式充足符号系统是一个消除了谓项的多属系统(没有同一性),其值域是有限的,并将 N 作为唯一的基本运算。"基本思想"的第二个证明的目标,是为了向我们展示出:如何通过一种凸显出逻辑常项之记号的非指称性(nonreferentiality)的方式,来构造逻辑哲学论式的充足符号系统。这是我接下来要说明的内容。

五、对"基本思想"的第二个证明

对"基本思想"的第二个证明,试图降低逻辑常项的记号角色:"逻辑运算的记号是标点符号"[②]。这是因为,正如我将要说明的那样,如果一个逻辑常项的记号就好像一对括号,仅仅指明其运用的阶次和范围,

---

① 参见 TLP 4.1272。
② TLP 5.4611.

那么没人会相信它指称或者拥有一个独立的意义（Bedeutung）。[1] 为了达到目的，维特根斯坦要证明，逻辑哲学论式的充足符号系统可以通过下列方式来构造：这种方式凸显出逻辑常项的标点式本质，并因此凸显出了其非指谓性。但是，他没有提供所有的细节以表明要如何达到这个目的。考虑到他在《逻辑哲学论》中的风格，以及他对 TLP 5.4 诸小节中第一个证明的信心，这一点并不让人感到惊讶。现在我将填补相应的细节。

我将从单次运用了基本运算 N 的情形开始。考虑 $N(p)=(FT)(p)$ 以及 $N(p, q)=(FFFT)(p, q)$——当然，它们也可以通过 TLP 4.31 中引入的真值表标号来表达。对《逻辑哲学论》而言，在"$(FFFT)(p, q)$"或者其真值表表达式中所涉及的记号，除了"p"和"q"以外都不涉及指称：

> 很显然，记号"F"和"T"组成的复合体没有与之相对应的对象（或者对象的复合体），就像水平线和垂直线，或者括号没有与之相对应的对象一样——不存在"逻辑对象"。
> 当然，同样的道理适用于所有那些表达了"T's"和"F's"所表达的东西的记号。[2]

很容易看出，在"$(FFFT)(p, q)$"中的括号以及真值表表达式中的水平线和垂直线是不指称的。因为它可以被写作"FFFTpq"，而其含义（sense）仍然可以通过该表达式传达。类似地，在相关真值表表达式中

---

① 参见 TLP 5.461。
② TLP 4.441.

的水平线和垂直线也可以被省略。记号"T"和"F"又如何呢？《逻辑哲学论》认为，一个基本命题（或图像）的含义（或者真值条件），仅由它与实在的一致或者不一致来决定[①]；而一个命题的含义或者真值条件，则由它与基本命题之真值条件的一致或者不一致来决定。[②] 为了看出这一点，首先考虑一个基本命题"p"。在"TFp"（或者在 TLP 4.31 中的相应表达式）中的"T""F"和"p"之间的相互关联，没有为看出其真值条件提供任何有价值的帮助。因为，命题"p"本身就已经呈示出，如果它为真的话会是什么样的（what is the case if it is true）。[③] 无论如何，在"N(p)"的情形中，"TFp"中的"T""F"和"p"之间的相互关联也许可以帮助我们看出它的真值条件。它呈示出，如果"p"为假则"FTp"为真，并且如果"p"为真则"FTp"为假。但在这种情形中，N 的应用仅仅由"p"的真值条件的变换（alternation）组成，而这一点可以通过"FTp"中呈示的相互关联来表达。显然，记号"F"和"T"既不是运算的记号，也不指称。确实，《逻辑哲学论》利用了这种考虑，以给出一个论证去反对那些认为它们可以指称的观点：

> ……弗雷格对真之概念的说明是错误的：如果"真"和"假"确实是对象并且是～p 等命题的自变项，那么弗雷格用来确定"～p"之含义（sense）的方法，会使得它完全未确定（undetermined）。[④]

这里的重点是，为了理解"N(p)"，也就是"～p"，我们不需要知道

---

① 参见 TLP 2.21 和 TLP 4.2 - 4.21。
② 参见 TLP 4.31。
③ 参见 TLP 4.022。
④ TLP 4.431.

其中的"T"和"F"指称什么东西。这是因为"N(p)"的含义已经在
"FTp"中呈示出来了。由于"p"在没有"T"和"F"帮助的情况下就能呈
示其真值条件，"N(p)"同样也不需要它们。为了避免混淆，我们可以
将"N(p)"写作"p̄"，上横线仅仅指明对"p"的真值条件的变换，也就是
在"p"上进行 N 的单次运用。换言之，上横线仅仅指明 N 的运用的阶
次（在这个例子中等于 1）和范围，因而具有标点式本质。在这种情况
下，没有人会认为上横线有指称。相应的结论是，由于 N 通过真值表
而得到定义，对于所有涉及 N 的单次运用的情形，N 的记号都是不指
称的。涉及 N 的多次运用的情形又如何呢？它们似乎引入了更多括
号，例如"N(x：N(fx))"。至少在现阶段，还不能确定其中 N 的记号是
否具有标点式本质。接下来，我将转向涉及 N 的多次运用的情形。

　　吉奇式表达式"N(x：fx)"显然没有凸显逻辑常项之记号的标点式本
质。接下来我将说明，给定《逻辑哲学论》中的相应观点，如何建立一个不
同却有效的标号。我将从"N(x：N(fx))"，即"(x).fx"的逻辑等价式开始。
考虑《逻辑哲学论》关于普遍性记号（或者全称量词）之本质的观点：

　　　　我把**所有**这个概念（the concept of all）与真值函项分离开……
　　　　普遍性记号特别的地方在于，第一，它指明一个逻辑原型，第
二，它凸显出常项。
　　　　普遍性记号作为一个自变项出现。①

　　维特根斯坦的想法是，在一个诸如"(x)fx"这样的普遍命题中，有
标记性作用的（signifies）并不是"(x)"，而是命题变项"fx"（它指明一个

<hr>

① TLP 5.521 - 5.523.

原型和一个常项）。所以，普遍性记号作为一个自变项在"fx"中出现。
而且他还在 TLP 4.40411 中讨论了各种明确普遍性的办法是如何没能
具有正确的多样性的。那么，接下来需要的就是这样一个表达式：它
仅在命题变项"fx"的基础上明确了普遍性的正确多样性，或者说正确
范围。如果他真的要坚持自己在普遍性记号上的观点，那么不仅要在
相应的情形中凸显出相应的变项，最终还要将记号"N"给消除掉。要
怎样才能做到这一点呢？

　　在进一步考察"N(x：N(fx))"的情形之前，让我先考虑"N(x：fx)"
和"N(fa)"。按照《逻辑哲学论》的标号，"N(x：fx)"被写作"N($\bar{\xi}$)"，其
中"ξ"的取值是"fx"对"x"的全部取值的全部取值。注意，"ξ"上面的横
线"表明它（即'ξ'）是其括号中全部取值的表征"[1]。不使用"($\bar{\xi}$)"的
话，我们能否构造一个带括号的表达式以凸显出"fx"？有人可能会认
为，我们可以直接用"fx"替换"ξ"，然后把(fx)用作这里寻求的表达
式。[2] 但是，这样就不能充分地反映出所涉及的"多样性"。[3] 在
"N($\bar{\xi}$)"的情形中，"ξ"上面的横线表明的是：将所有的构成性变项替换
为常项后所产生的"ξ"的值。为了呈示出正确的多样性，要寻找的表达
式不应该是"f(x)"而是"f($\bar{x}$)"，因为符合决定所涉及的变化的，是把
"x"替换为常项。要明确所涉及的命题变项的值，在"x"上面添加横线
就足够了。所以，除了"N(x：fx)"以外，还可以使用"N(f$\bar{x}$)"。而且，
变项的概念也可以扩展到包括一个常项，把它作为某个变项以该常项
为唯一取值的极限情形。[4] 于是，表达式"($\bar{f}$a)"明确了用常项替换"f"

① TLP 5.501.
② 例如，Fogelin 在他的"Wittgenstein's Operator N"中就是这样认为的。（1982，
　　p.125）
③ 参见 TLP 4.0411。
④ 参见 TLP 3.313。

后"fa"的全部取值。不过，"f"本身是唯一可以用于替换"fa"中"f"的常项，因此，"(f̄a)"仅仅标记了命题"fa"。所以，除了"N(fa)"之外我们还可以使用"N(f̄a)"，它指的是"～fa"的逻辑等价式（显然，在这种情况下我们还可以使用"N(fā)"）。

现在，要如何表达"N(x：N(fx))"——也就是"(x).fx"的逻辑等价式——从而凸显"fx"呢？表达式"NN(f̄x)"并不能提供什么帮助，因为它没有呈现出普遍性在两次运用中的不同范围的阶次。为了帮助说明，我首先用"N_x(---)"来表达 N 在"(ξ̄)"上的运用，其中"ξ"明确了用逻辑常项替换"(---)"中的"x"后所产生的全部的值；用"N_f(----)"表达 N 在"(ξ̄)"上的运用，其中"ξ"明确了用逻辑常项替换"(----)"中的"f"后所产生的全部的值。于是，处理"(x).fx"的一种方法就是抛弃掉横线的概念，将其表达为"$N_x N_f$(fx)"。然而，这种处理方式不符合《逻辑哲学论》认为一个逻辑常项的记号具有标点式本质的观点（前文简要地提到了这种观点）。对此观点的详细讨论出现在 TLP 5.46 诸小节中：

> 尽管这看起来不重要，但是逻辑的伪关系（pseudo-relations of logic），比如 ∨ 和 ⊃ 需要括号这一点却是重要的——不像真正的关系那样。
>
> 的确，与这些表面上看起来是初始记号的东西一起使用括号，本身就表明它们不是真正的初始记号。而且，当然没有人会相信括号具有独立的意义（meaning）。
>
> 逻辑运算的记号都是标点符号。[1]

---

[1] TLP 5.461 - 5.4611.

　　由于逻辑运算的记号与括号相互依赖并因此不是初始记号,于是它们可以被进一步地分析。[①] 一种方法是放弃括号,采用某种卢卡谢维奇式(Lukasiewicz-style)的表达。例如,"p⊃(q∨r)"可以转化为"CpAqr"(此处,对于任意"p""q""r"和"s",Cps=p⊃s,Aqr=q∨r)。但是,这并不会突出"逻辑运算的记号都是标点符号"这一事实。另一种方法是,放弃逻辑运算的记号而保留括号。如果用括号"＜　＞"和"[　]"分别表示实质蕴含和析取,那么"p⊃(q∨r)"可以被转化为"＜p[qr]＞"。这仍然没有突出"逻辑运算的记号都是标点符号"这一事实,因为不同的括号(以及其他东西)表示不同的运算。但是,假如相关的系统中只有一个基本运算的话,情况就会明显不同。为了说明这一点,我将考察比较简单的命题演算和谢费尔竖线(Sheffer's Stroke)。众所周知,相对于命题演算而言,谢费尔竖线在表达上是完备的。用"( )"来表示谢费尔竖线,例如(pq)=p | q。那么,"p⊃(q∨r)"的逻辑等价式是:

$$(((pp)((qr)(qr)))((pp)((qr)(qr))))\text{。}$$

　　由于此处的这些括号(也就是谢费尔竖线的记号)仅仅指明运用的阶次和范围,它们就呈示出了"逻辑运算的记号都是标点符号"所表达的意思。回到当前"N(x:N(fx))"的情形中来。表达式"$N_x N_f(fx)$"过多地强调了运算记号,就好像它们不仅仅是标点。这一点不符合我之前说明的维特根斯坦的精神。因此,我建议将记号"N"和括号一起抛弃掉,仅用表达式"fx"和横线来指明运用的阶次和范围。于是横线就

_____

① 参见 TLP 3.26。

是 N 唯一的记号,作为一个标点,它的出现指明了运用的阶次和范围。我分别使用"f $\bar{x}$"和"$\bar{f}$x",而非"N(f $\bar{x}$)"和"N($\bar{f}$x)"。对于"(x).fx"的逻辑等价式,我使用"$\bar{f}$x"而不是"N$_x$ N$_f$(fx)"。较低的横线表示 N 的第一次运用中的范围,较高的横线则表示 N 的第二次或者后继运用中的范围。这样,我就说明了如何以一种自然的方式来构造一个标号,从而突出普遍命题中的命题变项。事实上,我们可以轻松地扩展这种标号,以涵盖通过枚举法来明确"ξ"的情形。例如,我使用"$\overline{\overline{pqr}}$"而非"N(N(p,q),N(r))"(当然,表达式"pqr"并不表示合取,而是由"p""q"和"r"所组成的无序三元组)。于是,这种标号至少给出了下列内容:

(1) $\bar{p}$=~p.

(2) $\overline{p_1p_2\cdots p_n}$=~p$_1$. ~p$_2$···~p$_n$.

(3) $\overline{\overline{pq}}$=p∨q.

(4) $\overline{pq}$=p . q.

(5) $\bar{f}$x=(x). fx.

(6) f $\bar{x}$=(∃x).fx.

(7) $\bar{\varphi}$a=(∃φ).φa.

(8) $\overline{\overline{\varphi a\ fa}}$=(∃φ).φa⊃fa.

(9) $\overline{\bar{f}xy}$=(x).(y).fxy.

(10) $\bar{f}$xy=(∃x).(y).fxy.

上述例子足以证明,该标号可以运用于一个具有有限值域并将 N 作为其唯一基本运算的多属系统(没有同一性)所产生的所有命题。同时它们也证明了,基本运算 N 的记号可以作为一个指示了运用之阶次与范围的横线而出现在得到了彻底分析的命题中。于是，一个逻辑常项的记号具有标点式本质，因而不指称。这样就完成了对"基本思想"的第二个证明。

在填补了《逻辑哲学论》中没有的细节之后，对"基本思想"的第二个证明作为一个优雅的论证浮现在我们眼前。分析性论题是这个论证的一个前提。今天很少有人会接受分析性论题，但是，《逻辑哲学论》的作者——通过对"基本思想"的第二个证明——确实向我们展示出，从该前提出发可以实现多少目标。

六、一个逻辑常项的记号以及多样性要求

还有最后一个困难需要解决。尽管多样性要求不是第二个证明的前提，但它与第二个证明是不相容的。为了看出这一点，让我们回忆一下第二个论证所抵达的立场：唯一基本运算 N 的记号可以作为一个指示了运用之阶次与范围的横线而出现在得到了彻底分析的命题中，并且从这一点得出结论说，一个逻辑常项的记号并不指称。但是，该横线仍然是一个在得到了彻底分析的相应命题中的记号。无论我们是否相信一个横线可以指称，按照多样性要求，它都必须指称。否则的话，得到了彻底分析的相应表达式就不会与它们所表征的情形完全相同，这一点表明第二个证明与多样性要求是不相容的。显然，有两种办法可以处理这个困难。一种方法是论证说，存在着下列可能性：建立一个不包含任何逻辑常项之记号的充足符号系统。这是因为，给定多样性要求，应该被证明的显然不是逻辑常项之记号的标点式本质，而是逻辑常项之记号可以被完全消除。但是，《逻辑哲学论》没有采纳这种方法，我们也很难看出要如何做到这一点。另一种方法是对多样性要求进行

修正，将其限制为仅仅适用于基本命题的情形，也就是说，在一个得到了彻底分析的基本命题中，必定存在着与其表征的事态相同数量的可辨识部分。

显然，这个修正过的多样性要求与第二个证明是相容的，因为它根本不涉及逻辑常项的记号。当然，由于多样性要求是《逻辑哲学论》中图像论的一个推论（参见本章第二节），命题的图像论也应该被限制在基本命题的情形上。在一个非基本命题的情形中，在得到了彻底分析的相应表达式上所增加的东西就仅仅是 N 的记号，例如一个横线：它的出现仅仅指示了 N 的相应运用的阶次与范围。这种修正不会与《逻辑哲学论》的任何基本学说产生冲突。所以，为了解决不相容问题，应该采纳上述第二种方法。

因此，我的结论是，利用上述修正过的多样性要求，本章建立了对《逻辑哲学论》中"基本思想"的第二个证明的一个融贯诠释。①

---

① 感谢劳伦斯·戈德斯坦（Laurence Goldstein）和迈克尔·莫里斯（Michael Morris）对本章的评论和批评。

第八章

《逻辑哲学论》中的
变项名称和常项名称

一、导论

  《逻辑哲学论》将一个名称视作其意义(meaning)是对象的符号,而该对象就是该名称的意义。① 根据 TLP 3.01 和 3.1 中可被称为"分析性论题"的论题,一个命题可以被唯一地(uniquely)分析为一个基本命题的真值函项,而一个基本命题是名称的直接组合。② 于是,名称和逻辑常项(logical constants),或者说,逻辑的或者真值函项运算的符号③,都是命题的构成性部分。对于名称及其意义之间的相互关联[也就是命名(naming)]是如何产生(基本)命题的,TLP 4.031 - 4.0311 进行了生动的描述:

---

① TLP 3.2033.我们也许可以说,一个记号作为名称而用于符号化(symbolizes as a name),当它将一个对象指称为其意义(meaning),或者一个名称是一个与作为其意义或所指的对象相互关联的指称性符号。

② TLP 4.22 - 4.221.

③ TLP 3.31 和 5.2 诸小节,尤其是 5.2341 和 5.254。

在命题中，一个情况（situation）可以说是通过试验的方式而被构造出来的。

与其说"这个命题拥有如此这般的一个含义"，我们不如简单地说"这个命题表征如此这般的一个情况"。

一个名称代表（stands for）一个事物，另一个名称则代表另一个事物，并且它们彼此组合。通过这种方式，这整个群体——就像一幅活拟画（a tableau vivant）——呈现出一个事态。

对《逻辑哲学论》来说，名称在命题的建立中担当的角色是实质性的（essential）。与 TLP 4.0312 中著名的"基本思想"（Grundgedanke）一起，维特根斯坦提出了一个"基本性"丝毫不低于它的论题："命题的可能性建立在下列原则的基础上：对象拥有与其表征相同的记号"——在这里，记号作为名称而用于符号化[1]；或者说，命题的可能性建立在名称的可能性之上。如果这一点不是一个基本论题，它也是《逻辑哲学论》中一个非常重要的论题。该论题的意思并不是说，在一个命题表达其含义之前就有命名。但是它的确表明，一个命题必须牵涉到名称（如果这种牵涉尚未通过其命题记号而呈示，那么就要通过分析来揭示它）。更重要的是，语言和世界之间的关系是通过命题和世界之间的投射关系（projective relation）建立起来的。[2] 给定分析性论题和 TLP 4.0312 中的"基本思想"，语言和世界之间的关系就是通过命名建立起来的。于是，该论题同样蕴含着，对世界的一个完备描述必须涉及名称。但是，从表面上看，上述两个推论——从而也包括命题的可能性建立在名称的可能性之上这样一个论题——与 TLP 5.526 并不一致：

---

① TLP 3.22.

② TLP 3.12 以及 4.001。

我们可以通过完全普遍化的命题来完备地描述世界，即不需要预先地将任何名称与一个特定对象相互关联。

于是，为了到达常规的表达模式，我们仅仅需要在诸如"有且只有一个 x 以至于……"这样的表达式之后，添加诸如"并且 x 是 a"这样的语词。

世界可以被完备地描述而无须预先将任何名称与一个特定对象相互关联，这样一个宣称似乎蕴含着：存在不涉及任何名称的完全普遍化命题，并且名称在世界的一个完备描述中可有可无。如果存在着不涉及任何名称的完全普遍化命题，命题的可能性怎么会建立在名称的可能性之上？如果名称在世界的一个完备描述中是可有可无的，怎么会出现这种情况？

本章的主要目的，是对逻辑哲学论式名称给出一个新颖的诠释。我将首先论证，前面提到的表面不一致性并不真实。为了做到这一点，我将追溯记录在《1914—1916 年笔记本》(*Notebooks 1914-1916*)中的一条发展路线，被《逻辑哲学论》实质性地采纳了。这个结论相当于说，除了可以被称为常项名称的东西以外，还有作为约束变项之符号的变项名称。上述的表面不一致性是不真实的，因为在一个完全普遍化命题中仍然存在着名称（也就是变项名称），所以在世界的一个完备描述（由完全普遍化命题构成）之中，仍然存在着名称。接着我将说明，根据图像论（在这里，存在量词担当了关键角色），一个记号如何通过与一个作为其意义(meaning)的对象相互关联而用于符号化；同时，也通过这种方式来说明命题的可能性建立于名称的可能性之上这一论题。主要的论点如下：一个初始变项(primitive variable)出现于其中的命题语境，完全决定了拥有相同逻辑-语法形式（该形式由该变项所呈示）的对象范围。如果存在量词被运用于该变项，则对象范围就构成了存在量词的辖域。一个变项名称，通过在描画背景下（the background of picturing）运用存在量词，从拥有该变项（变项名称是其符号）所呈示之形式的对象范围中，挑出并指称一个非特定的对象。一个常项名称则标识了（labels）从存在量词的辖域中挑出的一个对象。通过这种方式，命题的可能性由下列原则所保证：名称（常项名称或者变项名称）都与作为其意义（meaning）的对象相互关联。

我将把自己的诠释用于拒斥两种著名的论证尝试。它们试图论证，在一个名称及其意义的关系问题上，《逻辑哲学论》并未持有实在论立场。其中一种尝试应用了 TLP 5.526，另一种则应用了 TLP 3.3 和一个补充论证。在应用了上述一种或两种尝试的著名支持者中（比如石黑英子[以下简称石黑]、布莱恩·麦吉尼斯和彼得·温奇），我将对石黑的诠释进行批评，因为她的诠释是上述两种论证尝试的结合。最后我将论证，更为合理的方式是认为，《逻辑哲学论》在语言和世界之间的关系问题上持有一种实在论立场。

二、《1914—1916 年笔记本》中关于描画的一个错误理念

为了阐明 TLP 5.526 中"世界可以通过完全普遍化的命题而被完备地描述"这样一个宣称，《1914—1916 年笔记本》中的一个想象的例子颇有帮助：

让我们假定，比如，世界是由事物 A、B 和属性 F 构成的，并且 F(A)属实而 F(B)不属实。这个世界也可以通过下列一组命题而

被描述：

（∃x，y）.（∃φ）.x≠y.φx.～φy：φu.φz.⊃_{u，z}.u＝z

（∃φ）.（ψ）.ψ＝φ

（∃x，y）.（z）.z＝x v z＝y。

此处，我们也需要与最后两个命题相同类型的命题，只是为了能够确认（identify）诸对象。①

为了简便起见，让我假设 A 和 B 是拥有相同逻辑形式的（简单）对象，F（尽管"F"不是对象的通常记号）是一个拥有另一逻辑形式的对象，并且它们都是简单对象。于是，我们可以忽略最后的两个完全普遍化命题。进一步假定，"f""a"和"b"分别是 F、A 和 B 的名称。在 FA 属实而 FB 不属实的情形中（即"fa"为真而"fb"为假），下列完全普遍化命题是对世界的一个完备描述：

（∃φ，x，y）.φx.～φy.

（注意，此处采纳了 TLP 5.53 中的约定："我用记号的同一性来表达对象的同一性，而不是用一个同一性记号。对象的不同，我用记号的不同来表达。"正如我们可以从 TLP 5.532 - 5.5321 中看到的那样，它也适用于变项。）

在 TLP 5.526 和"命题的可能性建立在名称的可能性之上"这样一个论题之间的表面不一致性（正如我将要论证的那样）并不真实。理由是，在一个完全普遍化命题，特别是"（∃φ，x）.φx.～φy"中存在着一些

① NB：14.

名称，因此，在通过完全普遍化命题得出的世界完备描述中，名称并非可有可无。考虑"(∃φ, x).φx.∼φy"这样一种情形，其中 φx 是一个命题变项，以基本命题"fa"，"fb"，…，"ga"，"gb"，…作为其取值，而"f"，"g"，…，"a"，"b"，…都是名称。这里的变项 φ 和 x 都是不可还原的，或可称为"初始变项"。[①] 我将论证，维特根斯坦会将"φ"和"x"也视作名称。它们是变项名称。[②] 在"(∃φ, x).φx.∼φy""(∃φ, x).φx"等命题中，它们指称两个不特定的对象，这些对象分别拥有 φ 和 x 呈示的形式。于是，TLP 5.526 与"命题的可能性建立在名称的可能性之上"这样一个论题之间，并非不一致。不仅如此，它对于理解逻辑哲学论式的名称概念十分关键。这里作出的主要宣称是，《逻辑哲学论》将名称分类为常项和某些约束初始变项之符号。前者可以被称作"常项名称"（尽管《逻辑哲学论》没有使用这个词），而后者（正如 TLP 3.314 中那样）则被称作"变项名称"。我的宣称得到了一些很强的文本证据的支持。不过，为了在《逻辑哲学论》中找出并理解文本证据，我们需要追溯并理解一个开始于《笔记本》的长期发展线路，其中涉及对下列内容的考察和拒斥：一种关于（通过命题来进行）描画的理念，以及这种理念建立于其上的一种命名的模型。我将从维特根斯坦在《笔记本》中遇到的一个谜题开始。

在条目 13.10.14 中已经提到了该谜题，但是直到标记日期为 15.10.14 的条目中，该谜题才得到了清楚的表述：

> 命题本应给出一个情况（situation）的逻辑模型。不过，它能做到这一点，是因为对象与该命题的元素之间有任意的相互关联。

---

① 参见 TLP 3.26。
② TLP 3.314.

现在,如果在颇为普遍化的命题(im ganz allgemeinen Satz)中不是这样,那么就很难看出它如何表征任何它自身之外的东西。①

这就是所说的谜题。在命题元素与对象之间的任意相互关联——对于命题作为情况的模型或图像而言,这种关联是本质性的——没有出现在一个完全普遍化的命题中。② 一个完全普遍化的命题,如何表征任何它自身之外的东西? 也就是说,它如何成为实在的一幅图像?

他解决该谜题的第一个尝试(从 13.10.14 开始,直到 16.10.14 为止)是这样的:否认完全普遍化的命题是真正的命题。他在标记日期为 14.10.14 的条目中陈述了对它的论证:

因为,是否存在这样一种东西:彻底普遍化了的命题③之科学(vollständig verallgemeineren Sätze)? 这听起来相当不可能。

这一点是清楚的:如果存在彻底普遍化了的**命题**,那么它们的含义就不依赖于记号的任何任意组成(arbitrary formation)! 但

---

① NB:12 - 13.

② 德语词汇"der ganz allgemeine Satz"在标记日期为 15.10.14(NB:12 - 13)的条目中,被翻译为了"一个颇为普遍化的命题"(a quite general proposition)。在标记日期为 17.10.14(NB:14)的条目中,该词汇也被翻译为"一个彻底普遍化的命题"(a completely general proposition),而该条目的部分内容为 TLP 5.526 做了预先准备。不过,德语词汇"der vollkommen verallgemeineinerte Satz"在 TLP 5.526 中被用到,也在标记日期为 14.10.14(NB:11 - 12)的条目中被用到,后者会在本章正文中引用。该词汇被 Pears 和 McGuinness 翻译为"一个完全普遍化的命题"(a fully generalized proposition)。不可否认的是,在这两个词汇之间有一些细微的差别,尽管这些差别不是实质性的。无论如何,为了方便起见,我将把这个词汇翻译为"一个完全普遍化的命题",尽管它在上述两个情形中不是十分准确。

③ 参见上注。

是，这样的话，记号的这种联系就只能通过它自身的逻辑属性才得
以表征世界，即它不能为假也不能为真。所以不存在彻底普遍化
了的**命题**……①

　　如果完全普遍化命题并非真正的命题，那么它们只能是逻辑的。
对他来说，这一点就意味着：它们要么是重言的，要么是矛盾的。但是
他很快就意识到，它们很有可能既不是重言的也不是矛盾的。他首先
注意到，在"$(\exists\phi).(\exists x).\phi(x)$"和"$(\exists\phi).(\exists x).\sim\phi(x)$"之间，很难确
定它们中的哪一个是重言的②，而且"看上去，我用于呈示'$(\exists\phi,x).\phi$
(x)'不能为假的完全相同的基础，也将会是呈示'$\sim(\exists\phi,x).\phi(x)$'不
能为假的论证"③。接下来，更具决定性的是，他发现"$(\exists\phi)(x).\phi(x)$"
"从表面上看几乎可以确定，它既不是一个重言式也不是一个矛盾
式"。④

　　在这之后，他很快就发现了支持它们实际上是真正命题的正面证
据。在日期为 17.10.14 的条目中，他写道：

　　　　但是，通过彻底普遍化的命题（ganz allegemeinen Sätzen）⑤来
　　彻底地描述世界，是否不可能？（困难突然出现在所有方面）
　　　　是的，世界可以通过彻底普遍化的命题而被彻底地描述，并因
　　此无须使用任何名称或者其他指称性记号。而且，为了到达日常
　　语言，我们只需要引入名称等等，方式是在一个"$(\exists x)$"之后说"并

①　NB：11-12.
②　见标记日期为 13.10.14 的条目；NB：11。
③　标记日期为 16.10.14 的条目；NB：13。
④　Ibid.
⑤　见上一页脚注②。

且这个 x 是 A",如此这般。

于是,为世界设计一幅图像而无须说出何者是何者之表征,是可能的。

让我们假定,比如,世界是由事物 A、B 和属性 F 构成的,并且 F(A)属实而 F(B)不属实。这个世界也可以通过下列一组命题而被描述:

$(\exists x, y).(\exists\phi).x\neq y.\phi x.\sim\phi y:\phi u.\phi z.\supset_{u, z}.u=z$

$(\exists\phi).(\psi).\psi=\phi$

$(\exists x, y).(z).z=x \vee z=y。$

此处,我们也需要与最后两个命题相同类型的命题,只是为了能够确认(identify)诸对象。

当然,从上述所有内容可以得到,**存在着彻底普遍化的命题!**[①]

这一段落为 TLP 5.526 做了准备,后文将讨论二者之间的一个显著区别。当前我们应该注意的是,在上述段落中,维特根斯坦不仅宣称完全普遍化的命题是真正的命题,他还说明了**在名称或其他指称性记号被引入之前,或者在没有使用任何名称或其他指称性记号的情况下**,世界如何可以被完全普遍化的命题完备地描述。对他而言,后一种情况还蕴含着,在那些完全普遍化命题中不存在名称。在接下来的一天,即 18.10.14,他承认道:

……我的错误显然在于,对通过命题而进行的逻辑图像

---

① NB:1.

(Abbildung,portrayal)有一个错误的观念。①

他并不是在说,通过命题来进行逻辑描画②(Abbildung)这样一个观念是错误的,而是在说,他曾对之持有的那个观念是错误的。这个错误的观念是什么呢? 要注意到,一方面,在否认一个完全普遍化命题是真正的命题这件事情上的失败,促使他认为:在完全普遍化的命题中,命题元素与对象之间的任意相互关联确实会出现。另一方面,他并不认为完全普遍化的命题包含任何名称或者任何指称性记号。所以,下列内容才是关于"通过命题来进行逻辑描画"的错误观念:对于命题作为实在的图像而言具有本质性的、在命题元素与对象之间的任意相互关联,不能存在于变项或者变项之符号与对象之间。那么,正确的观念又是什么呢?

为了回答这个问题,考虑他在经历了将近两周的挣扎后,于标记日期为 3.11.14 的条目中得出的下列结论:

> 记号与被标记物(thing signified)之间的任意相互关联——它是命题之可能性的一个条件,并且是我发现在彻底普遍化的命题中缺少了的东西——通过普遍性标号(generality notation)而出现在那里,就像它通过名称而出现在基本命题中那样(因为普遍性标号并不属于图像)。因此有这样一种持续的感觉:普遍性就像一个自变项(argument)那样出现。③

---

① NB:1.
② 我更愿意将"Abbildung"翻译为"描画"或"描摹"(picturing or depicting),而非"图像"(portrayal)。
③ NB:25.

　　维特根斯坦的想法是,命题元素与对象之间的任意相互关联,通过普遍性标号而出现在一个完全普遍化的命题中。显然,这一点可能意味着,要么普遍性标号自身就指称,譬如说一个逻辑对象;要么,约束变项或者约束变项之符号通过普遍性标号在完全普遍化的命题中指称事物。但是他明确地说,普遍性标号不属于图像。所以普遍性标号本身并不指称。看上去很明显,他的意思是后者。而且,基于一些后文将要说明的理由,被他视作在一个完全普遍化的命题中进行指称的东西,是约束变项之符号,而非约束变项。因此,对于逻辑描画的正确观念如下:在命题元素与对象之间的任意相互关联,也可以在约束变项之符号与对象之间建立起来,而且更重要的是,普遍性标号在其中担当了实质性的角色。

　　维特根斯坦再也没有采纳那个错误的观念。在《逻辑哲学论》中,他保持了《笔记本》中发展出来的正确观念的实质内容,但是通过不同的术语将它包裹起来。为了明白后者,考虑 TLP 5.526——它值得被再次写下:

　　　　我们可以通过完全普遍化的命题(vollkommen verallgemeinerte Sätze)①来完备地描述世界,即,不需要预先地将任何名称与一个特定的对象相互关联起来。

　　　　于是,为了到达常规的表达模式,我们仅仅需要在诸如“有且只有一个 x,以至于……”这样的表达式之后,添加诸如“并且 x 是 a”这样的语词。

　　在 TLP 5.526 和《笔记本》中标记日期为 17.10.14 的预备性段落

---

① NB: 25.

（前文已引用）之间，存在着一个有趣的差别。我们可以通过两种方式看出这一点。第一，根据前述《笔记本》中的条目，通过完全普遍化命题，世界可以得到完备的描述而"无须使用任何名称或者其他指称性记号"，而根据 TLP 5.526 则是"不需要预先地将任何名称与一个特定的对象相互关联起来"。与《笔记本》的条目不同，TLP 5.526 显然允许这样一种可能性：在完全普遍化的命题中存在名称，即便那些名称只能与不特定的对象联系在一起——这就与"特定的对象"形成了对照。第二，《笔记本》中的条目说，为了到达日常语言我们只需要"引入名称"，而 TLP 5.526 则说"……我们仅仅需要在诸如'有且只有一个 x，以至于……'这样的表达式之后，添加诸如'并且 x 是 a'这样的语词"。再一次地，《笔记本》中的条目不允许完全普遍化的命题中包含名称，而 TLP 5.526 则允许。我相信，这里的区别主要是术语层面的，而非实质性的。在《笔记本》中，即便维特根斯坦已经承认完全普遍化的命题中变项之符号与对象是相互关联的，他仍然没有将那些符号称为"名称"。在那里名称只能是常项。但在《逻辑哲学论》中，一些名称是约束初始变项之符号。现在，我将提供来自《逻辑哲学论》的文本证据以支持下列宣称：有一些名称是约束初始变项之符号，并且，在完全普遍化的命题中与对象相互关联的东西不是变项，而是变项的符号。

三、关于变项名称的逻辑哲学论式观念

"变项名称"这样一个说法仅出现在 TLP 3.314 和 TLP 4.1272 中。但是，与其他一些条目（尤其是 TLP 5.5261）一起，这些内容足以显示出：《逻辑哲学论》认为，存在着作为约束初始变项之符号的名称。在开始之前，让我首先说明——如《逻辑哲学论》所认为的那样——存在

于约束变项和约束变项之符号之间的区别,以及它们所发挥的功能之间的区别。

首先,一个符号或表达式是一个命题的部分,该部分对于这个命题的含义而言是实质性的(essential)。[①] 或者,我们可以简单地说,它是一个实质性的命题部分。符号包括名称[②]和命题。[③] 一个符号"通过它所刻画的命题的普遍形式而呈现"[④],或者,通过一个命题变项而呈现,该命题变项的取值为该符号出现于其中的诸命题。[⑤] 一个命题变项表征一个形式,并以诸命题作为其取值。例如,固定在"(∃x).fx"中的是这样一个命题变项:其取值是基本命题"fa""fb"等等,并且该变项还表征了"fa""fb"等等的普遍形式。当然,也可以说,在"(∃x).fx"中的 x 是一个(约束)变项,其取值是名称"a""b"等等;我们可以从 TLP 4.127 中发现,维特根斯坦确实会这么说:

命题变项标记了(bezeichnet;signifies)形式概念(formal concept),并且其取值标记了归于该概念之下的诸对象。

由于标记了对象的东西就是名称[⑥],TLP 4.127 表明:以名称作为其取值的命题变项是可以存在的。例如,在"(∃x).fx"中的 x 会被视作一个命题变项,或者简单地说,一个变项。这样一来,一个命题变项的

---

① TLP 3.31.
② 一个名称是符号,因为它是一个命题的合适的实质性构成部分(TLP 4.0312 和 4.22)。该名称通过作为一个对象的表征而对该命题的含义有所贡献,并因此刻画了该命题的含义(TLP 3.203 和 3.221)。
③ TLP 3.31.
④ TLP 3.312.
⑤ TLP 3.313.
⑥ TLP 3.203.

取值可以是命题或名称，或者一般而言，可以是符号。TLP 4.127 还说道，一个命题变项标记了一个形式概念。维特根斯坦在 TLP 4.126 中解释说，一个形式属性（formal property）是形式概念的特征之一，并且，一个形式属性的表达式是某些符号的特点。还是在 TLP 4.126 中，他说道：

> ……当某些东西被归于一个形式概念之下而作为其对象时，这一点不能通过一个命题来表达。它由该对象的记号所呈示。（一个名称呈示出［zeigt］它标记了一个对象，一个数的记号呈示出它标记了一个数，等等）。

这表明，在下一个条目（也就是 TLP 4.127）出现的颇为随意的词汇"标记"，其第一次出现时的意思是"呈示"（zeigen），第二次出现时的意思是"指称"（bedeuten）。换言之，TLP 4.127 说的是：命题变项呈示出形式概念，其取值指称的则是归于该概念之下的对象。在紧随其后的下一个条目里，维特根斯坦补充道：

> 每一个变项都是一个形式概念的记号。
> 因为，每一个变项都表征了其全部取值所具有的一个不变形式（constant form），而这一点可以被视作这些取值的一个形式属性。[①]

除了呈示一个形式概念之外，我们还可以认为，一个变项呈示出一个形式——其取值的普遍形式。于是，TLP 4.127 所说的内容可以

---

① TLP 4.1271.

被表述如下：一个变项呈示一个形式或者一个形式概念，并且其取值
所指称的是具有该形式的诸对象，或者那些归于该概念之下的诸
对象。

我接下来转向《逻辑哲学论》中的变项名称这一概念。在一个命
题，比如"(∃φ，x).φx"中，x 是一个约束初始变项（φ 也一样），并且"x"
是该变项的符号（"φ"也一样）。《逻辑哲学论》将一个变项的符号称为
一个"变项名称"。例如，他在 TLP 4.1272（下文中我们将对之进一步
地考察）中说"变项名称'x'……"（有趣的是，在 TLP 4.24 中，维特根斯
坦使用单个字母"x""y"和"z"，即，他使用了通常用作变项符号的东西
来表示名称）。当然，这里的关键问题是，变项名称在语言中具有什么
功能。为了看出其功能，要注意 TLP 3.3 中可被称作"语境原则"（the
context principle）的内容［TLP 3.3 中说"只有命题拥有含义；只有在命
题的联结中，名称才具有意义（meaning）"］也可以适用于变项名称。我
们可以在 TLP 3.314 中看到：

> 一个表达式只有在命题中才有意义（meaning）。所有的变项
> 都可以被建构为命题变项。
>
> （即便是变项名称）。

（注意：括号中评论针对的是第一个句子而不是第二个。）因此，诸
如"x"这样的一个变项名称只有在命题中才有意义（meaning），比如在
"(∃φ，x).φx"中。一个变项名称的意义（meaning）可以是什么呢？它
只能是由相关变项呈示其形式的一个未指明的对象（unspecified
object）。例如，在"(∃φ，x).φx"中的"φ"和"x"是两个未指明的对象的
变项名称，这些对象的形式分别由命题中的 φ 和 x 呈示。这一点得到

了下列关键条目的进一步支持：

> 一个完全普遍化命题，就像每一个其他的命题那样，是复合的（composite）。（这一点由下列事实所表明：在"(∃x，φ).φx"中我们必须分别地提到"φ"和"x"。它们都与世界之间具有独立的标记关系（signifying relations），就像在一个非普遍化的命题中那样。）……①

维特根斯坦在这里明确地说，"(∃φ，x).φx"中的变项名称"φ"和"x"就像常项名称那样，与世界之间具有标记关系。这一点要成为可能，仅当变项名称指称对象。所以，对《逻辑哲学论》而言，一个变项名称指称一个未指明的对象，该对象具有特定形式或者归于特定形式概念之下，而该形式或者形式概念由变项（该变项名称是这个变项的符号）所呈示。还需要说明的，是另一个出现了"变项名称"这一说法的条目 TLP 4.1272，或者不如说，需要说明该条目的下列部分：

> 因此，变项名称"x"是**对象**这一伪概念（pseudo-concept）的恰当符号。
> 在"对象"这个词["事物（thing）"，等等]被正确使用的无论什么地方，它都被一个变项名称以概念标号（conceptual notation）所表达。
> 例如，在命题"有……的两个对象"中，它通过"(∃x，y)……"

---

① TLP 5.5261.

而被表达……

　　同样的道理适用于"复合体（complex）""事实""函项""数"等等这些词。

　　它们都标记形式概念，并由变项在概念标号中表征……

当"对象"这个词被恰当地使用时，比如说在"有……的两个对象"中，其使用方式必须能被诸如"（∃x, y）…"中的"x"和"y"那样的变项名称所表达。在"（∃x, y）…"中的变项 x，标记或者呈示一个形式概念或者一个形式，就像在"有……的两个对象"中"对象"这个词那样——或者不如说，就像其中的命题语境"……"那样。不过，在"（∃x, y）…"中的变项名"x"的作用，是对象这一伪概念的符号。很难看出维特根斯坦在这里的意思是什么。我认为，应该对之作如下的理解：在"（∃x, y）…"中的变项名"x"以某种方式标记了对象这一伪概念（即并非一个真正的概念），并且，只有当"x"指称一个未指明的对象时，这一点才成为可能。换言之，变项名称是对象这一伪概念的恰当符号，因为它们指称了未指明的对象，并因此标记了在诸对象间相同的（或者可以说不变的）东西。

　　现在，已经证明了《逻辑哲学论》将名称分为常项名称和变项名称，并且认为一个变项名称指称一个未指明的对象，并且该对象的形式或者该对象归于其下的形式概念，由该变项名称作为其符号的初始变项所呈示。这一点同时证明：根据《逻辑哲学论》，在每一个完全普遍化的命题中都存在变项名称，因此，任何一个通过完全普遍化的命题来对世界所作的完备描述都要涉及名称。所以，"命题的可能性建立在名称的可能性之上"这样一个论题与 TLP 5.526 之间并非不相容。

四、《逻辑哲学论》的语境原则以及不同不可区分物的可能性

现在的问题是，根据《逻辑哲学论》，一个名称（不管它是常项名称还是变项名称）是如何与一个作为其意义（meaning）的对象相关联的。这就导向了对《逻辑哲学论》中名称概念的考察。之前提到，根据那个从《笔记本》中发展而来、随后被《逻辑哲学论》实质性赞同的关于描画的正确观念，不仅对象可以被变项之符号所指称，而且普遍性标号在描画中也担当了核心角色。关于后者，我将在下文论证：对《逻辑哲学论》来说，真正担当了核心角色的是存在量词。这样一来，问题就是：**在描画背景之下，一个名称如何可以通过运用存在量词而去指称一个对象？** 这个问题的答案可以在以下地方找到：TLP 3.3 中的内容（或可称作"逻辑哲学论式语境原则"）、TLP 5.50312 中关于不同不可区分物之可能性的论题，以及命题的图像理论。

根据图像理论，一个命题就是一幅实在的图像。[①] 因此，仅当存在描画的时候才会存在命名。所以，尽管维特根斯坦说命题的可能性建立在命名的可能性之上[②]，命名仍然独立于描画；而且，我们无法在没有首先理解图像论（尤其是 TLP 2.1 - 2.225）的基础上，去理解他关于命名的观点。对于《逻辑哲学论》而言，当一个事实的构成性元素以某种方式与诸对象相互关联时，一个事实就会成为一幅图像：

> 这就是图像如何与实在相联系的；它伸展到实在。

---

① TLP 4.01.
② TLP 4.0312.

　　图像就像一把放在实在上的尺子。

　　只有分度线的末端才接触到所要测量的对象。

　　因此,这样来看的话,一幅图像也包括了使其成为图像的图像
关系。

　　图像关系由图像的成分和事物之间的相互关联所构成。

　　这种相互关联是图像成分的触角,图像通过它们触及实在。①

　　这里关于"尺子"和"分度线"的谈论,是为了强调下列由事实之形
式呈现出来的限制(而对象与元素的相互关联必须满足这一限制):

　　只有那些与一个图像的构成性元素拥有相同形式的诸对象,才可
以与该元素相互关联。

　　这个限制由构成性元素的形式所给出,而这些形式构成了图像之
形式。这个限制保证的是,元素-对象的相互关联决定了一个与图像具
有相同形式的事态,并因此保证了下列可能性:一幅图像呈现出一个
具有相同形式的事态之存在。在命题的特例里,该限制可以被表述
如下:

　　[∗]只有那些与在命题语境里的一个名称拥有相同形式的
　　对象,才可以作为该名称的意义(meaning)而与之相互关联。

　　根据本章开头就已经引用过的 TLP 4.031 – 4.0311,一个命题之具
有含义,等价于它对一个情况的表征。

　　逻辑哲学论式语境原则说:"只有命题拥有含义;只有在命题的

_____

① TLP 2.1511 – 2.1515.

联结中，名称才具有意义（meaning）。"①一个名称出现于其中的命题语境，必须在该名称之有意义上担当一个角色。它可以是一个名称出现于其中的任何命题语境，而这一点就意味着，一个名称的逻辑-语法形式必须在该名称之有意义上担当一个角色，即在该名称之指称一个对象这件事情上担当角色。② 因为，根据［＊］，一个命题只能表征拥有相同形式的一个含义或者一个可能情况（possible situation），只有与名称拥有相同形式的诸对象可以作为该名称的意义（meaning）与之相互关联。名称的形式完全决定了其意义的形式。不过，一个名称的形式不能完全决定其意义。这一点得到了 TLP 5.5032 的支持：

> 罗素对"＝"的定义是不充足的（inadequate），因为根据这个定义，我们不能说两个对象拥有完全相同的属性。（即便这个命题总是不正确的，它毕竟还是有**含义**。）

为了看出这一点，要注意属性可以被区分为内部属性和外部属性。"一个属性是内部的，当其对象没有这个属性是不可思的（unthinkable）"③，以及，根据假设，一个外部属性就是其对象可以具有的属性。从这一点可以得到：第一，鉴于可思考的就是可说出的④，并且反之亦然，一个对象具有另一对象没有的内部属性当且仅当，用其中之一的名称替换另一个的名称会将一个命题转化为无含义的句子。显

---

① TLP 3.3.
② TLP 2.014 - 2.0141 和 3.3 - 3.328；尤其是 TLP 2.0141、3.312 和 3.326 - 3.327。
③ TLP 4.123.
④ TLP 3 - 3.02 和 4。

然,两个对象具有相同的内部属性,当且仅当它们拥有相同的形式。第二,一个对象具有另一对象没有的外部属性,当使用其中之一的名称替换另一个的名称时,会将一个命题转化为具有不同真值的命题。TLP 5.5032 想说的是,两个不同的对象可能具有完全相同的属性,不论是内部的还是外部的。换言之,TLP 5.5032 接受了不同不可区分物(different indiscernibles)的可能性。为了证明这一点,TLP 5.50312 诉诸一个可以被表述为"$(\exists x, y).(\phi).\phi x \equiv \phi y$"的命题(注意,此处采纳了 TLP 5.53 中的约定)。这显然是一个有含义的命题。所以,虽然事实上也许没有具有相同属性的不同对象,但是逻辑上的可能性仍然存在。当然,从可能存在具有相同属性的不同对象这一事实可以得到,可能存在具有相同内部属性的不同对象,因此这些对象具有相同的形式。于是,存在拥有相同形式的不同对象的可能性,保证了一个名称的形式只能决定其意义(meaning)的形式,而不能决定其意义。一个名称的形式和相关命题语境,对于决定该名称所指称的对象而言都是不充分的。据此可以得出两个结论。第一,一个名称的意义并非完全由该名称出现于其中的命题语境所决定,因此,对象不能是内涵式的(intensional)。[1] 第二,在一个命题语境中的名称之形式,整理出(sorts out)具有相同形式的对象,以至于任意一个这些被整理出的对象,都可以作为该名称的意义而与之相互关联。于是,一个名称与其意义之间的相互关联,不能完全由该名称的形式所决定。可以说,在命名这种相互关联(naming correlation)中,必须涉及一个"挑选"运算。正是在这个地方,存在量词担当起了它在命名和描画中的关键角色——并且事实上是构成性的角色。

---

[1] David Pears 使用 TLP 5.50312(或者说,使用不同不可区分物的可能性论题)来对抗 Hide Ishiguro 和 Brain McGuinness 的主张:逻辑哲学论式对象完全由其名称出现于其中的命题语境所决定。具体细节,请参见上一节中的讨论。

五、名称、存在量词以及图像理论

对于命名、常项名称或变项名称，并因此对于描画，存在量词以何种方式成为实质性的？为了让一个对象作为名称之意义（meaning）而与该名称发生相互关联，该对象必须满足限制［＊］，即必须与之拥有相同的形式。极为重要的是，［＊］是命名必须满足的唯一限制。正如已经指出的那样，逻辑哲学论式的语境原则和不同不可区分物的可能性论题证明，意义（meaning）不能完全被相关命题语境所决定。而且，这个主张有直接的文本证据：

> 当我们将命题的一个构成性部分转化为一个变项时，存在着一类命题，它们全都是由此产生的变项命题（variable proposition）的值。一般而言，这个类也依赖于原命题的部分的意义（meaning），而这些意义是由我们任意的约定所赋予的。但是，如果将其中那些意义**被任意地决定了**的记号全部转化为变项，我们仍将获得一个同样的类。不过，这个类不依赖于任何约定，而是仅仅依赖于该命题的本性。它与一个逻辑形式，即一个逻辑原型相符合。①

在这里，记号的意义被说成是"被任意地决定了的"。当然，这里的观点并不是说，一个名称可以不受任何限制地与任意对象发生相互关联，因为此处还强调了命题的形式。这里的观点是说，给定了这样一个限制：只有与在命题语境中的名称拥有相同形式的对象才能作为该名

---

① TLP 3.315. 加粗来本书作者。

称的意义而与之相互关联，一个名称可以指称任何拥有该形式的对象。我们可以说，在一个命题语境中的名称的形式，整理出具有该形式的对象作为备选项，而命名不过是任意地将名称与一个备选的对象关联起来。

因此，一个命题之表达含义，或者一个命题之描画，由这种对对象的任意挑选而构成：从该命题的构成性名称的形式所整理出的那些对象中进行挑选，使得命题之形式得到了例示。从这一点可以得出一个推论：命名（因此还有描画）涉及了存在量词的运用！更准确地说，命名涉及了运用存在量词从那些由名称之形式所整理出来的对象中挑选一个，并将其作为相关名称的意义。于是，逻辑哲学论式的命名观如下：通过在描画的背景下运用存在量词，一个名称挑出并指称一个对象，该对象属于那些由相关命题语境呈示出其形式的对象。注意，相关的命题语境可以被表达为一个命题变项，该变项决定了具有相关形式的对象的范围，或者决定了归于相关形式概念下的对象的范围。在这种情况下，一个初始变项呈示出一个形式，并决定了具有该形式的对象的范围。对象的这个范围构成了存在量词的一个论域。于是，命名也可以被视作对存在量词在一个命题变项上的运用，以至于名称任意地与作为其意义的对象相互关联，而这些对象的形式由该命题变项中的相关变项所呈示。接下来我将详细地说明，在《逻辑哲学论》看来命名的本质是什么，以及存在量词在命名与描画中的位置。[①]

六、变项命名

有两种方式可以将名称与作为其意义的对象关联起来。一种方式

---

① 一些成果已经由 Cheung(2006)所报告。

是，将某命题语境中的一个初始变项的符号与一个对象相关联，其中该符号就是一个变项名称。这种方式可被称作"变项命名"（variable-naming），而该符号就是一个变项名称。另一种方式是，将命题的一个构成性常项与对象相关联，其中该常项就是一个常项名称。这种方式可被称作"常项命名"。两种方式都涉及存在量词的运用。现在，让我详细地说明逻辑哲学论式的名称观点，我将首先考虑变项命名。

《逻辑哲学论》在 TLP 5.5261 中明确地说（引见前文），在完全普遍化的命题"(∃φ，x).φx"中，变项名称"φ"和"x"与世界之间有标记关系，就像在非普遍化的命题中那样（为了简便起见，我们或许可以在此处假设：变项名称"φ"和"x"拥有不同的形式，因而指称不同的对象）。变项命名不止在完全普遍化的命题中出现。如果"(∃φ，x).φx"中的"x"是一个变项名称，那么"(∃x).fx"中的"x"也是。一个变项名称如何指称对象呢？正如之前提到的那样，普遍性标号——或者不如说，存在量词——必定在这里担当了一个实质性的角色。根据《笔记本》中发展而来的关于描画的正确观念，存在量词在这种情况下并不属于图像。这是如何可能的？我认为，唯一的可能性就是：*存在量词并非将命题约束在一起，而是内在于相关命题与世界之间的标记关系*。这一点实际上符合关于命名的一般观点，这种观点从前文讨论过的图像理论中产生。也就是说，命名是存在量词在一个命题变项上的运用，以至于对象作为名称的意义而与名称相关联，这些对象属于那些分别由命题变项中的相应变项呈示了形式的对象。通过考虑"(∃φ，x).φx"，让我针对变项命名来对此进行说明。首先，要注意"(∃φ，x).φx"中的 φx 是一个命题变项，它呈示出一个形式。在 φx 中的变项 φ 和 x 分别呈示出两个形式。它们中的每一个，都决定了拥有其所呈示之形式的对象的范围。根据图像论，一个命题是一幅图像，该图像断定了一个事态的存

在,方式是通过任意地将其中的名称与对象相关联——这些对象都是
被它的形式所分别决定的对象——从而例示其形式。在当前的情形
中,存在量词被运用于命题变项 φx 之上,以至于变项名称"φ"和"x"与
未指明的对象相互关联,这些对象属于分别被 φx 中的 φ 和 x 所呈示之
形式而决定了的那些对象。这就例示了通过 φx 而呈示出来的形式,断
定了一个拥有相同形式的事态的存在(尽管未指明是哪一个事态,但这
一点并不相关),并且产生了作为结果的命题"(∃φ, x).φx"。在
"(∃φ, x).φx"中的存在量词,分别符号化了"φ""x",以及它们的意义
(meaning)之间的变项命名关系。在那些拥有 φ 和 x 所呈示之形式的
对象中,哪些与"φ"和"x"分别关联,在此处是不相关的。重要的是,作
为存在量词之运用的结果,这些对象中的某一个与"φ"相关联,某一个
与"x"相关联。对于通过"(∃φ, x).φx"中的"φ"和"x"来进行的变项命
名来说,具有实质性的东西通过"(∃φ, x).φx"这样一个形式化而得到
了凸显。这一点说明,通过在描画背景下运用存在量词,一个变项名称
挑出并指称一个未指明的对象,该对象来自拥有变项(该变项名称是其
符号)所呈示之形式的那些对象。

　　这里必须对变项命名作出两个评论,尤其是在本章给出的诠释与
其他诠释相当不同的情况下(事实上,评论者们似乎没有注意到:除了
常项名称之外,变项名称也是逻辑哲学论式的名称,他们也没有注意到
存在量词在命名中担当的实质性角色①)。第一个评论关于《逻辑哲学
论》所认为的、存在量词在命名中具有的地位。在诸如"(∃φ, x).φx"
这样的完全普遍化的命题中,通过存在量词,有两个对象与变项名称
"φ"和"x"分别关联。但是,诸如"(φ).(x).φx"这样的完全普遍化的命

_____

① 在我所知的范围内,没有发现评论者注意到了这两点。

题又如何？有多少对象与之相关联，或者说，被它所提及？从《逻辑哲学论》中得到的答案是"两个"。理由是，"(φ).(x).φx"等价于"～(∃φ, x).～φx"，因而有两个对象通过存在量词分别与"φ"和"x"相关联。因此，尽管在《笔记本》中，维特根斯坦使用了"普遍化标号"而不是"存在量词"这样的说法，但是 TLP 5.47、5.5261 等条目还是表明，至少在《逻辑哲学论》中，他把存在量词之运用视作将一个名称与其意义联系起来的东西（同样的考虑显然也适用于常项名称）。与全称量词相比，存在量词拥有一种相当不同的特殊地位。这也许是为什么维特根斯坦"把所有这个概念与真值函项分开"的一个理由。①

第二个评论是，《逻辑哲学论》会认为，诸如"(∃φ, x).φx"这样的一些完全普遍化的命题是基本命题。为了看出这一点，要注意"(∃φ, x).φx"中的变项命名通过例示 φx 呈示出的形式，导致了对一个事态存在的断定。究竟断定了哪一个拥有 φx 所呈示之形式的事态的存在，在此是无关的。在"(∃φ, x).φx"中的存在量词符号化了变项命名关系，并因此符号化了相关的图像关系或描画关系。② 在这个情形中的存在量词并非将命题约束在一起，而是属于变项名称和世界之间的标记关系。因此，"(∃φ, x).φx"这个完全普遍化的命题仅仅是变项名称的串联（concatenation），并且断定了一个事态的存在。《逻辑哲学论》将一个基本命题视作最简单的命题，它断定一个事态的存在③，而且是一个名称的串联。④ 无论《逻辑哲学论》想对基本命题作出何种定义，清楚的是，一些诸如"(∃φ, x).φx"这样的完全普遍化的命题是基本命题。（"[∃φ, x].φx"这个符号似乎不是名称的串

---

① TLP 5.521.
② TLP 2.1513 - 2.1514.
③ TLP 4.21.
④ TLP 4.22.

联,因为其中仍然包含存在量词记号,并且每一个变项名称的记号都出现了两次。但是这一点不会影响它成为一个基本命题。根据 TLP 4.0312 中著名的"基本思想",一个逻辑常项并不指称,因此并不需要一个相关逻辑运算的记号。在一个充足的形式系统中,存在量词不需要任何记号——也许除了括号。[①] 当命题"[∃ϕ, x].ϕx"在这样的一个形式系统中得到表达时,它会将自己呈示为名称的一个串联,并因此成为一个基本命题。)通过类似的论证方法,我们很容易就能看出,一些诸如"(∃x).fx"这样的、既有常项名称又有变项名称的命题也是基本命题。

七、常项命名

我现在转向《逻辑哲学论》中的常项命名观点。让"fa"作为一个基本命题,其中"f"和"a"都是常项名称。根据图像论,"fa"是一幅通过例示其形式而断定了一个事态存在的图像,例示的方式是:任意地将"f"和"a"分别与对象相关联,这些对象来自被"fa"所呈示之形式决定了的那些对象。为了看出存在量词在常项命名中的地位,考虑 ϕx 这样一个命题变项,该变项是通过将"fa"中的常项转换为变项而获得的,并且它呈示出"fa"的形式。于是,通过"fa"中的"f"和"a"而进行的常项命名,可以被视作将存在量词运用于 ϕx 之上,以至于"f"和"a"任意地与作为它们意义(meaning)的对象相关联,这些对象来自分别被 ϕx 中的 ϕ 和 x 所呈示之形式决定了的那些对象。可以通过"(∃ϕ, x).ϕx.ϕ=f.x=a"——该表达式是"fa"的等价的形式——来凸显这里涉及的关键。当然,如果仅仅聚焦于通过"fa"中的"a"来进行的常项命名,它可以在"(∃x).fx.x=a"这个

---

① 对"基本思想"的一个讨论及其他相关问题,请参见 Cheung(1999)。

形式化中得到凸显。此处,存在量词和同一记号的在场呈示出了常项命名的本质。至少有两处文本证据(即 TLP 5.441 和 5.47)可以支持我对常项命名的诠释。TLP 5.441 和 5.47 明确地说,"fa"所说的东西与"(∃x).fx.x=a"相同。它们也谈到了一些更重要的东西。TLP 5.441 认为,对命题中表现逻辑常项(apparent logical constants)的消除,同样出现在"'(∃x).fx.x=a'这个情形中,而这个命题所说的东西与'fa'相同"。不过,从这一点并不能得出结论说"fa"没有涉及那些由逻辑常项符号化的逻辑运算。的确,维特根斯坦在 TLP 5.47 中说:

> ……一个基本命题其实包含了所有逻辑运算。因为"fa"所说的东西与"(∃x).fx.x=a"相同。在具有复合性的无论什么地方,自变项和函项都在场,而我们就已经有了所有逻辑常项……

因此,尽管"(∃x).fx.x=a"中的存在量词记号是可消除的(因为该命题可以被形式化为"fa"),存在量词——作为其记号所符号化的逻辑运算——仍然包含在"fa"中。为什么会这样呢? 我认为,唯一的解释就是,存在量词并非将命题约束在一起,而是内在于描画之中,并因此内在于语言和世界之间的常项命名关系之中。这一点解释了一个常项名称如何通过运用存在量词去挑出并指称一个对象,该对象是那些形式被相关命题语境所呈示了的诸对象之一。

对《逻辑哲学论》中常项命名的理解,在不了解下列观点的情况下,将是不完整的:常项命名就是对未指明对象的标识(labeling),这些对象被存在量词挑出,并来自那些形式被相关的命题语境所决定的对象,或者——用一种更简单的方式来说——来自存在量词的论域。为了看出这一点,再次考虑 TLP 5.526 并使用《笔记本》中设想的例子,于是

"$(\exists\phi,x,y).\phi x.\sim\phi y$"就是对世界的一个完备描述。TLP 5.526 说:
"为了到达常规的表达模式,我们仅仅需要在诸如'有且只有一个 x,以
至于……'这样的表达式之后,添加诸如'并且 x 是 a'这样的语词。"于
是,"$(\exists\phi,x,y).\phi x.\sim\phi y.\phi=f.x=a.y=b$"就是在"常规的表达模式"
中,对世界的一个完备描述的表达。不过,"$(\exists\phi,x,y).\phi x.\sim\phi y.\phi=$
$f.x=a.y=b$"等价于"$fa.\sim fb$"。①"$(\exists\phi,x,y).\phi x.\sim\phi y$"和"$fa.\sim fb$"之
间的区别,由在前者中引入常项名称而构成。而且,根据《逻辑哲学论》
的观点,有两种不同的方式对世界进行完备描述。一种方式是"给出所
有基本命题,并加上它们中的哪一些为真,哪一些为假"②,另一种方式
则是像 TLP 5.526 所说的那样,通过完全普遍化的命题方式来进行。
因此,"$(\exists\phi,x,y).\phi x.\sim\phi y$"和"$fa.\sim fb$"都是对世界的完备描述(注
意,"$fa.\sim fb$"已经给出了所有基本命题,并指出了哪一个为真,哪一个
为假)。所以,在"$(\exists\phi,x,y).\phi x.\sim\phi y$"中引入常项名称"f""a"和
"b"——从而产生了"$fa.\sim fb$"——并没有在世界的完备描述上增加任
何东西。常项名称"f""a"和"b",并不指称任何没有被"$(\exists\phi,x,y).$
$\phi x.\sim\phi y$"中的变项名称"ϕ""x"和"y"所指称的东西。常项命名仅仅是
标识,而标识是一种内在的语言工具(linguistic-device),用于将常项名
称赋予未指明的对象,这些对象由"$(\exists\phi,x,y).\phi x.\sim\phi y$"中的存在量
词挑出。标识可以但不必通过同一记号来表达。例如,"$fa.\sim fb$"可以
被表达为"$(\exists\phi,x,y).\phi x.\sim\phi y.\phi=f.x=a.y=b$"。这就解释了为什么
维特根斯坦在 TLP 4.242 中说:"因此,形如'a=b'这样的表达式仅仅
是表征工具。它们对于记号'a'和'b'的意义(meaning)什么也没说。"
(显然,在常项名称"a"被变项名称——比如"x"——替换时,TLP 4.242

---

① TLP 5.441 和 5.47。
② TLP 4.26.

中的要点也成立。）使得"fa.∼fb"不同于"(∃φ，x，y).φx.∼φy"，并因此对它们之具有不同含义而有所贡献的东西，就是一个表达模式，即常规的表达模式；该模式内在于语言，并且不会影响它们拥有相同的描述内容。于是，常项命名仅仅是标识未指明的对象，这些对象来自存在量词的一个论域，而标识本身仅仅是一种表征工具。①

八、实在论与《逻辑哲学论》

一些著名的评论家，例如石黑英子、布莱恩·麦吉尼斯和彼得·温奇，他们或者运用 TLP 3.3 与一个补充论证，或者运用 TLP 5.526 来论证说：一个名称与其意义之间的关系——语言与世界之间的关系——并不是实在论的。接下来我将讨论石黑的诠释，因为她的诠释是对上述两种尝试的结合。我将要论证这些尝试不能成功，并且，更重要的是，它们之所以得到了运用，是因为不清楚下列内容：不同不可区分物的可能性论题；对变项名称的接受以及《逻辑哲学论》中存在量词的本质性作用。最后我将指出，更合理的做法，是认为一个名称与其意义之间的逻辑哲学论式关系是实在论的。

维特根斯坦以对事实、事态和对象的本体论讨论作为《逻辑哲学论》的开端。② 然后，诸如 TLP 3.023（这个条目说，一个名称之具有意义，由该名称指称一个对象构成）和 TLP 4.0312（这个条目基本上是

---

① 在 Cheung(2006) 中，我论证说：《逻辑哲学论》认为，普遍命题形式 [η̄，ξ̄，N(ξ̄)] 不仅被非基本命题满足，也被基本命题满足。注意，存在量词等价于运算 NN。本章也可被视为对 Cheung(2006) 的进一步发展。它对存在量词，并因此对 N 在命名以及命题之表达一个含义中的本质性角色（以及 N 如何在普遍命题形式中找到其位置）进行了细节说明。

② TLP 1－2.063.

说,命题的可能性建立在名称的可能性之上)这样的条目刻画了语言和世界之间的关系;他也在 TLP 4.031 - 4.0311 中对这种关系进行了生动的描述。这一切似乎都表明,《逻辑哲学论》就命名持有一种实在论观点。但这不是决定性的,因为它们可以被解读为"仅仅具有修辞性",或者是某种神话。① 事实上,一些评论者——例如石黑——论证说,一个名称及其意义之间的逻辑哲学论式关系并不是实在论的。在她的论文《使用及名称的指称》(*Use and Reference of Names*)中②,使用了 TLP 3.3 和一个补充性论证以及 TLP 5.526 来论证说,一个对象是以某种内涵方式(in an intensional manner)对某个不可还原谓词(irreducible predicate)的例示(instantiation),因而不管对象这一概念、还是名称及其意义之间的关系都不是实在论的。她的论证有两个步骤:第一,她试图论证一个基本立场,即对一个对象之名称的逻辑-语法使用完全决定了该对象。③ 她给出的主要文本证据是 TLP 3.3。她对 TLP 3.3 的诠释是:"我们不能独立于一个名称在命题中的使用来寻找其意义(meaning)。"④但是,TLP 3.3 本身并没有说也不能推出,一个对象的名称在命题语境中的使用完全决定了该对象。因此,她补充道,由于对象"独立于属实的情况"(independent of what is the case),它们不能被限定摹状词所确定,也不能通过指示(pointing)来挑出。⑤ 她的观点似乎是这样的:因为一个名称只在命题语境中才有意义,并且其意义不能由除了使用之外的任何方式确定,一个对象的名称在命题语境中的使

---

① 参见 McGuinness(1981:63,72),以及(1985:135 - 137)。
② 即 Ishiguro(1969)。石黑在她稍近的论文《所谓的"图像论":〈逻辑哲学论〉中的语言和世界》中,仍然持有同样的主要立场。见 Ishiguro(2001),尤其是(2001:34 - 37)。
③ 见 Ishiguro(1969:21 - 22)。例如:"只有通过决定对一个名称之使用,我们才能决定该名称的指称。"(1969:21)
④ 见 Ishiguro(1969:22)。
⑤ 见 Ishiguro(1969:28)。

用就完全决定了该对象。第二，石黑论证说，对一个名称的使用，以某种内涵的方式确定了一个不可还原谓词的例示。① 她所依靠的文本证据正是 TLP 5.526。在她看来，TLP 5.526 表明：对命题的分析停止于完全普遍化命题，这些命题等价于以常规模式来表达的基本命题（她似乎在此应用了第一步的结果：它们是等价的，因为对象已经完全被完全普遍化命题之网络决定了）。譬如说，将"并且 x 是 a"添加到"(∃x).fx"之上，就得到了"(∃x).fx.x＝a"或者基本命题"fa"②，而这一点对于"(∃x).fx"已经表达的含义来说不会造成任何区别。因此，"fa"和"存在着一个 f"表达相同的含义。③ 结果是，一个对象是以某种内涵的方式对某个不可还原谓词的例示。石黑很清楚，并且欣然接受了其立场带来的结果，即："对一个名称的使用……并不会区分对相同属性的不同例示。"④例如，如果"a"和"b"具有相同的逻辑-语法形式，那么"fa""fb"和"(∃x).fx"拥有相同的含义。此处"fa"的"a"的功能，用她的话说，是一个"虚假的名称"(dummy name)。⑤

但是，石黑的观点不能成立。首先，我们不能仅从 TLP 3.3 就得出结论说，一个对象完全受其名称出现于其中的命题语境的决定，无论此处是否运用了使用概念。正如大卫·皮尔斯所指出的那样，石黑的补充性论证——由于对象独立于属实的情况，因而它们不能被限定摹状词或指示所确定——是不能成立的（为了看出这一点，只要考虑限定摹状词的情形就够了。根据皮尔斯的观点，没有任何文本证据可以支持这一点，而且相应的论证也没有说服力。正如 TLP 3.221 所暗示的

---

① 见 Ishiguro(1969：49)。

② TLP 5.47.

③ 见 Ishiguro(1969：45)。

④ 见 Ishiguro(1969：49)。

⑤ 见 Ishiguro(1969：40－41，45)。

那样,对象不能由那些分析其名称的限定摹状词所给定,而且事实上也没有这样的限定摹状词。但是,这并没有排除下列可能性:对象通过它们正好唯一地满足的限定摹状词而被给定,而 TLP 2.02331 显然允许这样一种可能性①)。在 TLP 3.3 上增加补充论证的策略也不会成功。从石黑的基本立场(一个对象受到其使用的决定,或者,受到它出现于其中的命题语境的决定)可以推出,两个拥有相同形式的对象必定是完全相同的对象。皮尔斯同样指出②,这一点与 TLP 5.5302 相矛盾。正如之前已经说明过的那样,TLP 5.5302 允许下列可能性:不同的对象拥有相同的形式。这是对石黑基本立场的决定性一击,因为 TLP 5.5302 表明,一个对象不能完全由其名称出现于其中的命题语境所决定。③④

① Pears 的批评,见 Pears(1988:105-107,113-114)。

② 见 Pears(1988:113-114)。

③ Brian McGuinness 在他的论文 "The So-called Realism of Wittgenstein's *Tractatus*",即 McGuinness(1981)中,基于十分相似的立场而持有一个十分相似的观点。他主要的论点是,一个逻辑哲学论式的对象是其名称的潜在真值,或者等价地,是其名称与其他名称相结合而产生一个拥有真值的命题的语义角色;见(1981:65-67)。同样是根据 TLP 3.3,他认为一个名称的指称在该名称出现于一个命题中之前,是没有获得确保的;见(1981:66)。类似地,他增加了一个这样的论证:由于对象的存在或不存在独立于属实的情况,它们不能被一个限定摹状词所确定,或者不能被指示所挑出;见(1981:65-67)。因此,一个对象只能被其名称的语义角色所完全决定,并因此等同于其名称的语义角色。对石黑论证第一步的批评,同样适用于 McGuinness 的观点。后来,该论文被重命名为 "The Supposed Realism of the *Tractatus*",即 McGuinness(2002b),并收录在了他的 *Approaches to Wittgenstein — Collected Papers* 一书中。尽管标题受到了改动,但是他的立场并没有变化。

④ 在他的论文 "Language, Thought and World in Wittgenstein's *Tractatus*",即 Winch(1987)中,Winch 论证说:一个名称的意义(meaning)完全受其逻辑语法的决定,而无须涉及任何语言外的东西。他所依靠的文本证据包括:第一,《逻辑哲学论》的前言,维特根斯坦在其中说,该书的目标是在语言的内部给思想之表达划出界限;第二,TLP 3.326-3.33,见(1987:7-9)。显然,Winch 的主张同样与 TLP 5.5302 相矛盾。同样参见 Peter Hacker 在 Hacker(1999:120-121)中的批评。

石黑对 TLP 5.526 的解读同样是有问题的，该条目不能支持她的下列主张：一个对象是以某种内涵的方式来对不可还原谓词的例示。为了看出这一点，我们只需要证明：在 TLP 5.526 中，完全普遍化的命题和通过常规模式而得到表达的基本命题并不等价（因为，如果是这样的话，《逻辑哲学论》就不会认为"（∃x）.fx"和"fa"是等价的，而石黑的解读依赖于这一点）。首先，她既不能从 TLP 5.526 本身，也不能从 TLP 5.526 和"一个对象完全受到了其名称出现于其中的命题语境的决定"这样一个主张那里，得出结论说它们是等价的。因为 TLP 5.526 并没有这么说，而上述那个主张已经被证明是不正确的。其次，有文本证据表明它们不等价。正如之前提到的那样，根据《逻辑哲学论》的观点，有两种方式对世界进行完备的描述。一种方式是给出所有基本命题，并加上其中哪些为真；而另一种是通过完全普遍化的命题。例如，"（∃φ，x，y）.φx.∼φy"和"fa.∼fb"都是对世界的完备描述。但它们并不等价。因为，否则的话，"fa.∼fb"将会等价于"（∃φ，x，y）.φx.∼φy"，并因此等价于"∼fa.fb"，而这一点是不可接受的。① 维特根斯坦的观点显然不是说它们等价，而是说它们具有相同的描述性内容。还有进一步的文本证据。在 TLP 6.343 中，他说道："力学是根据一个单一计划来构造世界之描述所需的所有真命题的尝试。"于是，诸如牛顿力学这样的力学系统，提供了对世界的一个完备描述。在 TLP 6.3432 中他也说，任何这样的描述都是"完全普遍化的类型"，并且，作为一个例子，"它将永远不会提到特定的物质点：它只会谈论任意一个物质点"。但是，诸如"fa.∼fb"这样的描述确实提到了特定的对象。这一点表明，一个通过力学而给出的对世界的完备描述，不能等价于通过基本

---

① 事实上，石黑的虚假名称理论将"fa.∼fb"或者"∼fa.fb"排除在命题的领域之外，而这一点显然是不可接受的。

命题而给出的完备描述，二者也不能具有相同的含义。在 TLP 6.341
中，关于在一个平面上覆盖细密的方格网，或者粗疏的三角网来对该平
面进行完备描述的谈论，表明了可以存在对世界的不同完备描述，它们
之间既没有相同的含义，也不是等价的，即便在完全普遍命题的情形中
也是如此。①

　　正如之前已经提到的那样，石黑的观点代表着一种将两种类型的
尝试结合起来，从而建立一种反实在论诠释的努力。第一类是使用
TLP 3.3 和一个补充性论证来论证说，一个对象完全受到了其名称出
现于其中的命题语境的决定。② 第二类是使用 TLP 5.526 来论证说，
对象完全是一个内涵式概念。③ 根据 TLP 5.5302 的叙述，第一类尝试
不能成功。对于第二类尝试，将 TLP 5.526 解读为蕴含"(∃φ，x).
φx.~φy"等价于"fa.~fb"（或者"(∃x).fx"等价于"fa"）的努力同样是
失败的。但是，为什么我们要相信 TLP 5.526 蕴含着一个完全普遍命

---

① 与 Ishiguro 和 Winch 不同，McGuinness 注意到：即便一个名称的指称对含义的
　贡献不会使得对象成为实在论的概念，《逻辑哲学论》仍然可能对于真之关系
　（truth-relation）持有一种实在论的对象概念。在他的论文"Language and Reality
　in the *Tractatus*"中，McGuinness 努力论证说，对象之概念即便对于真之关系来
　说也不是实在论的。他似乎试图将某种融贯论真理理论归属给《逻辑哲学论》。他
　的主要观点如下。对命题的使用不仅将意义（meaning）赋予名称，也呈示出某些
　东西被视作一个为真的基本命题；参见 McGuinness(1985：173，142)一个命题是
　否为真，依赖于"它与这样一些命题的关系，这些命题是，或者会是那些在语言中
　毫不犹豫地被接受为真的命题"(1985：142)。相应地，"事实不在这个理论的考
　虑之中。存在着一些确证程序，它们符合将给定命题分析为基本命题的过程，并
　且其结果可能是确证、证伪，或者更频繁地，是可能化（probabilification）"(ibid.)。
　但是，他的理论是不可接受的，因为它基于"The So-called Realism of the
　Tractatus"中有问题的观点，而且没有得到任何文本证据的支撑。该论文被重新
　命名为"Language and Reality"，即 McGuinness(2002c)，收录在他的 *Approaches
　to Wittgenstein — Collected Papers*。他的立场没有发生变化。
② McGuinness(1981)和 Winch(1987)是第一类尝试的两个例子。
③ 在她的论文"In What Sense is Logic Sublime?"中，Carolyn McMullen 也使用了
　TLP 5.526 以及一个非常类似于石黑观点的论证来反对实在论诠释。她的观点
　属于第二类尝试。见 McMullen(1989：46 - 47)。

题，比如"(∃φ, x).φx.∼φy"，等价于命题"fa.∼fb"？其理由似乎如下。第一，因为世界可以通过完全普遍命题而得到完备的描述（正如 TLP 5.526 所说）且无须预先将任何名称与任何对象关联起来，我们就可以认为：在"fa.∼fb"中的名称"f""a"和"b"所担当的角色，不会超出在"(∃φ, x).φx.∼φy"中的"φ""y"和"x"所担当的角色，因此，"(∃φ, x).φx.∼φy"和"fa.∼fb"是等价的，即拥有相同的含义。第二，由于我们同样可以认为在完全普遍命题中没有名称，从上述等价关系就可以得到：一个名称与其意义（meaning）之间的关系不是实在论的，并且一个名称的意义是内涵性的。就第二种尝试而言，即便石黑所给出的论证被表明并不正确，其他人仍然可以使用 TLP 5.526 来论证说，一个名称与其意义之间的关系不是实在论的。本章给出的诠释恰恰可以用来阻止这种类型的尝试。根据我的诠释，在完全普遍命题中实际上有名称——变项名称。完全普遍命题"(∃φ, x).φx.∼φy"与"fa.∼fb"之间在含义上的差异，由下列事实构成：前者指称未指明的对象，它们的形式由命题语境所呈示；而后者指明了拥有相同形式的对象。从这一点出发，我们不能得出任何反实在论的结论。使得评论家们——比如石黑——使用前述两种尝试之一去论证反实在论诠释的，似乎是对《逻辑哲学论》的不同不可区分物之可能性论题、对变项名称之接受或者存在量词之实质性角色的无知。

　　事实上，更加合理的做法是认为，《逻辑哲学论》中名称与其意义（meaning）之间的关系是实在论的。有趣的是，相应的理由可以在 TLP 3.3（逻辑哲学论式的语境原则）、TLP 5.5302（不同不可区分物之可能性论题）、TLP 5.526 和图像论中找到。正是因为 TLP 3.3 和 TLP 5.50312，一个名称的意义才不能完全被该名称的形式所决定。命名必须涉及这一点：一个名称和与之具有相同形式的诸对象之一任意地相

互关联,使得该对象成为该名称的意义。这种在一个命题语境中的名
称的任意关联,通过存在量词来完成,而存在量词由图像论所解释。由
于一个名称出现于其中的命题语境只能决定该名称之意义的形式,而
非该名称之意义,因此,该名称之意义必须通过该名称与具有相同形式
的对象之间的一种任意相互关联而被决定。作为名称的意义,对象不
能是内涵性的。更合理的做法是认为,一个名称与其意义之间的关系
是实在论的关系。[1]

① 本章原文完成期间,我从香港浸会大学获得了半年的休假(2003 年 1 至 7 月),并
分别在 Clare Hall 和 the Faculty of Philosophy of Cambridge University 作为
visiting fellow and visiting scholar 进行访问。我对他们的支持十分感激。同时,
我还想感谢 Laurence Goldstein、Peter Hacker 以及一位来自 *Philosophical
Investigations* 的匿名审稿人,他们为本章和本章的早期版本提供了宝贵意见。

第九章

《逻辑哲学论》中语言与
逻辑的统一性

一、引言

维特根斯坦在《逻辑哲学论》中认为,普遍命题形式就是唯一的逻辑常项(或者,逻辑中唯一的普遍初始记号):

> 显然,无论我们对于所有命题的形式能够**预先**说些什么,我们必须能够**一次全部说出**。
>
> 一个基本命题其实包含了所有逻辑运算。因为"fa"所说的东西与"(∃x).fx.x＝a"相同。
>
> 在具有复合性的无论什么地方,自变项和函项都在场,而我们就已经有了所有逻辑常项。
>
> 我们可以说,唯一的逻辑常项就是**所有**命题因其本性而与彼此相同的东西。
>
> 不过那就是普遍命题形式……
>
> 对最普遍的命题形式所作的描述,就是对逻辑中唯一的普遍

初始记号所作的描述。①

正如我将要说明的那样，他的意思是：命题的普遍形式是逻辑运算的普遍形式。该论题的重要性体现在以下几个方面：首先，它呈示出语言和逻辑的统一性；其次，在他试图达到《逻辑哲学论》之目的（即通过为语言划出界限而为思考划出界限②）的过程中，该论题担当了关键的角色。本章的目的，除了说明上述两点之外，就是要说明《逻辑哲学论》是如何使用图像论和 TLP 4.0312 中的"基本思想"（Grundgedanke）来论证该论题的。

的确，很不容易看出《逻辑哲学论》如何持有并证明这个论题：普遍命题形式是唯一的逻辑运算。因为，该论题不仅要求非基本命题，还要求基本命题必须满足逻辑运算的普遍形式。一个基本命题（本应是名称的直接组合，因而不是名称的真值函项组合［non-truth-functional combination］③）如何满足逻辑运算的普遍形式呢？一个基本命题如何以一种内在的方式④涉及所有逻辑常项，如果它本应是命题的逻辑分析的最终产物？⑤ 在一个基本命题的对实在有所言说（an elementary proposition's saying anything about reality）中，如何涉及逻辑的运用？我对于维特根斯坦在《逻辑哲学论》中如何证明前述论题的说明，同时也可以表明他将如何回答这些问题。不过，在此值得指出的是，尽管许多《逻辑哲学论》的评论家对这些问题是无知的，或者选择无

---

① TLP 5.47 – 5.472.
② TLP，p.3.
③ TLP 4.22 – 4.221.
④ TLP 5.47.
⑤ TLP 4.221.

视它们①，一些著名的评论家已经尝试过处理它们，或者就这些问题对《逻辑哲学论》提出了批评。了解一些来自后者的观点将会有所启发。

例如，布莱恩·麦吉尼斯在他的论文《图像与形式》(*Pictures and Form*)中写道：

> ……在《逻辑哲学论》的第一部分里，主要是在 3 和 4 中，我们似乎被告知一个命题的本质就是一幅图像；但是在后面的部分里，我们被告知它的本质是一个真值函项，也就是说，是一个将联立否定运算(the operation of simultaneous negation)运用在基本命题上的结果。"图像论"还需要进一步的阐明，而且，在预设一个关于什么是基本命题的预先理解(prior understanding)时，关于何为命题的真值函项理论似乎涉及了循环。不过，一个更严重的困难是，上述两个理论似乎是颇为分离的东西，而且如果是这样的话，它们就不能都是关于什么是命题的充足理论。②

在这里，麦吉尼斯批评《逻辑哲学论》说，图像论没有解释一个基本

---

① 例如，Max Black、Robert Fogelin 和 James Griffin 就是这样的评论家。在 *A Companion to Wittgenstein's 'Tractatus'* 中，Black(1964：236 - 238，270 - 271)讨论了普遍命题形式，但是没有说明普遍命题形式是唯一的逻辑常项这一论题。事实上，他似乎的确没有注意到这个论题，也没有注意到《逻辑哲学论》试图论证语言与逻辑的统一性这个事实。Fogelin 在他的 "*Wittgenstein*，2nd edition，(1987：47 - 50)"中用了一节来讨论普遍命题形式这个概念。但是，令人吃惊的是，他既没有提到普遍命题形式是唯一的逻辑常项这一论题，也没有提到《逻辑哲学论》对语言和逻辑之统一性的证明。在 Griffin (1964) *Wittgenstein's Logical Atomism* 中，完全没有提到这个论题以及语言和逻辑的统一性问题。

② McGuinness(2002：65 - 66)。McGuinness(2002：66)还在一个脚注中提道："该困难的存在及其重要性首先由——据我所知—— G. E. M. Anscombe 在牛津的讲座中(后来出版了)指出并给予了许多解决方向(我自由地选取了这些方向)。"但是，不清楚 McGuinness 指的是 Anscombe(1971)中的哪些内容。

命题如何可以成为一个真值函项，而真值函项理论预设了关于基本命题之本质的一个预先理解。

在由彼得·温奇编辑的著作《维特根斯坦哲学研究》（*Studies in the Philosophy of Wittgenstein*）的"导言"中，温奇指出，就《逻辑哲学论》而言，"对我们理解维特根斯坦来说至关重要的是，要看到维特根斯坦在处理命题与事实之关系这样一个谜题时，已经研究了逻辑的本性"①。将语言中的逻辑运用到实在之上，要求一个基本命题的结构必须是逻辑的，而在《逻辑哲学论》的情况下，这就意味着基本命题的结构必须是真值函项的。② 但是，很难看出一个基本命题的结构如何可以是真值函项的，而温奇认为《逻辑哲学论》没有就此提出任何看法。③ 这是一个严重的困难，同时也是"将维特根斯坦理解为偏离了《逻辑哲学论》中基本命题观念的主要因素之一"④。

拉什·里斯（Rush Rhees, 1905—1989）的观点与麦吉尼斯和温奇颇为不同。他认为，在《逻辑哲学论》中，维特根斯坦已经试图给出，逻辑在命题之对实在有所言说（或者命题之描画实在）中所担当的根本性角色。他在许多地方都写道，图像论的要点是给出逻辑在与经验

---

① Winch(1969：3)。Winch继续写道(1969：3-4)："这一点或许可以通过另一个困难的形式表达出来：命题陈述一个事实的能力以及与其他命题具有逻辑关系的能力之间，究竟具有何种关系？"他还认为，对《逻辑哲学论》来说，"……除非命题之间具有逻辑关系，不然它们就不能陈述事实（即不能是命题），并且除非它们陈述事实，它们就不能和其他命题之间具有逻辑关系。"(1969：4)

② 参见 Winch(1969：2)。

③ Winch(1969：6)还说："……一个基本命题还被认为拥有一个'结构'；并且很难看出这个'结构'如何可以是真值函项的……[TLP 5]没有为我们提供任何说法，以助于理解'基本命题的逻辑结构'这样一个表达中的'逻辑'一词……"尽管 Winch 在这里提到了 TLP 5，但是从他的"导言"中可以清楚地看到，他认为《逻辑哲学论》没有就此提供任何说法。

④ Winch(1969：6).

性命题或者与描画相联系的地方具有根本性的那种方式①，因此，图像论显示出：逻辑必须照顾到它自身或者它自身的运用②；而且，理解一个命题并非一件任意的事情。③ 他据此强调了一条普遍规则，该规则体现在有含义与无含义的区分里，体现在对"逻辑必须照顾它自身"的呈示中；这条规则，就是 TLP 4.0141 中的投射法则（the law of projection）。④ 他还强调这样一个论题：逻辑运算的普遍形式也是命题的普遍形式⑤；以及强调了这样一个事实：作为对象之配置（configuration）的含义，必须拥有"我们通过逻辑常项来表达的复合性"⑥。但是，里斯并没有详细说明《逻辑哲学论》是如何使用图像论来完成这些工作的，尤其是没有说明，逻辑如何在与描画或者命题之构造有关的方面具有根本性。

我认为里斯已经走在正确的道路上了，但不幸的是，他没有详细地

---

① Rhees 在他的论文"Miss Anscombe on the *Tractatus*"（1996b：1-15）和 Rhees（1998：57-60）中提到了这一点。例如，他在（1998：4）和（1998：9）中分别写道："当维特根斯坦说命题是实在的图像时，他想要引出的一点就是，逻辑在与它们相联系时具有根本性的那种方式"以及"当我们将这些命题视作正在描画时，我们就认出了逻辑与经验性命题之间的关系。"

② Rhees（1998：57）："图像论的目标是表明：逻辑必须照顾到它自身；逻辑必须照顾到它自身的运用。"

③ Rhees 在"Miss Anscombe on the *Tractatus*"（1996b：8）中写道："理解一个命题可能是某种任意的事情这样一个说法，是自相矛盾的。"他在论文"Object' and Identity in the *Tractatus*"（1996c：27）中也写道："*Tractatus* 5：'一个命题是基本命题的真值函项。'所以一个命题中记号的组合不是任意的。"

④ 见 Rhees（1998：8）："……一幅实在的图像是可能的，因为有一条普遍的规则——根据这条规则，我们可以在有含义和无含义之间作出区分。在逻辑中没有任何任意的东西，因为任何任意的东西都必须被说出；并且逻辑（该普遍规则）就是使得这一点成为可能的东西……此处要点的一部分，是这里必须有逻辑，如果存在经验性命题的话——我们无须知道这些命题的真假就可以理解它们。"

⑤ 见 Rhees（1998：2-3）。

⑥ 见 Rhees（1998：13）。

说明图像理论如何解释这种逻辑和语言之间的内在关系。[1] 对于麦吉尼斯和温奇，我将在本章中表明：与他们所认为的相反，《逻辑哲学论》确实试图使用图像论和"基本思想"来解释下列事实：在一个基本命题之对实在有所言说中，涉及了逻辑常项——或者不如说，涉及了由它们所形式化的逻辑运算。而且，这个尝试并不是某种明显不融贯的东西，也不是琐碎的错误，而是天才般的尝试。事实上，麦吉尼斯和温奇似乎都以一种类似的（如果不是完全相同的）方式误解了这个问题。这里的关键，并不是一个基本命题中的名称组合如何可以是真值函项的——而他们恰恰这么认为。《逻辑哲学论》并没有持有这种观点。我将要论证，《逻辑哲学论》持有的观点是：在一个基本命题以命名来对实在进行的描画中，运用到了逻辑运算。根据图像理论，运算 NN（这里的 N 是逻辑哲学论式系统中的唯一基本运算）——或者存在量词——以一种内在的方式出现在了每一个基本命题中，以至于它并非将命题约束在一起，而是属于名称与对象之间的标记关系。这一点，对《逻辑哲学论》关于"普遍命题形式就是唯一逻辑常项"这一论题的证明，并因此对于语言和逻辑的统一性的证明来说，才是关键所在。

二、给语言划出界限

"普遍命题形式就是唯一逻辑常项"这一论题，对于《逻辑哲学论》的目标[2]来说是关键，而这个目标就是：通过给思想之表达（即语言）划出界限，从而给思想划出界限。语言是命题的全体（totality）。[3] 不过，

---

① 我先受到了 Rhees 观点的启发，然后才决定研究这个问题。
② TLP, p.3.
③ TLP 4.001.

命题的诸界限（它们构成了语言的**那个界限**[the limit]①）并不属于语言②，而是由诸命题之全体（the totality of propositions）所确定。③ 通过逻辑的（真值函项的）运算而从基本命题中构造出来的，就是命题④、重言式和矛盾式。⑤ 更重要的是，这一点确定了所有命题的界限。⑥ 由于语言的界限并不属于语言，它就只能由重言式（根据 TLP 6.1[或可称作"逻辑命题的真值函项性"]，重言式就是所有的逻辑命题）和矛盾式构成。事实上，《逻辑哲学论》并没有将重言式和矛盾式视作命题（因此，它们不属于语言），而是将它们视作极限情况（limiting case），或者简单地说，将它们视作命题的界限。⑦ 那些处于语言界限之内的东西是命题，在语言界限之上的是重言式和矛盾式，而在语言界限之外的东西是无含义（nonsense）。⑧ 重言式和矛盾式构成了语言的界限，但这是由命题之全体确定的。

从表面上看，为语言划出界限的一种方式就是给出命题的全体（因此就确定了它们的界限）。但是，《逻辑哲学论》没有，也不能给出这样

---

① 《逻辑哲学论》有时说到给语言划出"一个界限"，例如 TLP, p.3，而有时又说到设置"诸界限"（limits），例如 TLP 4.113 - 4.116。我认为前者指的是语言之诸界限的集体（the limits of language collectively）。

② TLP 6.43. 这个条目说："如果意志之或善或恶的运用确实可以改变世界，它也只是改变世界的界限而不是改变事实——不是改变那些可以通过语言这一手段来表达的东西。"该条目暗示说，语言的界限并不属于语言。

③ TLP 4.51.

④ TLP 5.

⑤ TLP 4.45 - 4.46.

⑥ TLP 4.51.

⑦ TLP 4.466 和 5.143。

⑧ 重言式和矛盾式分别是中心的非实体点（unsubstantial point in the centre）和外部界限（TLP 5.143；TLP 4.466）。基本命题都是命题，因此不能构成语言的界限。Pears 在其著作 *Wittgenstein*（1997：67 - 68）中将基本命题视作语言的内部界限，这个观点是不正确的。

的全体，因为即便是基本命题的全体也不能被给出。[①] 它所做的事情，是给出对普遍命题形式的一个描述，[②]该描述等价于 TLP 4.041 中提到的普遍规则。该普遍规则并非给出而是决定了诸命题和它们的界限。正是这同一条普遍规则生成了命题、重言式和矛盾式。后两者是普遍规则之运用的极限情形。命题、重言式和矛盾式都满足普遍命题形式，满足的方式将在稍后得到说明。通过该普遍规则，语言和逻辑得以统一：它们具有相同的本性。为语言划出界限，就是通过为特定语言建立逻辑语法，从而凸显出普遍规则。（《逻辑哲学论》理解逻辑语法的这种方式，可见于 TLP 3.344 和 6.124。TLP 6.124 说："如果我们知道任意记号语言的逻辑语法，那么我们就已经得到了所有逻辑命题。"逻辑语法凸显了支配着逻辑命题之形成的普遍规则。TLP 3.344 说道："一个符号所标记的东西对于所有符号而言都相同，逻辑语法规则允许我们将其替换。"于是，逻辑语法同样凸显了语言的普遍规则，该规则支配着能够进行标记的所有符号的形成。我们可以说，对于《逻辑哲学论》而言，语言和逻辑通过逻辑语法而得以统一。）我们可以划出语言的一条界限，因为对普遍规则的把握（grasping）不仅确定了命题的全体，而且确定了它们的界限——逻辑命题（重言式）和矛盾式。为语言划出一条界限是逻辑的，而且划出界限的可能性要求语言和逻辑的统一。

对《逻辑哲学论》为语言划出界限这样一个想法来说，关键在于：普遍规则或普遍命题形式不能仅仅决定命题，还要能决定重言式（逻辑命题）和矛盾式。给定重言式和矛盾式的真值函项性，语言和逻辑的这种统一性可以被表达为：命题的普遍形式就是逻辑运算之组合（应用）

---

① TLP 5.55 – 5.551.

② TLP 4.5.

的普遍形式,反之亦然。这便是普遍命题形式是唯一逻辑常项这一论题。它相当于说,语言和逻辑通过普遍命题形式或者逻辑运算的普遍形式而统一起来。这就是语言和逻辑的统一。(这一点也解释了,为什么该论题不仅要求一个非基本命题必须满足逻辑运算的普遍形式,还要求一个基本命题也必须满足该形式。因为,如果基本命题的普遍形式与逻辑运算的基本形式有所不同,那么就会有两种不同的普遍规则,以至于其中一个支配着基本命题的构成,而另一个支配着逻辑运算的应用。在这种情况下,语言和逻辑就不能得到统一。)维特根斯坦忠实于他为《逻辑哲学论》设定的目标,从而尝试去论证该命题,并因此尝试去论证语言和逻辑的统一。TLP 4.0312 中的"基本思想"和图像论,对他的论证来说至关重要。正如我将要说明的那样,图像论不仅针对命题之本性,也针对语言和逻辑的统一。于是,《逻辑哲学论》的重要工作之一,就是这样一个困难的任务:说明一个基本命题(名称的直接组合)如何能够满足逻辑运算的普遍形式。作此评论之后,我现在转向说明《逻辑哲学论》中对该论题的论证的基本结构。

三、"基本思想"和图像论

普遍命题形式是唯一逻辑常项这样一个论题,实际上由两部分构成:存在着普遍命题形式;该形式是唯一的逻辑常项。《逻辑哲学论》对该论题的论证,使用了 TLP 2.1 - 2.225 和 4.011 - 4.016 中的图像论①、

---

① 在我看来,图像论是这样构成的:对一幅图像之概念的说明以及一幅图像如何描摹实在,主要在 TLP 2.1 - 2.225 和 4.011 - 4.016 中;在 TLP 4.01 中的论题,即一个命题是实在的一幅图像,以及在 TLP 4.02 - 4.021 中对该论题的证明。在本章中,只考虑那些在 TLP 2.1 - 2.225 和 4.011 - 4.016 中的内容,它们被视作图像论的构成部分。

"基本思想"（或者说，TLP 4.0312 中的这样一个论题：逻辑常项没有表征性，或者说逻辑常项并不指称）、在 TLP 5.5 中引入的唯一基本运算 N 的**存在**（从这一点可以得到逻辑运算的统一性）、TLP 5 中的分析性论题（"一个命题是基本命题的真值函项"）。在该证明中担当了关键角色的，是图像论和"基本思想"。"基本思想"和逻辑运算的统一性，以某种方式（下文将要对此进行说明）推出了普遍命题形式的存在。《逻辑哲学论》对其主要主张（即普遍命题形式是唯一逻辑常项）的证明，已经包含在了 TLP 4.0312 之中：

> 命题的可能性建立在这条原则之上：对象拥有记号作为其表征。
> 我的基本思想（Grundgedanke）是，"逻辑常项"是非表征的；没有任何东西能够表征事实的**逻辑**。

除了"基本思想"以外，TLP 4.0312 也间接地提到了图像论，因为对"命题之可能性建立在命名原则之上"进行说明的，正是图像论。为了看出 TLP 4.0312 是关键所在，要注意"基本思想"可以推出：一个逻辑运算独立于任何符号的语义内容。而这一点表明，一个运算内在于任何一个基本命题。TLP 4.0312 还说，命题的可能性建立在命名的可能性之上。这进一步表明，运算内在于命名之中。事实上，正如我们将要看到的那样，《逻辑哲学论》认为一个运算以下列方式内在于命名之中：逻辑运算的普遍规则也是命题的（命题之形成的）普遍规则，即也是语言的普遍规则。于是，唯一的逻辑常项，或者说逻辑运算的普遍形式，就是普遍命题形式。当然，这里还需要得出许多细节；后文中将会说明《逻辑哲学论》是如何得出这些细节的。《逻辑哲学论》使用图像论、"基本思想"、N 之存在和分析性论题来证明"普遍命题形式是唯一逻辑常项"这样一个论题。该论题与逻辑必然性的真值函项性一起,推出了语言和逻辑的统一。我已经在别处说明了,《逻辑哲学论》是如何证明"基本思想"、N 的存在、分析性论题和逻辑必然性的真值函项性的。① 除了 N 之存在这个问题以外,我在本章中不再重复那些证明,也不对它们作出评论。我们可以将这四个论题看作本章要预设的论题。不过,图像论将得到详细的说明。接下来我将说明《逻辑哲学论》对该论题的证明。在下面的两个小节中,我将首先澄清两个概念:唯一的逻辑常项和普遍命题形式。

四、N 和逻辑运算的统一性

什么是唯一的逻辑常项? 众所周知,逻辑哲学论式逻辑系统将 N 作为其唯一的基本运算。N 在 TLP 5.5 中以 $(----\,T)(\xi,\cdots)$ 引入,其中右侧括号里的内容代表命题的无序集合,左侧括号里的横线则表示,在真值表表达式的最后一纵行中,除了最后一项以外都是"F"。② 它也被写作"$N(\bar{\xi})$",其中"'$\bar{\xi}$'是一个变项,其取值为带括号表达式中的诸项;该变项上面的横线则表明,这个变项代表了在括号中的所有取值"。③ 不过,这个唯一的逻辑常项并没有符号化 N。在 TLP 5.472 中,唯一逻辑常项也被称作"逻辑中唯一的普遍初始记号"。于是,有必要首先看一下普遍初始逻辑记号是什么。《逻辑哲学论》认为:

---

① 在 Cheung(1999)中,我说明并评论了《逻辑哲学论》中对"基本思想"的两个证明。我在 Cheung(2000)中说明了,N 是如何在逻辑哲学论式系统中作为唯一的基本运算发挥作用的。在 Cheung(2004)中,我说明了《逻辑哲学论》如何从命题呈示其含义这样一个论题中得出了分析性论题和逻辑必然性的真值函项性。

② TLP 4.442 和 5.5。

③ 我已经在其他地方处理了 N 的表达能力问题。详见 Cheung(2000)。

"真正的初始记号不是'p∨q''(∃x).fx'等等，而是它们组合的最普遍形式。"①于是，普遍初始记号就是逻辑记号之组合的最普遍形式。如果一个系统拥有唯一的基本运算，那么，通过该唯一基本运算之组合的普遍形式（即 TLP 6.01 中所描述的、逻辑运算的普遍形式，或者对于所有运算来说都相同的东西），所有运算统一了起来。在这种情况下，有且只有一个普遍初始逻辑记号，也就是唯一的逻辑常项。该唯一逻辑常项并不真的就是一个逻辑常项，而是形式化了逻辑运算的最普遍形式的东西。因此，对于逻辑哲学论式系统而言，唯一的逻辑常项并没有形式化唯一的基本运算 N，而是形式化了 N 之组合的普遍形式。该唯一的逻辑常项，或者说逻辑运算的普遍形式，由一个形式序列②的普遍项$[\bar{\eta}, \bar{\xi}, N(\bar{\xi})]$给出，就像 TLP 6.01 中那样。"$[\bar{\eta}, \bar{\xi}, N(\bar{\xi})]$"形式化的是：N 在基础集合$(\bar{\eta})$之子集$(\bar{\xi})$上进行特定次数的连续运用所产生的结果的形式。于是，"普遍命题形式是唯一的逻辑常项"这一论题可以被表述为：普遍命题形式是 $[\bar{\eta}, \bar{\xi}, N(\bar{\xi})]$。

上述内容同时表明，《逻辑哲学论》坚持逻辑运算的统一性。为了看出这一点，需要注意：根据分析性论题，一个命题可以被分析为基本命题的真值函项。一个基本命题是名称的直接组合，而名称是指称性的初始符号。③ 名称之意义（meaning）的一个直接组合，或者说对象的一个直接组合，被称作"一个事态"。④ 诸对象在事态中彼此联结的确定方式就是事态的结构，其可能性是事态的形式。⑤ 总体来说，《逻辑哲学论》似乎将组合的确定方式称为"一个结构"，而将一个结构之

---

① TLP 5.46.
② 对逻辑哲学论式形式序列的一个讨论，见 Cheung(2000：251 – 254)。
③ TLP 3.2 – 3.203 和 3.206。
④ TLP 2.01 和 2.03。
⑤ TLP 2.032 – 2.033.

可能性或者一个组合可能性（combinatorial possibility）称为"一个形式"。例如，一个对象具有一个形式，该形式就是它在事态中出现的可能性。[1] 一个可能的事态同样具有形式，并且如果它存在的话，它就具有一个结构。一个事实就是事态之存在[2]，因此具有形式和结构。一个命题记号是一个事实，它的形式是其构成性记号彼此之间所处的确定性关系的可能性。[3] 一个名称同样具有一个形式，该形式是它出现于基本命题中的可能性。于是，"[$\bar{\eta}$, $\bar{\xi}$, N($\bar{\xi}$)]"这样一个描述，就凸显出了一个形式或者一个组合的可能性，该可能性本质上是真值函项的。而且，一个形式——作为一个组合可能性——决定了一条规则。因此，唯一的逻辑常项不仅符号化了逻辑运算的普遍形式，还符号化了一条规则，该规则也许可以被称作"逻辑运算的普遍规则"。这一点就解释了，为什么在 TLP 5.4 诸小节中（它们的目标之一，便是将唯一的逻辑常项符号化），维特根斯坦写道："……这里的问题，不在于那些必须得到标记的基本观念的数量，而更多地是在于对一条规则的表达。"[4]唯一的逻辑常项，同时符号化了逻辑运算的普遍形式和一个运算的普遍规则。因此，《逻辑哲学论》坚持并论证了逻辑运算的统一性。唯一基本运算 N 的存在，使得逻辑运算的统一性成为可能，而这种统一性是通过 N 之组合的普遍形式建立起来的，即通过唯一的逻辑常项建立起来的。

五、普遍命题形式

现在，我将转向普遍命题形式这一概念。在《逻辑哲学论》的诸多

---

[1] TLP 2.0141.
[2] TLP 2.
[3] TLP 3.14.
[4] TLP 5.476.

段落中，TLP 4.5 就普遍命题形式告诉了我们最多的内容：

> 现在似乎可以给出最普遍的命题形式了，即以这样一种方式给出任意记号语言中的诸命题的一个描述，使得每一个可能的含义都能被一个满足该描述的符号所表达，并且在诸名称的意义（meaning）得到了适当的选择时，每一个满足该描述的符号都可以表达一个含义。
>
> 显然，**只有**那些对于最普遍命题形式来说本质性的东西，才可以被容纳到它的描述中——否则的话，它就不是最普遍形式了。
>
> 普遍命题形式的存在，是由下列事实所证明的：不能有一个命题，其形式没有被预见（即没有被构造）。命题的普遍命题形式是：事情是如此这般（this is how things are；德语"Es verhält sich so und so"）。

从上述段落中，我们至少可以获取四个要点。第一点是，在《逻辑哲学论》中，有一个对普遍命题形式之存在的证明。我将在下一小节中对这个证明进行说明。第二点是，普遍命题形式支配着能够表达含义的符号的构建。于是，普遍命题形式完全决定了一条产生命题的普遍规则，即语言的普遍规则。由于一个形式作为组合可能性而决定了一条规则，上述主张并不令人感到意外。如果存在特定的普遍命题形式（the general propositional form），即如果所有命题形式都分享一个同样的普遍形式，那么同样也存在语言的**特定**（the）普遍规则。换言之，该普遍命题形式完备地刻画了语言的普遍规则。语言的普遍规则就是在 TLP 4.014 - 4.0141 中提到的普遍规则。正如之前已经指出的那样，该规则也被逻辑语法所呈现。第三个要点是，普遍命题形式独立于那些与诸名称相互关联的意义（meanings）的具体内容，因而逻辑语法也独立于它们。[1]

第四点在此直接相关。除了作为所有命题形式都具有的东西以外，普遍命题形式也可以被一个描述所给出。在《逻辑哲学论》中，很多东西都可以是描述。对一个复合体的某个描述可以是正确的或者错误的[2]，因此是一个命题。不过，对于 N($\bar{\xi}$) 括号中的表达式的诸项，TLP 5.501 提到了三种不同的描述，其中没有一个是命题。我建议采取一个实用主义的做法，即：将一个描述视作一个表达式，该表达式用于凸显那些被描述之物。现在，我们至少可以从《逻辑哲学论》中获得四种对普遍命题形式的描述：

（1）普遍命题形式是：Es verhält sich so und so。[3]

（2）普遍命题形式是一个变项。[4]

（3）普遍命题形式是 $[\bar{p}, \bar{\xi}, N(\bar{\xi})]$。[5]

（4）普遍命题形式由描述"$[\bar{\eta}, \bar{\xi}, N(\bar{\xi})]$"给出；或者，简单地说，普遍命题形式就是 $[\bar{\eta}, \bar{\xi}, N(\bar{\xi})]$。[6]

我将在后文中说明（1）和（2）是什么意思，以及《逻辑哲学论》如何证明它们。（3）可以直接从分析性论题那里得出。当然，这里聚焦于（4），因为它是对"普遍命题形式是唯一的逻辑常项"这一论题的另一种构造方式。注意，在（3）中的"$[\bar{p}, \bar{\xi}, N(\bar{\xi})]$"并没有完全给出普遍命题形式的（形式）内容，因为 $\bar{p}$ 并没有刻画出基本命题的普遍形式。这并不

---

① TLP 3.33.
② TLP 3.24.
③ TLP 4.5.
④ TLP 4.53.
⑤ TLP 6.
⑥ TLP 5.47 - 5.472 和 6 - 6.01。

是一个我们想要的描述，特别是这里的关切在于语言和逻辑的关系，或者说一个基本命题与逻辑运算的关系，而它肯定无法提供这些东西。不过，如果存在一个对基本命题之普遍形式的完备描述，那么通过将 $[\bar{p}, \bar{\xi}, N(\bar{\xi})]$ 中的 $\bar{p}$ 替换为该描述，就会产生对普遍命题形式的一个完备描述（正如我们将要看到的，后者实际上就是 $[\bar{\eta}, \bar{\xi}, N(\bar{\xi})]$）。这一点表明，要说明《逻辑哲学论》如何证明"普遍命题形式是唯一的逻辑常项"这一论题（或者[4]），第一步是从《逻辑哲学论》中找出对基本命题之普遍形式的一个完备描述。

六、"基本思想"、逻辑运算以及普遍命题形式

在 TLP 4.5 中，《逻辑哲学论》试图证明存在一个普遍命题形式：

> ……普遍命题形式的存在，是由下列事实所证明的：不能有一个命题，其形式没有被预见（即没有被构造）。

可以假定，这里的论证是：如果每一个命题都可以根据一个统一的计划而被构造出来，那么就存在一个产生命题的普遍规则，因而存在一个普遍命题形式。是否存在这样一个统一的计划呢？由于分析性论题，一旦能够证明基本命题之构造有一个统一的计划，非基本命题的情形就会是直截了当的。于是问题就在于，要证明存在着这样一个关于基本命题之构造的统一计划，或者，存在着基本命题的普遍形式。《逻辑哲学论》并没有明确地陈述这样的证明。不过，事实上，正如我现在就要说明的那样，"基本思想"和通过唯一基本运算 N 而达到的逻辑运算的统一性，可以推出存在着基本命题的普遍形式。

从"基本思想"可以推出，一个逻辑运算或者一个逻辑常项所符号化的东西，独立于任意符号的语义内容。这一点又可推出：

（5）一个运算完全由下列东西决定：其可能基础（possible bases）共有的东西，即可能基础的普遍形式；以及，其结果之形式和其基础之形式之间的具体差异。

《逻辑哲学论》并没有给出（5）。但是，我们可以从文本中获得一个运算的特征列表，并从中看出维特根斯坦确实持有这个观点。该列表如下：[i] 命题并且只有命题可以作为一个运算的基础。① [ii] 一个运算的结果，必须拥有其基础的构成性形式。② [iii] 一个运算不能刻画任何命题形式，它只能刻画命题形式之间的一个具体的（specific）差别，即其结果之形式和基础之构成性形式之间的具体差异。③ [iv]命题只能（以一种非琐碎的方式）作为运算之基础的构成性部分而出现于其他命题中。④ 要注意的是，[i]—[iv]可以推出：

（6）一个命题可以被表达为一个运算的结果——该运算运用在一个其他命题的有限集合之上，当且仅当：第一，它共有其他命题的诸形式；第二，在其形式和其他命题的诸形式之间，存在着一个具体的差别。

这就相当于说，一个运算完全由下列因素决定：其所有可能基础的普遍形式，以及，其结果之形式和基础之形式间的具体差别，也就是（5）。这样的话，认为《逻辑哲学论》持有（5）就是合理的。需要注意的是，（5）并没有断言说，存在着一个对于某运算的所有可能基础都共同

---

① TLP 5.24 和 5.515。
② TLP 5.24.
③ TLP 5.24 - 5.241 and 5.254。Pears 和 McGuinness 将 "Die Operation kennzeichnet keine Form …"（TLP 5.241）翻译为"一个运算并非一个形式的标志（mark）……"，而 Ogden 将之翻译为"该运算并不刻画一个形式"。我在此采用 Ogden 的方式，将"kennzeichnen"理解为"刻画"（characterize）。
④ TLP 5.54.

的东西。它所断言的是：第一，如果某运算的所有可能基础之间没有任何共同的东西，那么该运算就完全由其结果和基础之间的形式差别所决定。第二，如果一个运算的结果和基础之间没有具体的形式差别，那么，该运算完全由其可能基础之间的共同之处来决定。在这种情况下，从这样一个运算的存在，可以推出其可能基础的普遍形式的存在。

现在，从(5)和通过唯一基本运算 N 而达到的逻辑运算之统一性，可以推出：

(7) 每一个运算都完全由下列因素决定：N 的可能基础所共有的东西，以及其结果和基础之间的具体形式差别。

对于《逻辑哲学论》而言，N 的可能基础只能由基本命题和它们的真值函项所构成。从这一点又可以得到：

(8) 每一个运算都完全由下列因素决定：所有基本命题所共有的东西，即基本命题的普遍形式，以及其结果和基础之间的具体形式差别。

与(5)的情形类似，(8)并没有断言基本命题之普遍形式的存在。它所断言的是，如果某运算的结果和基础之间没有具体的形式差别，那么就存在着基本命题的普遍形式，并且，该运算完全由基本命题的普遍形式所决定。不难看出，NN 正是这样一个运算。为了看出这一点，需要注意：

(9) 对于任意的 η，$N[NN(\bar{\eta})]=N(\bar{\eta})$。

对(9)的证明非常简单。由于 $N(\bar{\eta})$ 不包含自由变项，$N[NN(\bar{\eta})]=NN[N(\bar{\eta})]=N(\bar{\eta})$。因此，$N[NN(\bar{\eta})]=N(\bar{\eta})$。从(9)可以得到：

(10) 从 $NN(\bar{\eta})$ 作为一个运算之基础的角度来看，可将 $NN(\bar{\eta})$ 视作等价于 $(\bar{\eta})$。

这就意味着,在 NN 的结果和基础之间不存在具体的形式差别。在此,可以得出两个重要的结论。第一,根据(8),存在着基本命题的普遍形式。当然,存在着 NN,因为存在着 N。因此,唯一基本运算 N 的存在,保证了基本命题之普遍形式的存在。因为存在着基本命题之普遍形式,给定分析性论题,就必定存在着普遍命题形式。所以,N 的存在(或者不如说,NN 的存在)就提供了一个统一的计划,一个命题可以根据该计划而被构造出来,因而不能存在一个其形式不能被预见或构造的命题。这样一来,我就说明了如何从"基本思想"以及通过 N 而得到的逻辑运算的统一性那里,构造出一个对普遍命题形式之存在的证明。

第二个结论是,由于 NN 的结果和基础之间不存在明确的形式差别,根据(8),NN 完全由基本命题的普遍形式决定。这就意味着,**运算 NN 内在于每一个基本命题**。要证明普遍命题形式是唯一的逻辑常项,这是重要的一步。关键是,要说明一个运算之运用以及一个基本命题之对实在有所述说之间的内在关系。正如后文将要说明的那样,《逻辑哲学论》采用了图像论并完全通过 NN 来刻画一个基本命题的本性(因此也刻画了普遍命题形式的本性),然后说明为什么普遍命题形式是 $[\bar{\eta}, \bar{\xi}, N(\bar{\xi})]$ 或者(4)。图像论的关键理念,同样是 NN 内在于每一个基本命题,并且,NN 实际上内在于命名。

七、图像论:一个命题是实在的一幅图像

在说明了维特根斯坦为什么认为存在着普遍命题形式之后,让我转向对普遍命题形式的完全刻画问题。我将从基本命题这一特殊情形开始。给定分析性论题,一个命题可以被分析为基本命题的真值函项。

一个基本命题，正如已经提到的那样，是名称的直接组合。名称是指称性的初始符号，其意义（Bedeutungen）是对象。诸对象的一个直接组合是一个事态。图像论的主要主张是："一个命题是实在的一幅图像"①，"一幅图像通过表征一个事态之存在或不存在的可能性来说明描摹实在"②；特别是，一个基本命题通过表征一个事态的可能性来说明描摹实在，或者呈现该事态之存在。③ 但是，图像论要如何说明一个基本命题之描摹实在？ TLP 4.0312 说，命题的可能性建立在命名原则之上，而这一点指明了可以找到该说明之实质的地方。事实上，正如我将要说明的那样，图像论通过元素 - 对象之相互关联（element-object-correlation），或者在基本命题这样一个特殊的情形中，通过命名来说明一幅图像之描摹实在（当然，这并非在暗示说，命名独立于描画[picturing]。因为维特根斯坦在 TLP 3.3 中同样强调了命名对于相关命题语境的依赖性。在这里，重要的并不是命名是否独立于描画——事实上确实不是，而是描画如何由命名所构成）。

根据《逻辑哲学论》的观点，一幅图像就是一个事实④，并因此拥有一个形式和一个结构。确实，它的元素的形式构成了它的形式。当一个事实的形式成为一个图像形式（pictorial form）时，该事实就被做成了一幅图像：

　　　　一幅图像的元素以某种确定方式相互关联这样一个事实，表征了诸事物以相同的方式相互关联。

---

① TLP 4.01.
② TLP 2.201.
③ TLP 4.211.
④ TLP 2.141.

让我们将其元素的这种关联称作该图像的结构,并将这种结构的可能性称为该图像的图像形式。①

在一幅图像里,它的元素以某种确定方式相互关联这样一个事实,呈现出诸对象以同样的确定方式相互关联。② 也就是说,当一个事实呈现出拥有相同形式的一个事态的存在时,该事实的形式就成为一个图像形式。这是如何可能的? 将诸对象与构成性元素以某种方式相关联,也就是建立一种图像关系:

> 这就是图像如何与实在相联系的;它伸展到实在。
>
> 图像就像一把放在实在上的尺子。
>
> 只有分度线的末端才接触到所要测量的对象。
>
> 因此,这样来看的话,一幅图像也包括了使其成为图像的图像关系。
>
> 图像关系由图像的成分和事物之间的相互关联所构成。
>
> 这种相互关联是图像成分的触角,图像通过它们触及实在。③

此处,一幅图像被视作以某种方式放在实在上的"尺子",以至于"只有分度线的末端才接触到所要测量的对象"。这里关于"尺子"和"分度线"的谈论,是为了强调下列事实,一幅图像的形式(作为一把尺子)呈现出下列限制:

---

① TLP 2.15.

② 从 TLP 2.151－2.1515 的内容中可以清楚地看到,这里的"诸事物"(things)可以被视作诸对象。

③ TLP 2.1511－2.1515.

　　［＊］只有那些与一幅图像的构成性元素拥有相同形式的对象，才可以与该元素相互关联。

　　这样一条限制，由一幅图像的元素之形式所设立。它保证了相关联的诸对象能够产生一个与该图像拥有相同形式的事态。换言之，**它保证了一幅图像对一个拥有其形式的事态的表征**。我们也可以说，一幅图像的形式（该形式由其诸元素的形式所构成）作为一条限制而发挥作用，其作用就在于保证只有拥有相同形式的事态可以得到表征。

　　实际上，限制［＊］是诸对象与诸元素之相互关联要满足的唯一限制，或者是建立一个图像关系要满足的唯一限制。《逻辑哲学论》的确持有该观点，这个事实可以通过 TLP 3.315 得到支持：

　　　　当我们将命题的一个构成性部分转化为一个变项时，存在着一类命题，它们全部都是由此产生的变项命题的值。一般而言，这个类也依赖于原命题的部分的意义（meaning），而这些意义是由我们任意的约定所赋予的。但是，如果把其中那些意义被任意地决定了的记号全部都转化为变项，我们仍将获得一个同样的类。不过，这个类不依赖于任何约定，仅仅只依赖于该命题的本性。它与一个逻辑形式，即一个逻辑原型相符合。

　　这里的要点显然适用于图像的情形，尽管它谈到的是命题这一特殊情况。注意，当谈到把所有的命题构成性部分都转化为变项时，记号的意义被说成是"被任意地决定了的"。当然，这里的要点并不是说，一幅图像的元素可以在不受任何限制的情况下与任何对象相关联，因为这里同时也强调了该图像的形式。这里的要点是，给定限制［＊］的情

况下(只有那些与一幅图像的构成性元素拥有相同形式的对象,才可以
与该元素相互关联),一个元素可以和任何对象相互关联。我们或许可
以说,一个元素的形式或者限制[＊]整理出了拥有该形式的对象作为
备选项,而对象-元素之间的相互关联,仅仅是任意地将该元素与备选
项中的某个对象关联起来。所以,对一个图像关系的建立,是以如下方
式构成的:由相关图像的元素之形式整理出诸对象,并从这些对象中
进行挑选,以至于该图像的形式得到了例示。*描摹就是对一幅图像之
形式的例示,该例示是以如下方式构成的:将该图像的诸元素任意地
与限制[＊]整理出来的那些对象相关联,而限制[＊]由这些构成性元
素的形式所设立。*

八、图像论:命名与存在量词

命名就是为一个名称赋予语义内容。按照《逻辑哲学论》的理解,
这一点由如下方式构成:将一个名称与作为其意义的对象在一个基本
命题的网络中相互关联①,或者一般而言,在描摹的语境中相互关联。
*描摹就是通过对一幅图像之形式的例示来呈现一个事态之存在,并且
这种例示由下列方式构成:任意地将构成性元素与图像之形式整理出
来的那些对象相关联。因此,命名就是对一个名称之形式的例示,而这
种例示由下列方式构成:从该名称之形式整理出来的那些对象中任意
地挑出一个,并以之作为该名称的意义。*从这点可以得到的一个推论
是,命名涉及了存在量词的运用,或者涉及了 NN! 更准确地说,命名涉
及了这一点:从该名称之形式整理出来的对象中,运用存在量词或者

---

① TLP 3.3.

NN 去挑出一个未明确的对象，并以之作为该名称的意义。对该推论的另一种表述是，存在量词内在于命名。鉴于一个命题变项呈示出一个形式，并且它的取值标记了那些由该形式整理出来的对象①，上述推论也可以表述如下：命名涉及了存在量词在一个命题变项上的运用，该运用使得名称与作为其意义的对象任意地相互关联，而这些对象来自该命题变项之取值所标记的诸对象。事实上，命名既涉及了存在量词的运用，也涉及了对一个常项的设定（stipulation），该常项是存在量词所挑出的对象的名称。在命名中，当一个未明确的对象由存在量词从相关命题变项所整理出来的那些对象中任意地挑出时，一个常项同时也被赋予该对象以作为其名称。后者通过下列方式得以符号化：在一个名称与一个变项名称中间放置一个同一记号（identity sign），其中，该变项名称符号化了对象这一伪概念（pseudo-concept）。②

让我通过一个例子来说明上述内容。在不失去普遍性的情况下，让我们考虑基本命题"fa"，其中的"f"和"a"都是名称。作为一幅图像，"fa"通过例示其形式而断定了一个事态的存在，例示的方式是：任意地将"f""a"分别与该图像之形式所整理出来的对象相互关联。通过将"fa"中的"f"和"a"转化为变项，可以获得命题变项 φx。使用这个命题变项的话，在"fa"中"f"和"a"的命名，就可以被视作存在量词或者 NN 在 φx 上的运用，以至于对象被任意地与"f"和"a"相互关联并分别作为二者的意义（meaning），而这些对象来自"φx"之取值所标记的诸对象（注意，φx 的一个取值，比如"fa"，标记了对象 f 和 a）。这里所涉及的本质性的东西，通过"$(\exists \varphi, x). \varphi x. \varphi = f. x = a$"而凸显出来，而"$(\exists \varphi, x). \varphi x. \varphi = f. x = a$"是"fa"的一个等价式。存在量词与同一记号在场的

---

① TLP 4.127.
② TLP 4.1272.

情况,符号化了对未明确对象 f 和 a 的任意挑选,这种任意挑选通过 φx 所符号化的形式以及对诸常项(名称)的约定而进行,后者即是从"f"和 "a"分别到 f 和 a。这一点说明了,为什么"fa"等价于"$(\exists\varphi, x).\varphi x.\varphi = f.x = a$"。当然,如果只关注"fa"中"a"的命名,"fa"中"a"所表明的命名 之本性就可以通过"$(\exists x).fx.x = a$"而凸显出来,正如《逻辑哲学论》在 TLP 5.47 中所做的那样:

> ……一个基本命题其实包含了所有逻辑运算。因为"fa"所说 的东西与"$(\exists x).fx.x = a$"相同。
> 在具有复合性的无论什么地方,自变项和函项都在场,而我们 就已经有了所有逻辑常项。

另一处文本证据是 TLP 5.441。根据这一条目,对命题中表现逻 辑常项的消除同样出现在"'$(\exists x).fx.x = a$'这一情形中,它所说的东西 与'fa'相同"。当然,从这一点并不能得到"fa"没有涉及那些被逻辑常 项所符号化的逻辑运算。但是,正如 TLP 5.47 试图表明的那样,尽管 在"$(\exists x).fx.x = a$"中作为一个运算之记号的存在量词是可消除的(因 为该命题可以被形式化为"fa"),但是作为一个运算的存在量词仍然被 包含在了"fa"中。这是怎么回事呢? 我认为最好的解释就是,存在量 词作为一个运算之运用,以上面所描述的那种方式归属于"fa"中"a"的 命名。存在量词正是以这种方式内在于"fa"的。**一个基本命题中的存 在量词,并非将命题约束在一起,而是属于名称与对象之间的标记关 系。**这样一来,我就说明了图像论如何解释 TLP 4.0312 中的洞见,即 命题的可能性建立在命名原则之上;并且还说明了存在量词如何内在 于命名,从而内在于每一个基本命题。

九、基本命题的普遍形式是 NN($\bar{\eta}$)

现在我将论证并说明：图像论展示出，基本命题的普遍形式由表达式"NN($\bar{\eta}$)"所给出，或者说，基本命题的普遍规则是 NN。在《逻辑哲学论》看来，对基本命题之普遍形式进行完全刻画的出发点，是实在的形式。《逻辑哲学论》在 TLP 2.18 中谈到了实在的形式：

> 为了能够以某种方式正确或不正确地描摹实在，拥有任意形式的任意图像与实在所必须共同拥有的东西就是逻辑形式，即实在的形式。

由于一个基本命题断定了一个事态的存在①，基本命题就直接与实在建立了图像关系。对于所有基本命题和实在来说，实在的形式就是它们之间都相同、所共有并且内在于它们的东西。但是，从这一点本身并不能得到实在之形式的存在。正如已经说明过的那样，《逻辑哲学论》论证了普遍命题形式的存在，尤其是基本命题的普遍形式的存在。对《逻辑哲学论》而言，基本命题之普遍形式的存在证明了实在之形式的存在，但是反之不然。不过，实在之形式是对基本命题之普遍形式进行完全刻画的出发点。因为，实在的形式就是与实在相关的最普遍的东西。

在不失去普遍性的前提下，让我们再次考虑"fa"或者其等价式"($\exists\phi$, x).ϕx.ϕ=f.x=a"。事实上，命题"($\exists\phi$, x).ϕx"或者"NN($\overline{\phi x}$)"

---

① TLP 4.21.

描述了 φx 的一个取值的普遍形式,即描述了 φx 所有取值的共同点。可以通过两种方式来看出这一点。我们之前从 TLP 4.5 获得了一个重要论点:根据该条目,普遍命题形式被视作独立于那些与名称相关联的意义的具体内容。于是,第一种方式便是无视具体的名称,或者说,无视命名关系的个性(particularity)——它们由"(∃φ, x).φx.φ=f.x= a"中的"φ=f"和"x=a"符号化。换言之,"(∃φ, x).φx.φ=f.x=a"中的"φ=f"和"x=a"符号化的东西,与命题变项 φx 的某个取值之普遍形式无关,而"fa"就是它的一个取值。第二种方式是,看出 φx 的任意取值都蕴含"(∃φ, x).φx"。也就是说,如果"fa","gb",…是 φx 的取值,那么 fa⊃(∃φ, x).φx,gb⊃(∃φ, x).φx,…。无论是哪一种方式,命题"(∃φ, x).φx"都是对 φx 的一个取值之普遍形式的描述。由于"NN($\overline{φx}$)"等价于"(∃φ, x).φx","NN($\overline{φx}$)"就是对 φx 的一个取值的描述。而且,正如在 TLP 3.314-3.315 中所详细说明的那样(尤其是第 7 节所引用的 TLP 3.315),诸如 φx 这样的命题变项凸显出了某种组合的可能性,即,凸显出了一个具体的逻辑形式。前面提到,根据《逻辑哲学论》的表述,存在着一个**实在的形式**,该形式对于所有具体的逻辑形式来说都是共同的,并且,实在的形式就是与实在相关的最普遍的东西。要符号化实在的形式,一个单独的变项(比如 η)就足够了。因此,命题"NN(η)"就是对基本命题之普遍形式的完备描述。或许可以说,**基本命题的普遍形式就是 NN($\overline{η}$)**。于是,NN 就是一个基本命题(或者说,构造一个基本命题)的普遍规则。

我在第 6 节中已经说明,"NN 内在于每一个基本命题"这一论题,是如何作为一个推论从"基本思想"那里得来的。但是,从"基本思想"所作的这个推理并没有解释 NN 如何内在于每一个基本命题。很有可能,这正是为什么《逻辑哲学论》没有把这一点作为"基本思想"的推论,而是作为图像论的推论的理由之一。事实上，现在已经证明，《逻辑哲学论》持有下列较强的论题：

（11）运算 NN 内在于（在图像背景之下的）命名，并因此内在于每一个基本命题。

与"基本思想"不同，图像论还解释了 NN 在命名以及基本命题对实在的描摹中所担当的实质性角色。基本命题的普遍形式是NN($\bar{\eta}$)。NN 或存在量词内在于命名，即（11），并因此内在于每一个基本命题。一个基本命题对 NN 的"包含"是内部性（internal）的——这里的"内部性"相当于 TLP 4.123 中所说的"内部性"，或者是我所说的"内在性"（intrinsic），或者说，没有 NN 的话，一个基本命题一开始就不会是基本命题。这样就说明了 NN 是如何以及通过什么方式内在于每一个基本命题的。

十、[$\bar{\eta}$, $\bar{\xi}$, N($\bar{\xi}$)]、"Es Verhält Sich So und So"和普遍命题形式

现在可以比较容易地看出，《逻辑哲学论》是如何证明（1）、（2）和（4）的；也就是说，该书如何证明，普遍命题形式是 Es verhält sich so und so、普遍命题形式是一个变项以及普遍命题形式是[$\bar{\eta}$, $\bar{\xi}$, N($\bar{\xi}$)]——这些都是对"普遍命题形式是唯一的逻辑常项"这一论题的表述。让我首先从（1）开始。这里的关键是图像论，或者"fa"和"($\exists \varphi$, x).φx.φ＝f.x＝a"这两个等价式的情形所表现出来的东西。正如已经说明过的那样，"($\exists \varphi$, x).φx"或者"NN($\overline{\phi x}$)"是 φx 的一个取值的普遍形式。倘若说出一个《逻辑哲学论》会认为不能说出的东西，"($\exists \varphi$, x).φx"描述了一个事物是如何以确定的方式与另一个事物相连接的

(verhälten)，而上述确定方式的可能性在 φx 中得到了呈示。于是，凸显"NN($\overline{\phi x}$)"作用的另一种方式就是"Es verhält sich so und so als"，这是对 φx 之一个取值的普遍形式的另一种描述。而且，正如已经说明过的那样，"NN($\overline{\eta}$)"是对基本命题之普遍形式的一个描述。类似地，对"NN($\overline{\eta}$)"的另一种表述就是"Es verhält sich so und so als"，它是对基本命题之普遍形式的一个完备描述。要注意，分析性论题蕴含着：通过一个命题的构成性基本命题和相关的逻辑运算，该命题指引了实在是如何被描摹的。在一个非基本命题的情形中，该命题对实在描摹的指引由两个东西构成，即基本命题的普遍形式和逻辑运算的普遍形式。当描述的对象是基本命题的普遍形式时，在"Es verhält sich so und so als"中的变项"η"是不能被忽视的。不过，如果要描述的是普遍命题形式或所有命题的普遍形式，除了"so und so"之外就不需要其他变项了。因为这里重要的是最普遍的逻辑形式，而非仅仅是一个基本命题的逻辑-命题形式（logico-propositional form），也不仅仅是实在的逻辑形式。这一点说明了，为什么《逻辑哲学论》会把"Es verhält sich so und so"看作对普遍命题形式的一个描述。

要理解普遍命题形式是一个变项这一论题（也就是[2]），首先要考虑常项和变项的概念。对于《逻辑哲学论》而言，一个表达式"……通过由它所刻画的命题的普遍形式而呈现。事实上在这个形式中，该表达式将会是常项，而其他所有东西都是变项。这样一来，一个表达式就是由一个变项来呈现的，而该变项的取值是包含了该表达式的诸命题"①。例如，表达式（名称）"a"可以被命题形式 φa 呈现，而 φa 的取值是"a"出现于其中的诸命题。此处，φ 是一个变项而"a"是一个常项。

---

① TLP 3.312 - 3.313.

普遍命题形式刻画了所有命题。因此，普遍命题形式的一个完备表达式就不包含任何常项，因为它是最普遍的东西的表达式。比如，在"Es verhält sich so und so"和"$[\bar{\eta}, \bar{\xi}, N(\bar{\xi})]$"这两个描述中，普遍命题形式的表达式就不包含任何常项。在"$[\bar{\eta}, \bar{\xi}, N(\bar{\xi})]$"这个描述中的"N"并非一个常项，因为按照"基本思想"，"N"并不指称。事实上，记号"N"是可消除的。① 我们或许可以说，普遍命题形式的一个表达式就是表达式的极限情形(limiting case)。它不包含任何常项，并因此可以等同于一个变项。这样就说明了为什么《逻辑哲学论》说普遍命题形式是一个变项。

现在要理解(4)——普遍命题形式是$[\bar{\eta}, \bar{\xi}, N(\bar{\xi})]$——以及为什么《逻辑哲学论》要持有(4)就不难了。在第 5 小节中曾提到，(3)中的"$[\bar{p}, \bar{\xi}, N(\bar{\xi})]$"是对普遍命题形式的一个不完备描述，因为基本命题的普遍形式还没有得到完全的刻画。现在已经证明，"NN$(\bar{\eta})$"是对基本命题之普遍形式的一个完备描述。而且，我们不能忽视这样一个事实："NN$(\bar{\eta})$"是"$[\bar{\eta}, \bar{\xi}, N(\bar{\xi})]$"的一个特殊情形。因此，命题(包括基本命题和非基本命题)的普遍形式，就通过"$[\bar{\eta}, \bar{\xi}, N(\bar{\xi})]$"这样一个描述而给出。其结果是，普遍命题形式就是$[\bar{\eta}, \bar{\xi}, N(\bar{\xi})]$，而这也是逻辑运算的普遍形式。逻辑运算的普遍规则——由$[\bar{\eta}, \bar{\xi}, N(\bar{\xi})]$或者$[\bar{\xi}, N(\bar{\xi})]$②所符号化——实际上就是语言的普遍规则，反之亦然。这样就说明了，《逻辑哲学论》是如何将$[\bar{\eta}, \bar{\xi}, N(\bar{\xi})]$理解为普遍命题形式的一个完备描述的，同时也说明了，《逻辑哲学论》在坚持认为普遍命题形式是唯一逻辑常项时，它的主张究竟是什么。

---

① 参见 Cheung(1999：402 - 407)。
② TLP 6.01.

十一、语言和逻辑

我已经说明了，根据《逻辑哲学论》，一个基本命题是如何满足普遍命题形式$[\bar{\eta}, \bar{\xi}, N(\bar{\xi})]$的——这同时也是逻辑运算的普遍形式。与分析性论题一起，这一点还说明了一个命题是如何满足普遍命题形式的。还需要说明的是，逻辑命题（还有矛盾式）如何满足普遍命题形式。《逻辑哲学论》拒绝承认逻辑命题是命题。于是，实际上需要回答的问题是：逻辑命题如何可以满足普遍命题形式，却不属于语言（命题）？或者，逻辑命题如何可以成为运用语言之普遍规则的产物（该规则同时也是逻辑运算的普遍规则），它们却没能表达含义？

作为一个开始，让我先说明，《逻辑哲学论》如何将逻辑命题或重言式排除出命题或实在之图像。考虑 TLP 4.462：

> 重言式与矛盾式并非实在的图像。它们不能表征任何可能的情形。因为前者允许所有可能的情形，而后者不允许任何可能情形。
>
> 在一个重言式中，与世界相一致的条件——表征性关系——彼此取消，于是它与实在之间没有任何表征性关系。

这里的关键之处在于，因为一个重言式允许所有可能的情形，表征关系就彼此取消了。这就意味着，对于其构成性记号（或者说"名称"）没有可供选择的合适意义（meaning），即便在相关命题组合起来以产生该重言式之前，命题的构成性名称已经在其他命题语境中被赋予了意义。所以，一个重言式不能表达含义，即它不能图像任何事态，因而并非一个命题。①②

逻辑命题仍然满足普遍命题形式（这是因为，首先，重言式是将逻辑运算运用到基本命题之上而得到的产物；第二，基本命题满足普遍命题形式；第三，逻辑运算的普遍形式就是普遍命题形式）。但是，重言式如何满足普遍命题形式，同时却不是命题呢？一个误解在于，《逻辑哲学论》会认为，满足了普遍命题形式的无论什么东西都必须是一个命题。再次考虑 TLP 4.5 中对普遍命题形式的刻画：

> ……给出最一般的命题形式……（就是）以这样一种方式给出任意记号语言中的诸命题的一个描述，使得每一个可能的含义都能被一个满足该描述的符号所表达，并且在诸名称的意义（meaning）得到了适当的选择时，每一个满足该描述的符号都可以表达一个含义。

---

① 我要对 Laurence Goldstein 表示感谢。他提醒我说，对于《逻辑哲学论》而言，重言式和矛盾式并非命题。关于他的观点和论证，请参见 Goldstein（1999：148 - 155）。

② 如果重言式并非命题，维特根斯坦为什么会在诸如 TLP 4.461（"无条件地为真"）和 TLP 4.464（"它为真是确定的"）这样的条目中，谈到重言式之为真呢？答案是，《逻辑哲学论》在谈论重言式（和矛盾式）的时候，还采用了我称之为"图式方法"的办法（a schematic way）。在 TLP 4.4 诸小节中，他提到了 Ln 个不同的真值条件聚合（groups，TLP 4.45），并且谈到了 Ln 个方法，在这些方法中一个命题可以图式地与它们的真值可能性一致或不一致。然后，他从命题中排除了 Ln 方法中的两个，因为对于相关基本命题的所有真值可能性而言，其中之一为"真"而另一个为"假"，因而它们没有表征任何可能的情形（TLP 4.46 - 4.463）。在真值函项逻辑的图式语境中，重言式可以被视作真值条件的聚合，因而可以被说成是对于相关基本命题的所有真值可能性而言为"真"的。在此，他的意思并不是说，一个重言式之为真与一个命题之为真的方式相同；后者通过与实在的一致性，并且作为一幅图像而得到定义（TLP 2.21 以及 4.06）。这只是一种图式的谈论方法，一个重言式被说成是真的、无条件地为真（TLP 4.461），并且它为真被说成是确定的（TLP 4.464）。这一点并没有与重言式并非命题这一观点相冲突。

最后一个分句是很重要的。一个满足普遍命题形式的符号可以表达一个含义,因此,一个命题(给定其构成性"名称"的意义[meaning]都可以得到适当的选择)也可以表达一个含义。重言式(和矛盾式)正是这样的符号:无法给它们的构成性记号选定意义(meaning)。但是,它们仍然符合 TLP 4.5 中对普遍命题形式的刻画。所以,尽管它们不是命题,但是满足普遍命题形式。它们仍然是运用语言之普遍规则的产物。这一点说明了,为什么它们是缺含义的(senseless;Sinnlos)而非无含义的(nonsensical;Unsinnig)。① 任何满足普遍命题形式的东西,也就是任何良形(well-formed)的东西,都不会是无含义的。重言式是符号系统的一部分,"就像'0'是算术符号系统的部分一样"②。我们可以说,一个重言式没有内容,就像 0 没有整数内容,正如"p v tautology≡p"和"a + 0=a"这样的情形所呈示的那样。一个重言式仍然可以在符号系统中具有一定的功能,正如 0 在算术中具有一定的功能一样。

不过,在某种意义上,这个功能是残余的(residual)。由于一个重言式不能表征实在,它的功能就局限于其形式所呈示的东西。它的形式(也就是其结构的可能性③)不能是任何具体的形式,而只能是普遍命题形式。否则的话,它就不能允许所有的可能情形。因此,它的结构正是普遍命题形式的实现(actualization)。所以,其结构所呈示的东西,已经被任意的命题所表示了,而这些命题正如重言式一样满足普遍命题形式。这样就说明了,维特根斯坦为什么会说"一个重言式通过这种联结其构成性部分的特定方式而产生,这

① TLP 4.461.
② TLP 4.4611.
③ TLP 2.033.

一事实刻画了其构成性部分的逻辑"①，以及"我们实际上不需要逻辑命题；因为在一个合适的标号中，我们事实上可以通过考察命题本身来认出命题的形式属性"②。重言式都是可消除的。无论如何，尽管重言式是残余，但是它们由语言的普遍规则所产生。它们并不言说（do not say），但是就像其他命题那样，它们都是语言之普遍规则的产物。

逻辑命题和命题，都是运用语言或者逻辑运算的普遍规则的结果。对《逻辑哲学论》而言，言说（saying）或者图像（picturing）就是运用逻辑运算，虽然逻辑运算不必是描画。例外的情形是逻辑命题（和矛盾式）。逻辑命题是语言之普遍规则的产物，但是它们关于世界没有任何诉说，因为它们拥有最普遍的命题形式。正是在这个意义上，我们应该将其视作"极限情形"③，或者视作属于语言的界限。语言之普遍规则的产物，要么在语言的界限之内，要么在语言的界限之上。那些在语言界限之内的都是命题，而那些在语言界限之上的都是逻辑命题（重言式）和矛盾式。它们都满足普遍命题形式，不满足普遍命题形式的东西都是无含义的（nonsensical）。《逻辑哲学论》不会也不能说无含义的记号是什么。只要知道，什么东西在语言的界限之内，什么在语言的界限之上就足够了。事实上，只要知道什么在语言的界限之内就足够了。因为，语言的界限是由命题之全体从语言内部决定的。

为语言划出界限的可能性，依赖于语言和逻辑的统一；这种统一，由普遍命题形式作为唯一的逻辑常项所保证。本章中，在"基本

---

① TLP 6.2.
② TLP 6.122.
③ TLP 4.466.

思想"和图像论的基础之上,我说明了《逻辑哲学论》如何得出结论说,普遍命题形式(由基本命题和非基本命题所满足)就是唯一的逻辑常项。①

① 本章完成期间,我从香港浸会大学获得了半年的休假(2003 年 1 至 7 月),并分别在 Clare Hall 和 the Faculty of Philosophy of Cambridge University 作为 visiting fellow and visiting scholar 进行访问。我对他们的支持十分感激。同时,我还想感谢 Laurence Goldstein、Peter Hacker,他们为本章和本章的早期版本提供了宝贵意见。

第十章

《逻辑哲学论》中
作为一种几何学的语言

一、Die Bildhaftigkeit[①]

在 TLP 4.011 中，《逻辑哲学论》尽管承认了语音标号（或者字母表）就像乐谱一样，初看上去似乎不是其所表征的东西的图像，但是该书仍然坚持这些"记号语言"（也就是语音标号和乐谱）被证明是其所表征的东西（分别是我们的言语和音乐）的图像，"即便在日常的意义上"也是如此（TLP 4.016 还说道："字母文字从〈象形文字〉中发展而来，且没有失去那些对于图像而言本质性的东西。"）。所以，与一些评论家（比如皮尔斯，1987，115－121）的观点相反，《逻辑哲学论》并非在使用一个类比，而是说一个命题在字面意义上（literally）就是一幅图像。一个命题如何在字面意义上是一幅图像呢？

《逻辑哲学论》在 TLP 4.012 中解释说："……一个形如'aRb'的命题让我们觉得像一幅图像。在这个情形中，记号显然是其所标记之物

---

① 用拆字法理解，"bild"表示"画""图像"，"haft"表示"像……一样"，"keit"作为词尾表示"性质"。因此，这个词大致意思为"像画一样的性质"。

的一种相似（likeness）。"命题及其含义（sense）之间的相似性，由所谓
"Bildhaftigkeit"或者图像特征（pictorial character）所构成。① 《逻辑哲
学论》接着通过内部的图像关系来刻画 Bildhaftigkeit，就像一部音乐的
不同记号语言（或者不同的表达方式）之间的内部相似性那样，而这种
内部相似性也被主张存在于语言和世界之间：

> 留声机唱片、音乐理念、乐谱和声波，彼此之间都存在着语言
> 和世界之间的那同一种内部图像关系……
>
> 存在着一条普遍的规则，音乐家可以通过它从总谱中获得交响
> 乐，而且这条规则使得从唱片的凹槽中产生交响乐成为可能，并且，
> 通过使用第一条规则再次产生总谱。那些似乎以完全不同的方式
> 而构造出来的东西之间的内部相似性，就是由此构成的。并且，那
> 条规则是投射法则（law of projection），它将交响乐投射至音乐标号
> 的语言中。它是将这个语言翻译为留声机唱片语言的规则。②

值得注意的是，该普遍规则也被称为"投射法则"（the law of
projection）。交响乐得以从总谱中产生的方式，大概是一种投射方法，
或者是一条由普遍规则决定了的具体规则。总体而言，我们表达方式
的所有模式的 Bildhaftigkeit，都包含在图像的逻辑中。③ 因此，对《逻辑
哲学论》而言，下列说法都是等价的：

[a] 一个东西可以是另一个东西的图像。

[b] 存在着一条图像的具体规则（由图像的普遍规则所决定）或者

---

① TLP 4.013.
② TLP 4.014 - 4.0141.
③ TLP 4.015.

一种投射的方法,一个东西可以通过它而从另一个东西中产生。

[c] 在两个东西之间存在着一种内在的相似性(或者一个东西是另一个东西的相似)。

二、普遍化的可能性

《逻辑哲学论》也将 Bildhaftigkeit 视作一种形式上的一致性(agreement in form)。因为,一幅图像要能够成为图像,它就必须拥有一个与实在共同的形式,即它的图像形式(pictorial form)。[①] 也就是说,一个东西可以成为另一个东西的图像,当且仅当它们拥有共同的形式。但是,为什么倘若一个东西是另一个的图像(反之亦然),在它们之间就必须有形式上的一致性,这一点是不清楚的。维特根斯坦后来在《哲学语法》中说,这种做法有误导性。实际上,他在《逻辑哲学论》中所做的,是扩展或普遍化"有共同性"(having in common)这个概念,并将其等价于投射概念:

> ……把我说过的东西归结起来就是:每一次投射都必须与被投射的东西具有共同之处,无论投射的方法是什么。但这只不过意味着,我在此只是将"有共同性"这个概念扩展到投射这一普遍的概念上。所以我只是在把注意力转向普遍化的可能性(当然,这一点可能十分重要)。[②]

另外,他在 1931 年告诉弗里德里希·魏斯曼(Friedrich Waismann,

---

① TLP 2.17 - 2.174 和 2.18 - 2.182。

② Wittgenstein, L. 1978 *Philosophical Grammar* [PG], R. Rhees (ed.), A. Kenny (trans.), Oxford: Blackwell, p.163.

1896—1959)，《逻辑哲学论》对图像之概念的继承"体现在两个方面：一是一幅画出的图像，二是一幅数学家的图像，后者已经是一个普遍性的概念了"①。实际上，《逻辑哲学论》已经指出了图像之概念与射影几何学（projective geometry）之间的关联。例如，正如之前已经提到的那样，在 TLP 4.0141 中的普遍规则也被称作"投射法则"。在 TLP 3.1 - 3.13 中，维特根斯坦将一个命题的可感记号视作对一个可能情况的投射，并且谈到了投射方法。这一切都点明了一种清楚的、解读关于图像的理论的方式，它反映出维特根斯坦在《逻辑哲学论》中实际上所做的事情。

在此可以得出两个要点。第一，应当这样来解读《逻辑哲学论》：将拥有一个共同形式这一概念等价于投射概念，而不是将 Bildhaftigkeit 视作形式上的一致性。这也就意味着，下列说法与[a]—[c]中的任何一个都是等价的：

[d] 两个东西拥有共同的（图像）形式。

为了理解逻辑哲学论式的图像概念，需要对[a]—[d]中一个关键概念的独立刻画。幸运的是，在下一个要点中，我们可以找到这样的刻画。

第二个要点是，逻辑哲学论式的图像概念，是对一幅图像的数学概念的普遍化，正如射影几何学中例示的那样。② 关键在于，把有共同性这一概念视作与投射概念相等价的做法，体现在对下列观点的采纳里："每一次投射都必须与被投射的东西具有共同之处，无论投射的方法是

① Wittgenstein, L. 1979 *Ludwig Wittgenstein and the Vienna Circle* [LWVC], B. McGuinness (ed.), J. Schulte and B. McGuinness (trans), Oxford: Blackwell, p.185.
② Rhees, R. 1996 "Miss Anscombe on the Tractatus", in R. Rhees, *Discussions of Wittgenstein*, Bristol: Thoemmes, p.4.

什么。"这里的共同之处就是一个投射的形式。无论在什么投射方法下（或者在所有具体的投射规则下），一个投射的形式都是不变项（invariant）。于是，《逻辑哲学论》所采纳的射影几何学观念便是，射影几何学由具体的投射规则和不变项（投射的诸形式）构成，并受到下列限制：

两个图形（figure）拥有共同的不变项（投射的形式），当且仅当存在一条具体的投射规则，根据该规则，一个图形可以被投射到另一个图形上。

我们将会看到，这个限制正是保证了那些不变项的概念一致性（consistency），并因此保证了那些不变项的可能性的东西。在一个图像（depiction）的情形或者[d]中，一个（图像）形式被刻画为一个在所有具体图像规则下的不变项。在语言的独特情形中，一个命题形式被刻画为一个在所有具体语言规则下的不变项。于是，[a]—[d]之间的相互等价性可以被明确表述为：

存在着一条图像的具体规则，根据该规则，一个东西可以从另一个东西中产生（或者一个东西与另一个东西相似，或者一个东西是另一个东西的图像），当且仅当这两个东西拥有共同的不变项（图像形式）。

语言必须满足怎样的条件，以致上述刻画是有意义（makes sense）并且一致的？

三、语言、几何学以及埃尔朗根纲领

当然，《逻辑哲学论》并没有将语言等价于射影几何学，而是认为语言是一种几何学，就像射影几何学那样。语言如何成为一种几何学呢？为了看出这一点，假定 X 是一个集合，并且 G 是一个规则的集合（此后称为"G-规则"），其中的每一条规则都将 X 的成员遣至（或者映射到）X 的成员上。一个 G-不变项，或者一个 G-形式，可以被定义为在所有 G-规则的应用下都不变的东西。<G，X>这样一个对（pair）决定了一种几何学，如果：

［＊］X 的两个成员拥有相同的 G-形式（G-不变项），当且仅当 G 中有一条规则，根据该规则一个成员被映射到另一个成员。

<G，X>必须满足哪些条件，以致［＊］中的概念是一致的且得到了良好定义？将关系～定义如下：A～B 当且仅当有一条 G-规则，根据该规则 A 被映射到 B。很容易证明，条件［＊］得到满足当且仅当～是一个等价关系（equivalence relation）。在后一种情形下，一个 G-不变项（G-形式）等同于划分 X 的等价类（equivalence classes which partition X），而这一点将保证一个 G-形式的概念得到了良好定义。而且，还可以证明：～是一个等价关系，当且仅当配置了复合运算（composition operation）的 G 构成一个（数学的）群（group）（关于细节，可以参考任何一本优秀的代数教材，或者 Yaglom 1988，112-116[①]）。让我在此对群的概念进行一个说明。G 配置了复合运算，如果：

对于 X 的任意成员 A、B 和 C，如果有一条 G-规则 α 将 A 映射到 B，以及一条 G-规则 β 将 B 映射到 C，那么就有一条 G-规则将 A 映射到 C。

在这种情形下，将 A 映射到 C 的 G-规则或可记为"β ○ α"，或者仅仅是"βα"。此处的运算 ○ 就被称作"复合"。配置了该复合运算的 G 被称为一个"群"，如果下列条件都得到了满足：

（1）对于任意 G-规则 α 和 β，βα 都是一条 G-规则。

---

① Yaglom，I. M. 1988. *Felix Klein and Sophus Lie*，H. Grant and A. Shenitzer (ed.)，S. Sossinsky (trans.)，Boston：Birkhäuser，pp.112-116.

（2）对于任意 G-规则 α、β 和 γ，(αβ)γ＝α(βγ)。

（3）存在一条 G-规则，记为"ε"，以致对于任意 G-规则 α，αε＝εα＝α。ε 被称为 G 的单元(unit)。在这种情形下，ε 是一条将 X 的一个成员映射到相同成员的 G-规则。

（4）对于任意 G-规则 α，存在一条 G-规则 β 以致 βα＝αβ＝ε。在这种情形下，ψ 被称为 α 的倒数(inverse)，或可记为"α⁻¹"。

借用通行的数学用语，一条 G-规则是从 X 到 X 的变换(transformation)，并且，如果 G 满足了上述四个条件，它就是一个变换群。于是，一个几何学可以被定义为由一个变换群所决定的东西，该变换群以在该群的所有变换下的不变项(形式)作为其对象(objects)。射影几何学在此处是一个特例，其中 G 是所有具体投射规则的集合，且 G-不变项是投射的形式。《逻辑哲学论》会说，语言也是一样。

语言是另一个具体情形，其中 X 是所有事实的集合①，G 是所有具体语言规则的集合，而 G-不变项是图像形式。我主张《逻辑哲学论》持有上述观点，这个主张得到了前面引用的 TLP 4.014 - 4.0141 中段落的支持。普遍规则(或者投射法则)使得从总谱中(通过一条具体规则)得到交响乐成为可能，从凹槽中(通过另一条具体规则)得到交响乐成为可能，并且(使用第一条[具体的]规则)从交响乐得到总谱成为可能。令此处涉及的两条规则分别为 φ 和 ψ。φ 将总谱遣至交响乐，也正是这同一条具体规则将交响乐遣回总谱，而 ψ 则将凹槽遣至交响乐。在这种情形下，φφ 将总谱遣至自身，并因此成为单元规则 ε。同样地，φ 是 φ 自身的倒数规则(inverse-rule)。这就表明，第一，具体规则的复合是可能的，而且会产生另一条具体规则，也就是说(1)成

———————————
① TLP 2.141 和 3.14。

立。第二，存在着一个单元规则，即，ε 存在且(3)成立。第三，每一条具体规则都有一个倒数规则，即(4)成立。《逻辑哲学论》没有表明是否可以接受(2)。但是，给定其他三条都得到了接受，我们可以合理地相信它的确接受了(2)。这样一来，《逻辑哲学论》实际上就将所有的具体图像规则或者具体语言规则的集合视作一个变换群。于是，图像形式或命题形式，就是在一个变换群下的不变项。于是我们就证明了，对于《逻辑哲学论》来说语言是一种几何学，拥有在相应变换群下的不变项作为其对象。

1872 年，数学家菲利克斯·克莱恩在其著名的"开幕讲座"中宣布了后来被称为"埃尔朗根纲领"(Das Erlanger Programm)的方案①，其核心是定义了一种研究变换群下不变项的几何学。② 后来发现，"埃尔朗根纲领"可以刻画射影几何学、欧几里得几何学和一些非欧几里得几何学，但是不能刻画代数几何学和黎曼几何学(对"埃尔朗根纲领"的一个精彩讨论，参见 Yaglom, 1988, 111 - 124)。无论如何，我们仍然可以说，针对一个变换群下的不变项所开展的研究是一种几何学。在 19 世纪晚期和 20 世纪早期，"埃尔朗根纲领"曾在数学家和物理学家中间很有影响力，也影响了那些对数学和科学的进展感兴趣的哲学家。从《论数学基础》③《数学原理》④和《逻辑哲学论》的前言⑤中可以看出，罗素

① Klein，F. 1921 "Vergleichende Betrachtungen über neuere geometrische Forschungen (Das Erlanger Programm.)"，in F. Klein，*Gesammelte Mathematische Abhandlungen*，*Erster Band*，Berlin：Julius Springer，pp.460 - 497.

② Ibid. p.463.

③ Russell，B. 1897 *An Essay on the Foundations of Mathematics*，Cambridge：Cambridge University Press.

④ Russell，B. 1937 *The Principles of Mathematics*，London：George Allen & Unwin，pp.435 - 436.

⑤ TLP, p.xi.

受到了克莱恩的巨大影响。尚不确定维特根斯坦是否知道"埃尔朗根纲领",但是,正如本章中的讨论所表明的那样,至少《逻辑哲学论》很有可能受到了一些源自"埃尔朗根纲领"的观点的影响。

第十一章

《逻辑哲学论》中的
不可言说性和无含义

一、对《逻辑哲学论》的正统解读

《逻辑哲学论》中的很大一部分篇幅，似乎都在给出各种关于实在、语言和逻辑的哲学或形而上学论题。因此，当该书的作者写出下列一段话的时候，让人感到颇为惊讶：

> 我的诸命题以如下的方式成为一种阐明：任何理解我的人，最终都会发现它们是无含义的，当他使用了这些命题——作为阶梯——来攀登并超越它们之后。（可以说，他必须在攀登完后扔掉梯子。）
>
> 他必须超越这些命题，然后他就能以正确的方式看待世界。①

书里的阐明性句子（elucidatory sentences）——很显然包括了一些

———————

① TLP 6.54.

似乎在讨论各种哲学论题的句子——怎么会是无含义的呢？这些无含义的句子又怎么会是某种阐明呢？它们怎么能帮助我们（通过认识到它们的无含义性）以正确的方式去看待世界？理解逻辑哲学论式的无含义概念和阐明概念，不仅对于回答上述问题来说十分关键，对于正确地理解《逻辑哲学论》而言也是必要的。

对《逻辑哲学论》的早期评论，比如罗素的引言和拉姆塞（Frank Ramsey，1903—1930）在《心灵》（1923）上的书评，已经注意到并就维特根斯坦关于无含义和阐明的独到观点发表了评价。罗素说道："令人迟疑的是，维特根斯坦先生还是设法对那些不可说的东西说了挺多。"①拉姆塞也抱怨说："维特根斯坦先生认为，那些表面上断定了对象的如此这般属性的句子，都是无含义的；但是，这些句子又和某些不可表达的东西之间有着说不清道不明的关系。"②

然而，倘若不是"坚决式阅读"③"新维特根斯坦主义"（New Wittgensteinian）④"治疗式解读"（therapeutic reading）⑤或者"后现代式诠释"（post-modernist interpretation）⑥的出现与挑战，这些早期评论是不会体现出所谓"正统解读"的。所谓坚决式阅读，首先由科拉·黛蒙德（Cora Diamond，1988）提出，并由詹姆斯·科南特（James Conant，1989）、托马斯·里基茨（Thomas Ricketts，1996）、沃伦·戈德法布（Warren Goldfarb，1997、2011）、迈克尔·克莱默（Michael Kremer，2001、2002、2007）和其他人进一步发展。坚决主义者将他们的攻击对象称为"标准

---

① TLP xxi.
② 1923，p.474.
③ Goldfarb，1997，p.64；73，n.10.
④ Crary and Read，2000，p.1.
⑤ McGinn，1999.
⑥ Hacker，2000.

解读"①"不坚决解读"②"传统解读"③和"不可说诠释"④。标准解读的
主要支持者,包括拉姆塞(1923)、G. E. M.安斯康姆(G. E. M.
Anscomb,1959)、霍华德·芒斯(Howard Mounce,1981)、彼得·哈克
(Peter Hacker,1972、1986)、大卫·皮尔斯(David Pears,1987)和汉斯-
约翰·格洛克(Hans-Johann Glock,1996)。安斯康姆和哈克是坚决主
义者的两个主要攻击对象。这些人对《逻辑哲学论》的各种诠释可被视
作一个整体,我将把它们称作"正统解读"⑤。相应地,坚决主义解读将
被称为"非正统"解读。在后文中,我将对其进行详细的介绍和考察。

首先,我将对构成了正统解读的一些主要观点进行总结。下面将
要呈现的观点由一些正统解读者共享,并且他们之间似乎没有人反对
这些观点。这些观点构成了正统解读者所持有观点的一般性内容。

根据正统解读,维特根斯坦认为《逻辑哲学论》中的阐明性句子试
图说出不可说的东西,例如,试图说出实在的形而上学以及语言和逻辑
的本质。⑥ 理解了《逻辑哲学论》作者的人,应该能够认识到这些阐明
性句子的无含义性。它们是无含义的,因为它们的构成性记号通过一
种违反逻辑语法的方式联结在一起。⑦ 作为无含义的句子,它们不能
说出、呈示或者传达任何东西。⑧ 然而,这些无含义的阐明性句子所试
图说出的东西,可以被说出其他东西的有意义(significant)句子(命题)

---

① Conant,2002,p.392.
② Goldfarb,1997,p.64;Conant,2004,p.171.
③ Crary and Read,2000,p.5.
④ Conant,2000.
⑤ White,2011.
⑥ 例如 Ramsey,1923,p.474;Anscombe,1959,pp.85-86,161-173;Hacker,
  1972/1986,pp.15-27。
⑦ Hacker,1972/1986,pp.25-26;Glock,1996,pp.258-262.
⑧ Hacker,1972/1986,pp.25-27.

或者缺含义（senseless，sinnlos）的逻辑命题所呈示。这些无含义的阐明性句子进行阐明的方式，是将我们的注意力导向有意义的（significant）句子（或者缺含义的逻辑命题），而这些句子呈示出它们（也就是那些无含义句子）所试图说出的东西。[1] 它们之所以能够做到这一点，是因为它们的构成性记号是日常语言中的熟悉词汇，并且，它们的无含义性是违反了这些熟悉记号的逻辑语法的结果。通过认识到它们的无含义性，我们可以被引导着看出：那些有意义的（significant）句子（命题）——在其中相同的记号起到了符号化作用——呈示出它们（也就是那些无含义句子）试图说出的东西。[2]

二、第一个批评及回应

对正统解读来说，坚决主义者是最著名、也许还是最一致的批评者。接下来，我将介绍坚决主义者最有力的四个批评，并说明正统解读者是怎样回应的——或者，他们可以给出怎样的回应。坚决主义者的批评如下。① 正统解读者认为，在 TLP 6.54 中提到的阐明性无含义句子，可以"呈示""指向""传达"或者"传输"那些不可说的"洞见"或者"真理"。但是《逻辑哲学论》中没有这样的观点。② 正统解读者认为，存在两种不同的无含义——单纯无含义和实质无含义。而且，哈克还认为，实质无含义是违反逻辑语法的结果。但这些观点是错误的，因为《逻辑哲学论》持有一种简朴的无含义观念，根据这种观念，只存在单纯无含义。③ 关于正统解读，《逻辑哲学论》预设了一个明确了含义条件（sense conditions）的意义理论（theory of meaning）。要认识实质无

① Ramsey，1923，p.474；Hacker，1972/86，pp.18 - 19.
② Mounce，1981，pp.101 - 109；2001，pp.187 - 189.

含义,就要运用该理论。但是《逻辑哲学论》不会接受这种观点。④ 坚决主义解读认为,那些无含义的逻辑哲学论式句子只不过是乱码(gibberish),它们并不想传达出任何东西。所以,正统解读者认为无含义的逻辑哲学论式句子"试图"或者"想要"说出、呈示或者传达那些不可说的东西,这样的观点是不正确的。

第一个批评是,根据正统解读,在 TLP 6.54 中提到的无含义阐明性句子可以"呈示""指向""传达"或者"传输"不可说的"洞见"或者"真理"。① 但是坚决主义者认为,在《逻辑哲学论》中没有这样的观点。正统解读者没有严肃地对待 TLP 6.54 中关于无含义的说法。在无视6.54 的情况下,他们认为维特根斯坦试图"向我们呈现出一些实在之中的东西,一个句子所说的情况确实如此的可能性。这些东西是不可说的,但由该句子所呈示"②。黛蒙德把这一点叫作"逃避"(chicken out):"所谓逃避,就是假装扔掉梯子,实际上却稳当地站在上面——或者尽可能稳当地站在上面。"③

这个批评表明了坚决主义者对正统解读的一个严重误解。④ 要注意的是,正统解读者也认为无含义句子不能说出、呈示或者传达任何东西。《逻辑哲学论》的确认为,无含义的阐明性句子想要说出某些不可被说出但可被呈示的东西;然而,不可说的真理并不是由这些无含义句子所呈示出来的,而是由说出其他东西的有意义(significant)命题(或者由缺含义的逻辑命题)的特征所呈示出来的。坚决主义者似乎错误

---

① Diamond, 1988, pp.7, 10; 2001, p.153; 2004, p.66; 2011, p.348; Conant, 2000, pp.177, 199; 2002, pp.376, 425; 2004, pp.170 - 171; 2007, p.44; Goldfarb, 1997, pp.61, 64; 2011, pp.7, 12 - 14.

② Diamond, 1988, p.10.

③ 1988, p.20;同样参见 p.7。

④ 参见 Cheung, 2008。

地认为,由于正统解读者认为无含义的逻辑哲学论式句子想要说出那些可以被呈示的东西,它们就必须由那些无含义句子本身来呈示或传达。让我举出一些文本证据来支持上述评论。安斯康姆写道:

> 那些不可被"说出",但是可以被"呈示"或"展示"的东西,在《逻辑哲学论》中是一个重要的部分。也就是说,把它们称作"为真"是正确的,如果它们可以被说出——这根本不可能;事实上它们不能被称作为真,因为它们不能被说出,但是在那些说出了各种各样可以被说出的东西的命题中,它们"可以被呈示",或者"得到了展示"。①

安斯康姆在这里说得很清楚,不可说的东西并不由任何一个无含义的句子所呈示,而是由"那些说出了各种各样可以被说出的东西的命题"所呈示,即由那些说出了其他东西的有意义(significant)命题所呈示。哈克也在许多地方表达了类似的观点,例如:

> 维特根斯坦自己的命题……(借由《逻辑哲学论》的启示)都是无含义的伪命题。它们完全不呈示任何东西。那些被认为呈示了《逻辑哲学论》似乎想要说出的不可说真理的命题,并非这些伪命题,而是良形(well-formed)的命题(包括缺含义的逻辑命题)。②

哈克说得非常清楚,无含义的逻辑哲学论式句子并不呈示任何东西。它们想要说出的东西(这些东西是不可说的)由良形的命题所

---

① Anscombe, 1959, p.162.
② Hacker, 2000, p.356;同样参见 Hacker, 1972/1986, p.18; 2001, p.326。

呈示。

而且,我们很容易就能找到支持正统解读的文本证据。例如:

因此,命题"fa"呈示出,对象 a 出现于该命题的含义中,而"fa"和"ga"这两个命题则呈示出,它们提到了同一个对象。①

"a 出现于'fa'的含义中"这样一个句子,试图说出一些不可说之事(见 TLP 4.1211)。句子"a 出现于'fa'的含义中"是无含义的。尽管它想要说出一些东西,它却不能说出、呈示或者传达任何东西。但是,"fa"这样一个有意义的(significant)句子(命题)呈示出,a 出现于"fa"的含义中。无含义句子"a 出现于'fa'的含义中"想要说出却不能说出的东西,由有意义的(significant)命题"fa"所呈示。换言之,呈示出某些东西的,并非无含义句子"a 出现于'fa'的含义中",也不是同样无含义的句子"'fa'呈示出 a 出现于'fa'的含义中",而是有意义的(significant)句子"fa"。

确实有一些早期的著名评论家认为,维特根斯坦认为他自己的无含义句子能够呈示出不可说的真理。例如,马克斯·布莱克认为,无含义的阐明性逻辑哲学论句子是"形式陈述,'呈示出'一些可以被呈示的东西"②。但是,哈克指出了布莱克观点的不正确之处。③ 近期,一些对正统解读抱有同情的评论家也犯过类似错误。一个例子是罗杰·怀特(Roger White)。他知道,对于《逻辑哲学论》而言,无含义不能说出或者呈示任何东西,并且,无含义的逻辑哲学论式句子想要说出的东西是

① TLP 4.1211.
② Black,1964,p.381.
③ Hacker,1972/1986,pp.25 - 26.

不可说的，而是由"我们对语言的有意义使用（meaningful use）"所呈示。① 但是，他仍然试图论证和说明，无含义句子如何可以将我们引向那些由语言之有意义使用（meaningful use）所呈示出来的东西，并认为这里涉及了某种间接的传输。② 这似乎是不正确的。对正统解读和《逻辑哲学论》来说，无含义的句子不能"传输"任何东西，不论是直接的还是间接的。无含义的逻辑哲学论式句子如何将某人"引向"——以一种不同于传达或"传输"的方式——那些呈示出不可说之物的有意义（significant）句子呢？ 在前文的总结里面，已经简短地回答了这个问题。在后文考察第四个批评的时候，还要对之作出进一步的说明。

三、第二个批评及回应

根据坚决主义者的第二个批评，我们从正统解读中可以得出：有两种不同类型的无含义——单纯无含义和实质无含义；不可说的洞见可以由无含义的阐明性逻辑哲学论句子所呈示、"指向"或者传达，并且，这些句子的无含义是实质性的。③ 而且，据称哈克（正统解读的一个代表性人物）认为，实质无含义是违反逻辑语法的结果。④ 对坚决主义者来说，这些观点都是错误的。这是因为，《逻辑哲学论》持有某种朴素的无含义观念，根据这种观念，只有一种类型的无含义——单纯无含义，也不存在违反逻辑语法这种事。⑤ 他们的主要文本证据是 TLP 5.4733：

① White，2011，p.44.
② White，2011，pp.52-59.
③ Diamond，2001，pp.150-154.
④ Conant，2000，p.177.
⑤ Conant，1989，pp.247-248；2000，pp.190-191.

弗雷格说,任何合法构造出来的(rechtmäßig gebildeter)命题(Satz；sentence)都必须拥有一个含义。我说,任何一个可能的命题都是合法地构造出来的,并且,如果它没有含义,那么只能是因为我们没能为它的构成性部分赋予意义(meaning)(即便我们以为自己已经这么做了)。

所以,"苏格拉底相等"什么也没有说的原因在于,我们并没有给"相等"这个词赋予任何形容性的意义(meaning)。因为,当它作为相等的一个记号而出现时,它以一种完全不同的方式在进行符号化——标记性关系是完全不同的,因此,两种情形中的符号完全不同：这两个符号仅仅是拥有同一个记号,而这完全是一个意外。

根据黛蒙德的观点[1],TLP 5.4733 的重点之一是"没有任何句子-构造是非法地构成的",而这一点可以推出"不存在这种情况：一个句子之无含义,是由于其中记号的使用方式受到了排除"。[2] 因此,不存在违反逻辑语法这种事。根据科南特的观点[3],TLP 5.4733 中的"只能是"一词证明了,对《逻辑哲学论》而言,只有没能确定意义(meaning)而导致的无含义,因此,再一次地,不存在违反逻辑语法这种事。

坚决主义者似乎给出了两种区分单纯无含义和实质无含义的方法。一方面,黛蒙德将这种区分刻画为存在于下列二者之间：单纯无含义——或者说像"piggly wiggle tiggle"这样的乱码,以及"那些是无含义的,但是假如可以算作有含义,那么其意思就是如此这般的

---

[1] 1988，pp.22 - 23；2005，pp.88 - 89.

[2] 2005，p.89.

[3] 2002，pp.411 - 412；2004，p.184.

(means these things)句子"——或者说，"那些算作无含义但设法指示了(gesture towards)不可言喻的东西的句子"。[1] 科南特也认为，"根据那种实质性的观念，阐明的任务就是'呈示'不可说的东西"[2]，以及"(《逻辑哲学论》中的阐明性命题)都是深藏的无含义的一种形式，某种特别的洞见通过它们而传达出来"[3]。

另一方面，科南特虽然也将单纯无含义刻画为乱码，但是，实质性无含义是可理解的无含义，其形式是"违反我们语言语法的各种方式"[4]。他同样将单纯无含义刻画为完全无法理解的东西[5]，或者说"一个由记号组成的字符串，在其中找不到任何符号，并因此没有可供切分的逻辑语法"[6]。实质性无含义则是"由可理解的成分所构成，这些成分以一种非法的方式组合在一起——它表达了一个逻辑上不融贯的思想"[7]，或者说"一个由起到符号化作用的记号所组成的命题，但其中存在一个逻辑上有缺陷的语法，该缺陷是由符号的逻辑范畴之间的冲突导致的"[8]。大致地说，这里的区分处于下列二者之间：像乱码一样的单纯无含义，以及由违反逻辑语法所导致的无含义。

现在我将转向对第二个批评的回应。正如已经指出的那样，正统解读者坚持认为：无含义不能说出、呈示或者传达任何东西，并且不可说的东西不是由无含义的句子而是由有意义的(significant)句子(或者缺含义的逻辑命题)所呈示。下列主张是错误的：正统解读者认为

---

① 2001，p.150.
② 2000，p.177.
③ 2004，p.171.
④ 1989，p.248.
⑤ Conant，2000，p.176.
⑥ p.191.
⑦ p.176.
⑧ p.191.

一些无含义能够呈示或者传达出某些东西。

另一个主张也是不正确的：诸如哈克这样的正统解读者认为，实质无含义是违反了逻辑语法的结果。因为，正统解读者根本不认为存在着一种实质无含义。不过，正统解读者确实认为，存在着一些由违反逻辑语法而导致的无含义记号组合，并且它们正是 TLP 6.54 中提到的那一类无含义句子。因此，正统解读者必须要反对坚决主义者的主张：根本不存在违反逻辑语法这么一回事。

哈克指出，科南特的观点（"逻辑语法并不处理［单纯的］记号；它处理的是符号"[①]）是不正确的。按照哈克，科南特的观点"是对下列正确观点的混淆：根据《逻辑哲学论》，无含义的记号是可以存在的，但是无含义的符号不可以。因为符号就是根据正确的使用规则而得到使用的记号"[②]。实际上，就"逻辑语法规则支配着记号之使用"这样一个观点而言，我们很容易就能找到支持性的文本证据，例如 TLP 3.325（"一个记号-语言……由逻辑语法所支配"）、TLP 3.33 - 3.331、TLP 6.124（"如果我们知道任意记号-语言的逻辑语法，那么我们就已经得到了所有逻辑命题"）和 TLP 6.126。

哈克承认，"违反逻辑语法"这样的说法并没有出现在《逻辑哲学论》里。但是他接下来又说："很显然，倘若没有违反逻辑语法这么一回事，就不会有按照逻辑语法来使用记号。"[③]在指出逻辑语法涉及记号而非符号之后，哈克似乎认为这一点是很明显的：我们能够以违反逻辑语法的方式来使用记号。

但是，仅凭这一点并不能有效地应对坚决主义者的攻击，因为他们

① Conant，2001，pp.41 - 42.
② Hacker，2003，p.13.
③ Hacker，2003，p.13.

诉诸 TLP 5.4733。该条目似乎在说，并不存在因为违反逻辑语法而产生的无含义，也不存在以违反逻辑语法的方式来使用记号的情况。正统解读者需要表明，坚决主义者对 TLP 5.4733 的诠释是不正确的。我将要论证，这个目的可以通过下列方式达到：证明 TLP 5.4733 与坚决主义者对无含义概念的理解相矛盾。

尽管"相等"这样一个记号在英语中并不是形容词的记号，但是在 TLP 5.4733 的语境下，它本应被指派一个形容词的逻辑形式，即它本应起到一个形容词的符号化作用。这样一来就解释了，为什么在那里它会被称为一个形容词（Eigenschaftswort）。在这种情况下，于"苏格拉底相等"中得到使用的"相等"记号，作为一个形容词的记号而得到了全新的使用。其使用方式与形容词的逻辑语法规则相一致。于是，句子"苏格拉底相等"是合法地构造出来的（rechtmäßig gebildete），或者说是良形的，并因此是一个可能的句子。句子"苏格拉底相等"——作为一个可能的记号——必定能够标记一个含义（同样参见 TLP 5.473）。但是，根据 TLP 5.4733，它仍然没有含义。这是因为，并未将一个意义（meaning）——一个形容词的意义——赋予其构成性记号"相等"。所以，维特根斯坦在 TLP 5.4733 中所说的主要是：如果一个可能的句子（该句子必须是合法地构造出来的）没有含义，这只能是因为没有将意义（meaning）赋予它的某些构成性部分。维特根斯坦在这里谈论的，是合法构造出来的句子。我们不能据此得出结论说，不存在非法构造出来的句子，或者不存在以违反逻辑语法的方式来使用记号这么一回事。

更重要的是，TLP 5.4733 实际上允许以违反逻辑语法的方式来使用记号的可能性。维特根斯坦在 TLP 5.4733 的最后一个部分中说，当"相等"被视作同一性符号的记号时，它被用作一个与形容词不

同的符号的记号。他似乎是在说，如果"相等"在"苏格拉底相等"中
被用作同一性符号的记号，那么其使用就违反了同一性符号的逻辑语
法规则，因而句子"苏格拉底相等"是无含义的。看起来，TLP 5.4733
允许以违反逻辑语法的方式来使用记号的可能性。坚决主义者的主
要文本证据实际上会反对他们的观点：没有违反逻辑语法这么一
回事。[①]

四、第三个批评及一个简单的回应

坚决主义者的第三个批评是：正统解读者认为，《逻辑哲学论》发
展了一种意义理论（theory of meaning），该理论明确了含义之条件
（sense conditions），而且我们对实质无含义的认识需要运用该理论。
但是《逻辑哲学论》不会接受这样的观点。[②]

哈克对此有一个简单的回应：[③]《逻辑哲学论》不需要也没有认为，
我们对无含义的认识需要一个意义理论，《逻辑哲学论》也没有发展这
样的意义理论。这是因为，如果某人知道逻辑语法的规则，她就可以认
识到无含义，从而完全无须使用任何意义理论。

五、第四个批评及回应

坚决主义者的第四个批评是：根据坚决主义解读，无含义的逻辑

---

① 亦可参见 Cheung, 2008，pp.205 - 210。
② Diamond, 2005, pp.78 - 79；Conant, 2001, p.39；2002, pp.393 - 394；2007,
p.44。
③ 2003, pp.11 - 13。

哲学论句子仅仅是乱码而已。它们并不想传达出任何东西。因此，正统解读的下列观点是错误的：无含义的逻辑哲学论句子"尝试着"或"想要"说出、呈示或传达不可说的东西。①尚不清楚此处涉及的论证究竟是什么，或许是这样的一个论证：《逻辑哲学论》持有某种朴素的无含义观念，根据这种观念，只有一种无含义——单纯无含义；而《逻辑哲学论》认为，单纯无含义不能说出、呈示或者传达任何东西。维特根斯坦当然不认为，单纯无含义可以试着说出或者传达那些不可说的"洞见"，就像乱码也做不到这些事情一样。

事实上，正统解读者的确认为，无含义的逻辑哲学论句子试着说出某些不可说的东西。但是《逻辑哲学论》并未持有朴素的无含义观念。无含义的逻辑哲学论句子并非乱码，而且根据《逻辑哲学论》的论述，它们可以引导着我们看出：它们所试图说出的东西可以被有意义（significant）句子（或者缺含义的逻辑命题）所呈示。话虽如此，正统解读者仍有责任表明：《逻辑哲学论》中的一些无含义句子试图说出某些不可说的东西，而我们对其无含义性的认识可以帮助我们看出，它们所试图说出的东西通过有意义的（significant）句子而呈示出来。同时，正统解读者也有责任来说明，根据《逻辑哲学论》的论述，这些无含义句子如何能够将我们引向（以一种不同于说出、呈示、传达或者"传输"［communicating］的方式）那些呈示了不可说之"真理"的有意义（significant）句子。

要为下列观点找到文本证据并非难事：《逻辑哲学论》中的无含义句子（包括哲学作品中的句子）可以试着说出某些不可说的东西。下面就是一个例子：

---

① Diamond，1988，p.7；2011，pp.335－337；Conant，1989，p.247；2004，p.171.

　　无限性公理(the axiom of infinity)所**试图说出**(sagen soll)的东西,会通过无限多的、拥有不同意义(meanings)的名词的存在,而在语言中表达它自身。①

　　根据维特根斯坦的主张,无限性公理是无含义的,但是它可以试图说出某些重要的东西。他还认为,正如他在 TLP 6.54 中所说的那样,通过认识到其无含义性,某人可以被引导着以正确的方式看待世界。这一点似乎就意味着,某人可以看出:无含义的无限性公理所试图说出的东西,由我们对语言中符号及名称的使用而呈示出来。但是,如果这里的“引导”不是说出、呈示、传达或者传输的话,那它究竟是什么呢?

　　许多正统解读者,包括安斯康姆和哈克在内,并没有试着回答这个问题。这也许是因为,他们认为《逻辑哲学论》在这个问题上犯了错误,因而没有必要去找出“引导”是如何可能的,以及它如何可以是某种不同于说出、呈示或者传达的东西。无论如何,芒斯(1981)尝试着解释了维特根斯坦的想法。我们都知道,维特根斯坦认为,形而上学的混淆源于我们误解了自己语言的逻辑。芒斯写道:

　　　　在形而上学混淆中,我们之所以没有注意到(这种混淆),是因为我们使用的词语都是熟悉的词语。正是这一点将它们与单纯的乱码区分开来,并使得它们看上去是有含义的。②

　　例如,我们在形而上学句子“A 是一个对象”中使用了熟悉的词语,但是没能有意义地(significantly)使用它们,这样一个事实使得它看上

① TLP 5.535,加粗为本书作者添加。
② Mounce,1981,p.105.

去是有含义的，但它是无含义的。它仍然没能说出、呈示或者传达它所试图说出的东西。不过，根据《逻辑哲学论》的论述，它可以在下列命题语境中将我们引向呈示其自身的东西：在该命题语境中，熟悉的词语（记号）起到了符号化作用。就此，芒斯（2001）在下列段落中解释道：

> 《逻辑哲学论》中的命题，并非想要指明那些避开了语言之中介（medium）的东西，而是将我们的注意力引向那些在该中介中呈示其自身的东西，它们就是这样成为阐明性的。例如，假设维特根斯坦说"A 是一个对象"，如果我们理解他的话，我们就把自己的注意力引向那些在记号"A"的使用中呈示其自身的东西。①

让我（再一次）通过"a 出现于'fa'的含义中"这样一个例子来进行说明。根据《逻辑哲学论》的论述，该句子是无含义的，因为其构成性记号以违反逻辑语法相应规则的方式组合在一起。为了看出这一点，要注意记号"a"在命题"fa"中起到了符号化作用，而非在句子"a 出现于'fa'的含义中"中。同样，该句子的构成性记号"fa"并没有符号化一个命题。该句子的使用者想要的东西，既不能被任何命题说出，也不能被该无含义句子本身所呈示或者传达；但是它可以被有意义的（significant）句子"fa"所呈示。所以，无含义句子"a 出现于'fa'的含义中"是阐明性的，是因为我们通过认识到其无含义性并因此把握了熟悉记号的逻辑语法规则，该句子中诸如"a"和"fa"这样的熟悉记号会将我们的注意力引向有意义的（significant）句子"fa"。在这个有意义的句子中，"a"和"fa"起到了符号化的作用，从而将我们的注意力引向"fa"所呈

① Mounce，2001，p.188；see also 2003.

示出来的东西。

但是，我们有理由怀疑，上述"引导"是否真的可以（通过一种不同于说出、呈示或者传达的方式）将我们的注意力引向在日常语言中对熟悉词语（记号）的有意义使用（significant use）。事实上，诸如拉姆塞（1923，p.474）、安斯康姆（1959，pp.85-86）、哈克（1972/1986，pp.26-27）、芒斯（1981，pp.107-109；2003，pp.187-189）以及格洛克（2004，pp.237-238）这样的正统解读者，都认为维特根斯坦在这一点上是错误的。这对《逻辑哲学论》的作者来说是一个难题。

六、作为《逻辑哲学论》非正统解读的坚决主义

坚决主义解读者提出了一种新的《逻辑哲学论》解读主张，并试图通过攻击正统解读者来赋予其独特性和正确性。因此，它应当被视作一种非正统解读方式。接下来，我将对该解读进行介绍和考察。

坚决主义解读的支持者敦促我们，要严肃地看待维特根斯坦在TLP 6.54 中就阐明性句子之无含义性所说的话。他们宣称，所谓严肃地对待 TLP 6.54，就是要采纳被科南特和黛蒙德[①]视作坚决主义解读的两个基本特征的观点，这两个基本特征充分地刻画了坚决主义解读。第一个基本特征是，无含义（包括无含义的阐明性句子）不能传达任何不可说的真理。第二个基本特征是，《逻辑哲学论》并没有发展任何明确了含义之条件的意义理论——认识阐明性逻辑哲学论式句子的无含义性，要求我们应用该理论。[②]

---

① 2004，pp.47-49.

② 同样参见 Diamond，2005，pp.78-79；Conant，2001，p.39；2002，pp.393-394；2007，p.44。

科南特和黛蒙德认为，这两个基本特征充分地刻画出了一种坚决主义解读。他们还将这两个特征视作是对正统解读的有力驳斥。通过这种方式，上述两个基本特征解释了坚决主义解读的新颖性和独特性。而且，由于这两个基本特征的否定性本性，它们允许相当数量的不同版本的坚决主义解读主张。于是，重要的是将坚决主义解读视作一个纲领，而非一个对《逻辑哲学论》的具体解读。①

除了这两个基本特征以外，坚决主义解读者还有两个主要想法。第一个主要想法是，《逻辑哲学论》中的所有句子（除了少数作为"框架"来指导人们阅读该书的句子）都是无含义的。这个想法与坚决主义者的敦促有关：要严肃地对待 TLP 6.54 就阐明性句子的无含义性所说的东西。不过，尽管维特根斯坦显然认为阐明性的逻辑哲学论式句子都是无含义的，但是我们仍然有理由怀疑，他是否将所有的非阐明性句子都看作是阅读指南。首先，TLP 6.54 和其他条目都没有说，所有的非阐明性句子都是阅读指南。第二，我们可以轻易地从《逻辑哲学论》中找到一些有意义的（significant）句子，而这些句子肯定不是阅读指南。例如，"哲学并非一门自然科学"②。第三，黛蒙德和科南特同样使用了一些非框架性条目来论证他们自己的主张。例如，正如我们之前所看到的那样，他们使用了 TLP 5.4733 来论证这一主张：维特根斯坦认为不存在违反逻辑语法这么一回事。③ TLP 5.4733 显然不是一个阅读指南，但是，他们似乎将其视作有意义的（significant），这是他们立场中的不一致之处。④

---

① Conant and Diamond，2004，p.47.
② TLP 4.111.
③ Conant，2002，pp.411-412；Diamond 2005，p.89.
④ 同样参见 Cheung，2008 pp.211-212。

　　科南特修正了他们在框架性句子上的立场。[①] 相比起他和黛蒙德的早期工作,修正后的观点囊括进了更多的框架性句子(即 TLP 3.32 - 3.326,4 - 4.003,4.111 - 4.112,6.53 - 6.54)。他仍然认为《逻辑哲学论》中存在着作为阅读指南的有意义(significant)句子,也就是框架性句子。但是他不会将这些句子列出来,因为一个句子是否属于框架,取决于“它在作品中的角色”。在“框架的一部分”和“作品主体的一部分”之间的区分,“是……它如何出现的一个函项”。[②]

　　坚决主义解读者的第二个主要想法是,《逻辑哲学论》的目标,仅仅是将说出无含义的人从无含义那里解放出来,而这要通过作为阐明的非框架性句子来达成。阐明性句子并非传达某些东西的尝试;它们仅仅是从含义的幻觉(illusions of sense)中解放了那些说出无含义的人;这些人被无含义句子给误导了(从而产生了含义的幻觉)。[③] 这种解放的进程是在某种“逐一解决”(“case-by-case”)的基础上完成的。[④]

　　需要进一步说明一个概念,即第二个主要想法中的“从无含义中解放出来”。黛蒙德和科南特至少作出了两种说明它的尝试。在第一种尝试中,黛蒙德诉诸想象这一概念,并让我们注意 TLP 6.54 中的“我”这个词,该词指称一个说出无含义的人。要理解一个说出无含义的人,就是要“从想象上将无含义视作有含义”。[⑤]《逻辑哲学论》中的无含义句子就是通过催生这样一种想象来起到阐明性作用的:一个说出无含义的人“处于一种幻觉的掌握之中:存在着一种传统意义上的哲

---

① 2002,2007.
② Conant,2002,pp.457 - 458,n.135.
③ Diamond,2001,pp.156 - 162;Conant 2000,p.196;2001,p.59.
④ Diamond,2004,pp.153 - 154.
⑤ Diamond,2001,p.157.

学"①，并将无含义视作有含义。通过这样做，说出无含义的人可以被引导着走出幻觉。

在另一个尝试中，黛蒙德和科南特论证道：《逻辑哲学论》使用了逻辑分析和某种逻辑标号（logical notation）来达到阐明或澄清的目的。在同意克莱默的一些观点②的基础上，黛蒙德论证说，《逻辑哲学论》在哲学澄清上采取了某种逐个解决的进路，这种澄清进程通过在相关话语（utterance）上添加一个重言式，来澄清该话语的推理行为（inferential behavior）。科南特也强调③，对《逻辑哲学论》而言，其中所使用的逻辑标号形式必须是阐明性的工具，而且对它们的使用不能承诺任何哲学论题。

不过，根据黛蒙德和科南特的观点，采纳了逻辑分析概念和某种逻辑标号，就要求承诺关于语言之本性——在这种情况下——以及普遍命题形式的哲学论题。黛蒙德和科南特的确认为，在给出逻辑分析要求的过程中，存在一些"形而上学的坚持"的时刻。④ 换言之，《逻辑哲学论》不经意地承诺了哲学和形而上学论题。从诠释的角度来说，这种做法的好处是能够解释下列事实：在维特根斯坦的后期作品中，充斥着对这些哲学和形而上学论题的尖锐批评。

七、强版本和弱版本的坚决主义解读

坚决主义解读可分为"强"版本和"弱"版本⑤，或者差不多相同的

---

① p.160.

② 2001，2002.

③ 2007，pp.44 - 47.

④ 2004，pp.80 - 84.

⑤ Read 和 Deans，2003，p.251。

"雅各宾派"解读和"吉伦特派"解读。[1] 弱版本或者吉伦特派解读的主要代表,有黛蒙德、科南特和克莱默;强版本或者雅各宾派解读的主要代表,则包括弗洛伊德(Juliet Floyd, 2002, 2007)、鲁伯特·里德(Rupert Read)和罗布·迪恩斯(Rob Deans, 2003、2011)。两种解读之间的一个区别是:弱版本牢牢地抓住"框架",而在强版本里,"框架"被视作又一个对形而上学冲动的表达,因此也需要将其克服。[2] 例如,正如之前已经提到的那样,尽管科南特修正了他在框架性句子上的立场,但是他仍然将这些句子看作阅读指南,或者至少认为它们不是某些需要丢弃的东西。但是,强版本解读的支持者更愿意宣称:"《逻辑哲学论》可以被解读为完全由阐明所构成。"[3]

另一个更重要的区分是,正如之前在讨论黛蒙德和科南特关于分析和逻辑标号的观点时提到的那样,弱版本接受了这样一个观点:《逻辑哲学论》使用了逻辑分析和某种逻辑标号来进行哲学阐明或澄清。另一方面,强版本虽然接受了逻辑分析的持续性澄清或治疗角色,但同时也认为,将一个句子彻底还原为完全通过逻辑标号来表达的东西,最终只会导致无含义。[4] 作为一位强版本解读者,弗洛伊德认为《逻辑哲学论》中的逻辑分析概念和逻辑标号(a Begriffsschrift),还有"推理次序""语言的逻辑语法"和"命题的逻辑形式",都是神话怪物。[5] 不过,她并不是在说《逻辑哲学论》将逻辑分析看作毫无用处的东西。虽然《逻辑哲学论》没有寻求一个逻辑上正确的标号,但是弗洛伊德写道:

---

[1] Goldfarb 如此称呼;参见 Lavery, 2011, p.118。
[2] Read and Deans, 2003, p.251.
[3] Read and Deans, 2011, p.154.
[4] Read and Deans, 2003, p.251.
[5] Floyd, 2002, pp.339–340. "虚构的怪兽"原文为"chimeras",本意是希腊神话中的一种怪物,在此取其意译。——译者注

> 我们可以认为，《逻辑哲学论》重铸了我们对分析概念在形式方面使用的理解……并朝向这样一种角色观念：它由翻译为形式语言这件事在哲学澄清活动中所担当，而且更加复杂和更加零敲碎打（piecemeal）。①

但是，第二个区分分别为弱版本和强版本的坚决主义解读者指出了严重困难。作为坚决主义解读的支持者，弱版本解读者必须认为：无含义的逻辑哲学论式句子并非说出不可说真理的尝试，哪怕在这些句子被翻译成了明晰的标号时也是这样。如果弱版本解读者真的要严肃对待 TLP 6.54，他们就应当同意：《逻辑哲学论》最终将逻辑分析概念和逻辑标号视作神话怪物。因为，主张维特根斯坦未能注意到坚持这些概念就意味着要承诺某些哲学和形而上学论题这种说法并不合理。

另一方面，强版本解读者则面临着这样一个困难：如何解释后期维特根斯坦对《逻辑哲学论》的批判。② 例如，在诸如《哲学研究》§§60 - 64 和 134 - 142 这样的文本里（它们分别包含了对逻辑分析概念以及《逻辑哲学论》中普遍命题形式的批评性评论），维特根斯坦对《逻辑哲学论》进行了批判。对强版本解读者而言，如果《逻辑哲学论》已经将逻辑分析概念和逻辑标号看作是没有意义的（meaningless），那么，要如何解释维特根斯坦在这些后期文本中所做的事情，就成了一个困难。诸如里德和迪恩斯这样的强版本解读者试图表明，上述挑战可以得到回应。他们想勾勒出一个论证来表明，在面对其早期思想时，后期维特根斯坦

---

① Floyd，2007，p.206.
② 参见 Kuusela，2011，p.143；普卢普斯，2001。

并非一个宽容且可靠的解读者。^① 但是，在他们成功地捍卫这个想法之前，困难始终是存在的。

八、批评与评论

我在前面的小节中论证了：正统解读同样认为，《逻辑哲学论》中的无含义句子不能说出、呈示或者传达任何东西；《逻辑哲学论》并没有发展任何明确了含义之条件的意义理论；违反逻辑语法并不会产生实质无含义。因此，前述两个基本特征没能刻画出一个不同于正统解读的坚决主义解读，从而没能刻画出坚决主义解读。

我认为，真正能够刻画出坚决主义解读的东西，是前文提到的两个主要观念，尤其是第二个主要观念。正如我已经指出的那样，按照正统解读的主张，无含义的阐明性句子是说出不可说之真理的尝试；这些真理不可被说出，但是可被有意义（significant）句子（或者缺含义的逻辑命题）所呈示。无含义的句子不能传达任何东西，但是它们可以将我们的注意力导向——以一种不同于说出、呈示或传达的方式——那些呈示了它们想要说出的东西的有意义（significant）句子。这个观点实际上比坚决主义解读的第二个主要观念更符合《逻辑哲学论》的文本。该观念认为，无含义句子仅仅是将说出无含义的人从无含义那里解放了出来。更重要的是，我们无法在《逻辑哲学论》中找到文本证据来支持坚决主义者的下列观点：单纯无含义（它们本质上与乱码一样）能够将人们从无含义那里解放出来。

当然，上述批评同时适用于弱版本和强版本的坚决主义解读。弱

---

① Read 和 Deans，2011，pp.163 - 164。

版本的坚决主义看上去不够坚决；强版本的坚决主义没能解释后期维特根斯坦对《逻辑哲学论》的批评。这两个事实与之前提到的困难一起，表明这两个版本的坚决主义解读都面临严重的困难。

参考文献

Anscombe, G. E. M. (1971). *An Introduction to Wittgenstein's Tractatus*, Philadelphia: University of Pennsylvania Press.

Black, M. (1964). *A Companion to Wittgenstein's Tractatus*. Ithaca: Cornell University Press.

Blackwell, K. (1981). "The Early Wittgenstein and the Middle Russell", in *Perspectives on the Philosophy of Wittgenstein*. Oxford: Basil Blackwell. (1981). 1 – 30.

Block, I. ed. (1981). *Perspectives on the Philosophy of Wittgenstein*. Oxford: Basil Blackwell.

Cheung, L. K. C. (1993) *Wittgenstein's Tratatus: What cannot be said*, D. Phil. dissertation, University of Sussex, England.

—— (1999). "The Proofs of the Grundgedanke in Wittgenstein's Tractatus", *Synthese*, 120/3: 395 – 410.

—— (2000). "The Tractarian Operation N and Expressive Completeness", *Synthese*, 123/2: 247 – 261.

—— (2003). "Language as a Geometry in Wittgenstein's *Tractatus*", in Löffler and Weingartner (2003: 91 - 93).

—— (2004). "Showing, Analysis and the Truth-Functionality of Logical Necessity in Wittgenstein's *Tractatus*", *Synthese*, 139/1: 81 - 105.

—— (2006). "The Unity of Language and Logic in Wittgenstein's *Tractatus*", *Philosophical Investigations*, 29/1: 22 - 50.

—— (2008). "The Disenchantment of Nonsense: Understanding Wittgenstein's Tractatus". Philosophical Investigations, 31, 197 - 226.

Conant, J. (1989). "Must We Show What We Cannot Say?", in R. Fleming and M. Payne (Eds). *The Senses of Stanley Cavell* (pp.242 - 283). Lewisburg: Bucknell University Press.

—— (2000). "Elucidation and Nonsense in Frege and Early Wittgenstein", in In A. Crary and R. Read (Eds). *The New Wittgenstein* (pp.149 - 173). London: Routledge.

—— (2001). "Two Conceptions of Die Überwindung der Metaphysik: Carnap and Early Wittgenstein", in T. McCarthy and S.C. Stidd (Eds). *Wittgenstein in America* (pp.13 - 61). Oxford: Clarendon Press.

—— (2002). "The Method of the *Tractatus*", in E. H. Reck (Ed.). *From Frege to Wittgenstein* (pp. 374 - 462). Oxford: Oxford University Press.

—— (2004). "Why Worry about the Tractatus?" in B. Stocker (Ed.). *Post-analytic Tractatus* (pp. 167 - 192). Aldershot:

Ashgate.

—— (2007). "Mild Mono-Wittgensteinianism", in A. Crary (Ed.). *Wittgenstein and the Moral Life: Essays in Honor of Cora Diamond* (pp.31–142). Cambridge, MA: MIT Press..

Conant, J. and Diamond, C. (2004). "On Reading the *Tractatus* Resolutely: Reply to Meredith Williams and Peter Sullivan", in In M. Kölbel and B. Weiss (Eds). *Wittgenstein's Lasting Significance* (pp.46–99). London: Routledge.

Crary, A. ed. (2007). *Wittgenstein and the Moral Life: Essays in Honor of Cora Diamond*. Cambridge: MIT Press.

Crary, A. and Read, R. eds. (2000). *The New Wittgenstein*. London: Routledge.

Davis, M. (1965). *The Undecidable: Basic Papers on Undecidable Propositions, Unsolvable Problems and Computable Functions*, Raven Press, New York.

Diamond, C. (1988). "Throwing Away the Ladder: How to Read the Tractatus". Philosophy, 63, 5–27.

—— (1991). *The Realist Spirit*. Cambridge: MIT Press.

—— (1997). "Realism and Resolution: Reply to Warren Goldfarb and Sabina Lovibond". *Journal of Philosophical Research* 22: 75–86.

—— (2001) "Ethics, Imagination and the Method of Wittgenstein's *Tractatus*", in A. Crary and R. Read (Eds). The New Wittgenstein (pp.149–173). London: Routledge.

—— (2004). "Saying and Showing: An Example from Anscombe". in

B. Stocker（Ed）. *Post-analytic Tractatus*（pp. 151 – 166）. Aldershot：Ashgate.

—— （2005）. "Logical Syntax in Wittgenstein's *Tractatus*". *Philosophical Quarterly* 55/218：78 – 89.

—— （2011）. "We Can't Whistle It Either：Legend and Reality". *European Journal of Philosophy*, 19, 335 – 356.

Fleming, R. and Payne, M. eds.（1989）. *The Senses of Stanley Cavell*. Lewisburg：Bucknell University Press.

Floyd, J.（2002）. "Number and Ascription of Number in Wittgenstein's Tractatus". In：E. H. Reck（Ed.）. *From Frege to Wittgenstein*（pp.308 – 352）. Oxford：Oxford University Press.

—— （2007）. "Wittgenstein and the Inexpressible". In：A. Crary and R. Read（Eds）. *The New Wittgenstein*（pp.177 – 234）. London：Routledge.

Fogelin, R. J.（1976）. *Wittgenstein*, RKP, London.

—— （1982）. "Wittgenstein's Operator N", *Analysis* 42, 124 – 127.

—— （1987）. *Wittgenstein*, 2nd edn., RKP, London.

—— （1995）. *Wittgenstein*, 2nd edn., Routledge, London.

Geach, P.（1981）. "Wittgenstein's Operator N", *Analysis* 41, 168 – 171.

—— （1982）. "More on Wittgenstein's Operator N", *Analysis* 42, 127 – 129.

Glock, H.-J.（1996）. *A Wittgenstein Dictionary*, Oxford：Blackwel.

—— （2001）. ed., *Wittgenstein: A Critical Reader*. Oxford：Blackwell.

—— (2004). "All Kinds of Nonsense". In: E. Ammereller and E. Fischer (Eds). *Wittgenstein at Work: Method in the Philosophical Investigations* (pp.221 – 245). London: Routledge.

Goldfarb, W. (1997). "Metaphysics and Nonsense: On Cora Diamond's The Realistic Spirit". *Journal of Philosophical Research*, 22, 57 – 73.

—— (2011). "Das Überwinden: Anti-Metaphysical Readings of the Tractatus". In: R. Read and M. Lavery (Eds). *Beyond the Tractatus Wars* (pp.6 – 21). New York: Routledge.

Goldstein, L. (1999). *Clear and Queer Thinking*, London: Duckworth.

—— (2004). "Wittgenstein as Soil", in: Kolbel, M. and Weiss, B. eds., *Wittgenstein's Lasting Significance*, 2004, London: Routledge.

Griffin, J. (1964). *Wittgenstein's Logical Atomism*, Oxford: Oxford University Press.

Hacker, P. M. S. (1986). *Insight and Illusion: Themes in the Philosophy of Wittgenstein*, revised edn., Oxford, Clarendon.

—— (1999). "Naming, Thinking and Meaning in the *Tractatus*". *Philosophical Investigations* 22: 119 – 135.

—— (2000). "Was He Trying to Whistle It?", in: Crary, A. and Read, R. eds. (2000). *The New Wittgenstein*. London: Routledge.

—— (2001). "Philosophy", in Glock (2001). ed., *Wittgenstein: A Critical Reader*. Oxford: Blackwell.

—— (2003). "Wittgenstein, Carnap and the New American Wittgensteinian", *The Philosophical Quarterly* 53/210: 1 – 23.

Ishiguro, H. (1969). "Use and Reference of Names", in Winch (1969: 20 – 50).

—— (2001). "The So-called Picture Theory: Language and the World in *Tractatus Logico-Philosophicus* ", in Glock, H.-J. ed.. *Wittgenstein: A Critical Reader*. Oxford: Blackwell.

Kenny, A. (1973). *Wittgenstein*, Penguin, London.

Klein, F. (1921). " Vergleichende Betrachtungen über neuere geometrische Forschungen (Das Erlanger Programm.)", in: F. Klein, *Gesammelte Mathematische Abhandlungen*, *Erster Band*, Berlin: Julius Springer, 460 – 497.

Kolbel, M. and Weiss, B. eds. (2004). *Wittgenstein's Lasting Significance*. London: Routledge.

Kremer, M. (2001). "The Purpose of Tractarian Nonsense", *Noûs*, 35/1: 39 – 73.

—— (2002). " Mathematics and Meaning in the Tractatus ", *Philosophical Investigations*, 25, 272 – 302.

—— (2007). "The Cardinal Problem of Philosophy". In A. Crary (Ed.). *Wittgenstein and the Moral Life: Essays in Honor of Cora Diamond* (pp.143 – 176). Cambridge, MA: MIT Press.

Kuusela, O. (2011). " The Dialectic of Interpretations: Reading Wittgenstein's Tractatus". In: R. Read and M. Lavery (Eds). *Beyond the Tractatus Wars* (pp. 121 – 148). New York: Routledge.

Löffler, W. and Weingartner, P. eds. (2003). *Knowledge and Belief. Papers of the 26th International Wittgenstein Symposium*. Austria:

Austrian Ludwig Wittgenstein Society.

Luckhardt, C. G. ed. (1996). *Wittgenstein: Sources and Perspectives*. London: Routledge.

Lavery, M. (2011). "Toward a Useful Jacobinism: A Response to Bronzo". In: R. Read and M. Lavery (Eds). *Beyond the Tractatus Wars* (pp.112 - 120). New York: Routledge.

McCarthy, T. and Stidd, S. C. eds. (2001). *Wittgenstein in America*. Oxford: Clarendon.

McGinn, M. 1999. "Between Metaphysics and Nonsense: Elucidation in Wittgenstein's *Tractatus*". *The Philosophical Quarterly* 49/197: 491 - 513.

McGuinness, B. (1981). "The So-called Realism of Wittgenstein's *Tractatus*", in: *Perspectives on the Philosophy of Wittgenstein*, Block, I. ed., Oxford: Basil Blackwell.

—— (1985). "Language and Reality in the *Tractatus*". *Teoria* 2: 135 - 144.

—— (1989). "In What Sense is Logic Something Sublime?". *Noûs* 23: 35 - 61.

—— (2002a). *Approaches to Wittgenstein—Collected Papers*. London: Routledge.

—— (2002b). "The Supposed Realism of the *Tractatus*", in McGuinness (2002a: 82 - 94).

—— (2002c). "Language and Reality", in McGuinness (2002a: 95 - 102).

McMullen, C. (1989). "In What Sense is Logic Something

Sublime?". *Noûs* 23：35 - 61.

Miller III, H. (1995). "Tractarian Semantics for Predicate Logic", *History and Philosophy of Logic* 16, 197 - 215.

Monk, R. (1991). *Ludwig Wittgenstein: The Duty of a Genius*. London：Vintage.

Morris, M. (2008). *Wittgenstein and the Tractatus*. London：Routledge.

Mounce, H. O. (1981). *Wittgenstein's Tractatus: An Introduction*, Oxford：Blackwell.

—— (2001). "Critical Notice：The New Wittgenstein", In：Alice Crary and Rupert Read. ed., *Philosophical Investigations*, 24, 185 - 192.

—— (2003). "Reply to Read and Deans", *Philosophical Investigations*, 26/3：269 - 70.

McGinn, M. (1999). "Between Metaphysics and Nonsense：Elucidation in Wittgenstein's Tractatus". *The Philosophical Quarterly*, 49, 491 - 513.

Pears, D. (1987). *The False Prison (Volume 1)*, Oxford, OUP.

—— (1997). *Wittgenstein*, 2nd edition, London：Fontana.

Peterson, D. (1990). *Wittgenstein's Early Philosophy*, Toronto：University of Toronto Press.

Proops, I. (2001). "The new Wittgenstein：A Critique". *European Journal of Philosophy*, 9, 375 - 404.

—— (2004). "Wittgenstein on the Substance of the World". *European Journal of Philosophy*, 12, 106 - 126.

Ramsey, F. P. (1923). *Review of Tractatus Logico-Philosophicus*. Mind, 32, 465 – 478.

Read, R. and Deans, R. (2003). "'Nothing is Shown': A 'Resolute' Response to Mounce, Emiliani, Koethe and Vilhauer", *Philosophical Investigations*, 26/3: 239 – 268.

—— (2011). "The Possibility of a Resolutely Resolute Reading of the Tractatus". In: R. Read and M. Lavery (Eds). *Beyond the Tractatus Wars* (pp.149 – 171). New York: Routledge.

Reck, E. H. (2002). *From Frege to Wittgenstein*. Oxford: OUP.

Reid, L. (1998). "Wittgenstein's Ladder: The *Tractatus* and Nonsense". *Philosophical Investigations* 21/2: 97 – 151.

Rhees, R. (1996). "Miss Anscombe on the Tractatus", in: R. Rhees. *Discussions of Wittgenstein*, Bristol: Thoemmes.

—— (1998). *Wittgenstein and the Possibility of Discourse*, D. Z. Philips, ed., Cambridge: CUP.

—— (1996a). *Discussions of Wittgenstein*, Bristol: Thoemmes Press.

—— (1996b). "Miss Anscombe on the *Tractatus*", in: R. Rhees (1996a: 1 – 15).

—— (1996c). "Object and Identity in the *Tractatus*", in: R. Rhees (1996a: 23 – 36).

Ricketts, T. (1996). "Picture, Logic, and the Limits of Sense in the *Tractatus*", In: H. Sluga and D. G. Stern (Eds). *The Cambridge Companion to Wittgenstein* (pp.59 – 99). Cambridge: Cambridge University Press.

Russell, Bertrand. (1897). *An Essay on the Foundations of Mathematics*, Cambridge: Cambridge University Press.

—— (1913/1984). *Theory of Knowledge: The 1913 Manuscript*. ed. E. R. Eames. London: George Allen and Unwin.

—— ([1911] 2003). *Analytic Realism*. In: S. Mumfold (ed., trans.). *Russell on Metaphysics* (pp.91 - 96). London: Routledge.

—— (1918). *The Philosophy of Logical Atomism*. Reprinted in R. C. Marsh, ed., (1956). *Logic and Knowledge: Essays 1910 - 1950*, pp.177 - 281. London: George Allen and Unwin.

—— (1924). *Logical Atomism*. Reprinted in R. C. Marsh (ed.). (1956). *Logic and Knowledge: Essays 1910 - 1950* (pp. 323 - 343). London: George Allen and Unwin.

—— (1937). *The Principles of Mathematics*, London: George Allen &. Unwin.

—— (1956). "Mathematical Logic as Based on the Theory of Types (1908)", in: *Logic and Knowledge: Essays 1901 - 1950*, ed., R. C. Marsh, New York: Allen and Unwin.

—— (1973). "The Theory of Logical Types (1910)", in: *Essays in Analysis*, ed., D. Lackey, New York: Allen and Unwin.

Sheffer, H. M., 1913, "A Set of Five Independent Postulates for Boolean Algebras, with Application to Logical Constants", *Transactions of the American Mathematical Society 14*: pp.481 - 488.

Soames, S. (1983). "Generality, Truth Functions, and Expressive Capacity in the Tractatus", *The Philosophical Review* XCII,

573 – 589.

Sluga, H. and Stern, D. eds. (1996). *The Cambridge Companion to Wittgenstein*. Cambridge: CUP.

Sullivan, P. (2002). "On Trying to be Resolute: A Response to Kremer on the *Tractatus*". *European Journal of Philosophy*, 10/1: 43 – 78.

White, R. (2011). "Throwing the Baby out with the Ladder: On 'Therapeutic' Readings of Wittgenstein's Tractatus". In: R. Read and M. Lavery (Eds). *Beyond the Tractatus Wars* (pp. 22 – 65). New York: Routledge.

Winch, P. (1969). ed., *Studies in the Philosophy of Wittgenstein*. London: RKP.

—— (1987). *Trying to Make Sense*. Oxford: Basil Blackwell.

Wittgenstein, Ludwig. (1958). *The Blue and Brown Books* [BB]. Oxford: Basil Blackwell.

——(1961). *Tractatus Logico-Philosophicus* [TLP], trans., D. F. Pears & B. F. McGuinness, (London: RKP 1961)

—— (1973). "Some Remarks on Logical Form", in: I. M. Copi and R. W. Beard (eds), *Essays on Wittgenstein's Tractatus*, Hafner Press, New York.

—— (1974). *Tractatus Logico-Philosophicus*, trans. D. F. Pears and B. F. McGuinness, RKP, London.

—— (1978). *Philosophical Grammar* [PG], R. Rhees (ed.), A. Kenny (trans.), Oxford: Blackwell.

—— (1979). *Ludwig Wittgenstein and the Vienna Circle* [LWVC],

334 / 哲海探骊：维特根斯坦《逻辑哲学论》研究

B. McGuinness (ed.), J. Schulte and B. McGuinness (trans),
Oxford: Blackwell.

—— (1979). *Notebooks 1914 – 1916*, 2nd edn., G. H. von Wright and
G. E. M. Anscombe (eds.), G. E. M. Anscombe (trans.),
Blackwell, Oxford.

—— (1980). *Wittgenstein's Lectures Cambridge 1930 – 1932*
[WLC]. D. Lee, ed. Oxford: Basil Blackwell.

—— (1981). *Tractatus Logico-Philosophicus.* [TLP]. C. K. Ogden,
trans. London: RKP.

—— (1993a). *Philosophical Occasions 1912 – 1951* [PO]. Indiana:
Hackett.

—— (1993b). "A Lecture on Ethics" [LE], in Wittgenstein (1993a:
36 – 44).

—— (1995). *Cambridge Letters*, in: B. McGuinness and G. H. von
Wright (eds), Blackwell, Oxford.

—— (1996). "Letters to Ludwig von Ficker" [LLF], in Luckhardt
(1996: 82 – 98).

—— (1997). *Philosophical Investigations*, Blackwell, Oxford.

—— (2001). *Philosophical Investigations* [PI]. 3rd edn. trans. G.
E. M. Anscombe (Oxford: Blackwell 2001).

Yaglom, I. M. (1988). *Felix Klein and Sophus Lie*, H. Grant and
A. Shenitzer (ed.), S. Sossinsky (trans.), Boston: Birkhäuser.

Zalabardo, J. (2012). "Reference, Simplicity, and Necessary existence
in the Tractatus". In: J. Zalabardo (ed.). *Wittgenstein's Early
Philosophy* (pp.119 – 150). Oxford: Oxford university Press.

人名索引

术语索引

译后记

　　承蒙东方出版中心的信任，译者接下了翻译本书的任务。本书收录了张锦青教授的十二篇文章（包括导论在内），内容涵盖了张教授对维特根斯坦哲学长达二十余年的理解、诠释和思考，学术价值极高。虽然张教授的原文清楚、明白、顺畅，但是，由于英文和中文之间的差异、维特根斯坦思想的特殊性，译者在翻译本书的过程中也遇到了一些困难。在此，译者感到有义务向广大读者作一个简短的说明。

　　众所周知，维特根斯坦擅长以平实的语言表达深刻的思想。蒙克的《维特根斯坦传：天才之为责任》中记载，在将《逻辑哲学论》翻译为英文版的过程中，维特根斯坦可谓煞费苦心，最终的成品几乎算是对该书的一次重新阐释。即便如此，在一些概念的翻译上，译者还是遇到了不小的困难。例如，语言哲学中的"meaning"和"sense"，长久以来就很难处理。译者一度想把前者翻译为"意谓"，后者翻译为"意义"。但是，转念一想，这种译法似乎不太合适：中文日常语境中的"意义"，既可以对应于某些情况下的"meaning"，也可以对应于某些情况下的"sense"；而"意谓"一词，有时又指"以为"，表达的是说话者的命题态度。对于不熟悉相应背景的读者来说，这样翻译可能会造成一些误解。同时，若将"sense"翻译为"意义"，则"theory of meaning""conditions of sense"这样的词组就难以处理。

基于这些考虑，译者最终采取了一种折中的办法：将"meaning"译为"意义"，将"sense"译为"含义"。将"sense"译为"含义"的理由之一，是为了刻意与"涵义"作出区别。在内地学界，后者似乎是弗雷格式"sense"的通行译法。在本书中，所有的"含义"都对应于"sense"，反之则不然：有一些"sense"的非技术性使用，视情况译成了"角度""意义"等。与此同时，译者还在所有"意义"的技术性使用后面标注了英文"meaning"。译者真诚地希望，这种方式不至于给读者造成太多困扰。此外，译者还针对一些容易混淆的术语进行了统一翻译。例如，"sign"译为"记号"，"symbol"译为"符号"，"notation"译为"标号"，等等。读者可以在术语索引中找到对应的英文原词。至于这些办法的效果如何，只能仰赖广大读者的检验了。

对于原文中的一些英文长句，译者也进行了拆解。这种做法同样有一定的风险。从最终结果来看，一些原文中的精彩句子，经过拆解后反而显得啰唆冗长；有时候，甚至不得不改变句子的结构，例如让某个从句部分单独成句。但是，译者认为，与其让读者去辨认一些用英文语法写成的中文句子，不如尽量让译文符合中文习惯。囿于译者的能力，错漏在所难免。翻译中的一切失误和错漏均由译者承担，望广大读者不吝斧正。

在本书的翻译过程中，张锦青教授对于译者的问题总是耐心地给予解答；翻译初稿完成后，张教授还不辞辛劳，对初稿进行了校阅。在此，特向张教授致以诚挚的谢意。武汉大学哲学学院的苏德超教授和东方出版中心的特约编辑刘旭先生对于此事的促成起到了重要作用，并对翻译工作提供了宝贵的帮助，在此一并向他们致谢。最后，译者还想感谢东方出版中心为本书出版作出努力的全体工作人员。此书出版的最后阶段,恰逢新冠疫情肆虐,没有他们的辛勤工作,绝不可能有效地完成此书的出版。

译　者

于珞珈山